Halle 806 bis 1806

Halle 806 bis 1806
Salz, Residenz und Universität

Eine Einführung in die Stadtgeschichte
von Werner Freitag
unter Mitarbeit von Andrea Thiele

Mitteldeutscher Verlag

Prof. Dr. Werner Freitag, geb. 1955, Studium der Geschichtswissenschaften und Wirtschaftswissenschaften in Bielefeld und Hagen, 1986–1988 Angestellter der Stadt Spenge, 1989 Promotion, 1995 Habilitation. 1996–2004 Professor für sachsen-anhaltische Landesgeschichte an der Martin-Luther-Universität Halle-Wittenberg, seit 2004 Professor für westfälische und vergleichende Landesgeschichte an der Westfälischen Wilhelms-Universität Münster, Mitherausgeber der Reihen „Studien zur Landesgeschichte" und „Beiträge zur hallischen Stadtgeschichtsforschung".

Andrea Thiele, Studium geb. 1972, Studium der Kunstgeschichte und Geschichte in Halle, seit 2003 Doktorandin am Institut für Geschichte der Martin-Luther-Universität Halle-Wittenberg.

Bibliographische Information der Deutschen Bibliothek
Die Deutsche Bibliothek registriert diese Publikation in der Deutschen Nationalbibliographie; detaillierte bibliographische Daten im Internet unter: http://dnb.ddb.de.

Nachdruck, auch auszugsweise, verboten. – Alle Rechte vorbehalten. Recht zur fotomechanischen und digitalen Wiedergabe nur mit Genehmigung des Verlages.

2006
© Mitteldeutscher Verlag, Halle (Saale)
Printed in the EU
ISBN 3-89812-160-7

INHALT

Einleitung 7

I. Kastell und Salz:

Siedlungsgeschichte und erste Spuren städtischen Lebens

1. Geologische Bedingungen und frühgeschichtliche Siedlungen 13
2. Salzsiedersiedlung und Befestigung: Das Jahr 806 16
3. Die Bedeutung der ottonischen Schenkungen 961 20
4. Siedlungsverdichtung und -verlagerung 26

II. Die Salzstadt des Spätmittelalters

1. Städtische Institutionen: Markt und Kirche 29
2. Städtische Genossenschaftsbildung 37
3. Die handlungsfähige, autonome Stadt 42
4. Halle und das Salz 54
5. Soziale Gruppen in der Stadt 67
6. Die Stadt Gottes: Kirche und Frömmigkeit 77
7. Die 1430er und 1470er Jahre:
   Stadtkonflikte und erstarkender Fürstenstaat 90

III. Die Residenz- und Salzstadt (1503–1680)

1. Der Verlust der städtischen Autonomie
   und die zeitweise Entmachtung der Pfänner 99
2. Die Residenz: Topographie
   und sozialgeschichtliche Implikationen 103
3. Die aufgeschobene Reformation: Kommunales Ereignis, Ratspolitik
   und bischöfliche Repression 112
4. Die Stadt nach dem Weggang von Kardinal Albrecht –
   ein Überblick (*Andrea Thiele*) 125

5. Symbiosen: Bürgerschaft und Residenz
in der zweiten Hälfte des 16. Jahrhunderts **128**
6. Halle in der Zeit Augusts von Sachsen-Weißenfels (1638/43–1680)
(*Andrea Thiele*) **141**

IV. Universitätsstadt an der preußischen Peripherie

1. Integration in das brandenburgisch-preußische Staatswesen **149**
2. Verlassene Residenz **162**
3. Fehlgeschlagene Manufakturansiedlung –
Stagnation der Gewerbe **164**
4. Salzstadt im Umbruch **173**
5. Garnison und Universität als stadtprägende Momente **178**
6. Das Ende der Alten Stadt **187**

Literaturverzeichnis **189**
Abbildungsverzeichnis **197**

Einleitung

Einen Überblick zur Stadtgeschichte Halles zu schreiben, fällt nicht leicht, denn es fehlt der sichere Grund neuerer Forschungsliteratur. Nur wenige neuere Dissertationen, die sich mit Halle vor 1800 beschäftigen, sind nachzuweisen: Volker Herrmanns Studie zur früh- und hochmittelalterlichen Besiedlung, Michael Scholz' Arbeit zur Residenz der Erzbischöfe in Halle in der ersten Hälfte des 16. Jahrhunderts und Holger Zaunstöcks Studie, die Halle als einen Schwerpunkt aufgeklärter Sozietäten des 18. Jahrhunderts aufzeigt. Unlängst sind zudem einige Magisterarbeiten zur hallischen Stadtgeschichte an der Martin-Luther-Universität Halle-Wittenberg entstanden.

Ansonsten bleibt festzuhalten: Die quellengesättigte, auf eigenen Archivstudien beruhende Forschungsarbeit bricht auf vielen Gebieten in den 1950er und 1960er Jahren ab. Bezeichnend sind zwei Sachverhalte. Die einzige vorhandene „große" Stadtgeschichte ist ein Werk des späten 19. Jahrhunderts – nicht von einem regulären Ordinarius für neuere oder mittelalterliche Geschichte verfasst, sondern von einem heimatverbundenen Althistoriker, nämlich Gustav Friedrich Hertzberg. Die zweite Gesamtdarstellung ist leider nicht abgeschlossen worden. 1941 erschien Rolf Hünickens erster Band seiner Geschichte der Stadt Halle. Sie betrifft das Hochmittelalter und betritt insbesondere im sozialgeschichtlichen Teil viel Neuland.

Sind schon die erschienenen Gesamtdarstellungen älteren Datums, so gilt dies erst recht für die monographische Forschung. Von den älteren, in Halle entstandenen und publizierten Monographien ist zunächst Erich Neuß' Habilitationsschrift „Entstehung und Entwicklung der Klasse der besitzlosen Lohnarbeiter in Halle" von 1958 zu nennen. Neuß nutzte in seiner Arbeit noch Anregungen, die in den 1920er Jahren von seinem Lehrer Gustav Aubin ausgingen. Dieser hatte als Vertreter der histori-

Einleitung

schen Schule der Nationalökonomie mehrere Dissertationen zur hallischen Wirtschaftsgeschichte des 18. und 19. Jahrhunderts vergeben. Der Salzstadt und der Pfännerschaft widmete sich Hanns Freydank in seinem detailreichen Überblick 1926; die Reformation wird unter besonderer Berücksichtigung des Wirkens von Justus Jonas in Walter Delius' Darstellung von 1953 behandelt. Unpubliziert blieben die Studie von Angelika Mähl zum Verhältnis von Kirche und mittelalterlicher Stadtgesellschaft (Dissertation, Berlin 1974), Walter Nissens Studie zum Ordensleben in Halle im 15. Jahrhundert (1940) sowie Siegfried Streecks Arbeit zur Verwaltungsgeschichte der Stadt Halle in der Frühen Neuzeit (1954).

So kann diese kleine Stadtgeschichte nur ein erster Durchlauf sein, ein Zwischenschritt auf dem Wege zum Stadtjubiläum 2006, der ältere Arbeiten und die wenigen neuen Ansätze auswertet. Es sollen altbekannte Sachverhalte, soweit sie sich im Lichte der neueren Durchsicht bestätigen lassen, pointiert zusammengefasst, neue Zusammenhänge aufgezeigt und Forschungsfelder benannt werden.

Die Frage bleibt, nach welchen Maßstäben dieser Überblick erstellt worden ist. Der Königsweg, um vorhandene Informationen zusammenzufassen und klassische Fragen der Stadtgeschichte aufzunehmen, scheint die Nutzung von Städtetypologien zu sein. Städtetypen lassen sowohl lokale Spezifika als auch Epochentypisches erkennen; sie verbinden etwa für das Spätmittelalter den verfassungsgeschichtlichen Zugriff, der nach Organisation und Ausmaß städtischer Selbstverwaltung fragt, mit dem Besonderen, was für Halle das Salz war.

Der erste Teil des Buches beschäftigt sich mit Halle im Früh- und dem beginnenden Hochmittelalter. Was ist in den Jahren der ersten Erwähnung in schriftlichen Quellen unter Halle zu verstehen? Nach dieser Rückschau auf die Siedlung Halle in den Jahren 806 und 961 wird im zweiten Kapitel die *Salzstadt* vorgestellt. Kriterien, mit denen Halle als Salzstadt geprüft werden soll, ergeben sich aus den Ausführungen des berühmten Soziologen Max Weber zur Stadt des Mittelalters. Die These dieses zweiten Teils lautet, dass die Salzgewinnung zu einem besonderen Typ des Stadtbürgertums führte, nämlich zum Salzpatriziat der Pfänner. Ferner hatte das „weiße Gold" Bedeutung für Rechtsprechung und Rechtsgestaltung. Aber das Salz konnte auch Autonomie einschränken, da am Anfang der Geschichte einer Salzstadt immer der Stadtherr als Eigentümer der Brunnen und ihrer Umgebung stand.

Einleitung

Im dritten und im vierten Hauptkapitel geht es um die Stadt Halle in der Frühen Neuzeit, jener Zeit also, die der Historiker Rudolf Vierhaus einmal als Epoche des „Schon" und des „Noch" gekennzeichnet hat. Beim „Schon" handelt es sich für die Stadt um das Aufkommen neuer Gewerbe und neuer sozialer Gruppen und zugleich um den zunächst verhaltenen, dann stärker werdenden Zugriff des Territorialstaates, der die Stadt in seine Verwaltung (und auch in sein Wirtschaftsgeflecht) einbezog. Heinz Schilling hat diesen Zusammenhang 1993 so beschrieben: „Das augenfälligste Merkmal der deutschen Städte zwischen Mittelalter und Industrieller Revolution ist der enge Zusammenhang ihrer Entwicklung mit dem Ausbau des frühmodernen institutionellen Flächenstaates. Durch die Einordnung in den Territorialstaat verloren die Landstädte als korporative Gebietskörperschaften vor allem an politischer Autonomie, aber auch ihre innere Verwaltung gelangte weitgehend unter die Staatsaufsicht. Gerade auch bei den für die frühneuzeitliche Stadtgeschichte charakteristischen Sondertypen wurde dieser Zusammenhang deutlich. Residenzstädte, Festungsstädte, Manufakturstädte und Exulantenstädte entsprachen den besonderen politischen, gesellschaftlichen und ökonomischen Forderungen des frühmodernen Fürstenstaates" (Schilling, S. 21). Der erste der von Schilling genannten Stadttypen ist die *Residenzstadt*, d. h. jene Stadt, in welcher der Landesherr (im hallischen Fall der Erzbischof von Magdeburg bzw. nach der Reformation der Administrator des Erzstifts) innerhalb seines Machtbereichs seinen dauernden Wohnsitz nahm, seine Hofgesellschaft und Verwaltung zum Umzug bewegte sowie durch seine Bauten das Stadtbild prägte. Handwerker, aber auch Künstler zog es in die Stadt; sie und die Hofbeamten erwarben Häuser in den Stadtvierteln.

Deshalb wird die Zeit von 1503 bis 1680 – d. h. vom Bezug der Moritzburg bis zum Todesjahr des letzten Administrators und gleichzeitigem Jahr des Einzuges der Brandenburger, deren Residenz natürlich Berlin blieb – im dritten Kapitel als Epoche der Residenzstadt gefasst. Allerdings wurde nach wie vor die Wirtschaft in Halle maßgeblich vom Salz bestimmt. *Residenz- und Salzstadt (1503–1680)* lautet folglich die Überschrift des dritten Kapitels.

Das vierte Kapitel fasst Halle unter neuen Leitbegriffen: *Provinz- und Universitätsstadt*, denn Halle war ab 1680 verlassene Residenz; 1714 wanderten zudem die Behörden nach Magdeburg ab. Es bleibt zu fragen, welche sozial- und verwaltungsgeschichtlichen Folgen dieser Funktionsverlust hatte. Andere Städte mit ähnlicher oder noch schlechterer Ausgangslage

Einleitung

im Gefolge des Dreißigjährigen Krieges überrundeten, gemessen an Bevölkerungszahl und Wirtschaftskraft, Halle. Das beste Beispiel hierfür ist Magdeburg, das am Ende des 18. Jahrhunderts mit ca. 35 000 Bewohnern als Festungs-, Verwaltungs- und Gewerbestadt den einstigen Konkurrenten an der Saale mit ca. 20 000 Bewohnern bei weitem überflügelt hatte. Deshalb soll das letzte Kapitel in Form einer Gewinn- und Verlustrechnung beleuchten, was der Abzug der Residenz bedeutete und ob das Salz noch die Struktur der Stadt prägte. Kontrastierend ist die Universität als städtebildendes Moment in Bezug auf Ökonomie, Sozialstruktur und Stadttopographie zu betrachten.

Eine solche typologisierende Abwägung in gedrängter Form kann die einzelnen Dimensionen nicht erschöpfend darstellen. Wie jede Arbeit mit Idealtypen, welche die konkrete Vielfalt unter Leitbegriffen zu fassen sucht, steht auch diese Betrachtung vor dem Problem, die einzelnen Dimensionen in der Zusammenschau exakt in ihrer Mischung und zudem in vergleichender Perspektive zu gewichten. Zudem geraten Persönlichkeiten und Ereignisse aus dem Blickpunkt einer solchen auf Strukturen abhebenden Stadtgeschichte. Für diesen Zugriff sei der Interessierte auf die dreibändige Gesamtdarstellung von Hertzberg aus den Jahren 1891 und 1893 verwiesen. Erst 2006 wird neben „dem Hertzberg" eine zweite umfassende Stadtgeschichte zur Verfügung stehen. Bis dahin, so ist es mein Wunsch, möge dieses Buch dem Leser erste Einblicke in eine facettenreiche Stadtgeschichte geben: Der Hallenser wird seine Heimatstadt mit anderen Blicken wahrnehmen, und der interessierte Forscher, der Halle aus Sicht der vergleichenden Stadtgeschichtsschreibung betrachtet, wird Anregungen für seine Arbeit finden.

Aus Gründen der besseren Lesbarkeit und wegen der überblicksartigen Darstellung wurde auf Anmerkungen zu verzichten. Zitate werden im Text belegt; im Quellen- und Literaturverzeichnis am Ende des Bandes finden sich nach Kapiteln geordnet die Volltitel wieder; in den beiden ersten Kapiteln wird wiederholt das hallische Urkundenbuch ausgewertet. Belegt wird die Nutzung dieser Quellensammlung durch das in Klammern gesetzte Kürzel UBH mit Band und Urkundennummer.

Abschießend gilt es Dank zu sagen: Dr. Kurt Fricke vom Mitteldeutschen Verlag für das engagierte Schlusslektorat; Jan Brademann (Halle/

Münster) für eine inhaltliche Durchsicht, den Hilfskräften in Münster, Julia Börger, Benjamin Hagemann, Adrian Hartke, Sabine Kötting und Lena Krull, für ihre Hilfe bei den ersten Korrekturen; Michael Ruprecht für die Transkription von Auszügen aus den Annalen von Cresse (Schützenfest), Christina Müller für die Transkription von Ratsmandaten aus dem 16. Jahrhundert. Mit Rat und Tat zur Seite gestanden haben mir in meiner Zeit an der Martin-Luther-Universität die Kollegen Thomas Klein, Heiner Lück und Andreas Ranft. Ihnen und den Freunden vom Verein für hallische Stadtgeschichte, insbesondere Thomas Müller-Bahlke und Holger Zaunstöck, gilt mein herzlicher Gruß: Halle, das war eine schöne Zeit!

Münster, im September 2005
Werner Freitag

Kapitel I

Kastell und Salz:
Siedlungsgeschichte und erste Spuren städtischen Lebens

1. Geologische Bedingungen und frühgeschichtliche Siedlungen

Am Anfang war das Salz! Diese pointierte Aussage soll verdeutlichen, dass ein zentraler siedlungs- und stadtbildender Faktor über all die Jahrhunderte nachzuweisen ist. Der Untergrund des späteren Stadtgebietes und seiner Umgebung ist wegen einer geologischen Besonderheit, der so genannten Halleschen Marktplatzverwerfung, durchzogen von solehaltigen Gesteinsschichten, die vor 230–265 Mio. Jahren entstanden. Die aufgrund von Tiefenwasser ausgewaschene Sole sammelt sich vor allem östlich der Saale in den zahlreichen Klüften des Zechsteins. Die stark gashaltige Sole steht dabei unter großem Druck. Dies führt im Umfeld des Marktplatzes und an anderen Orten zu einem Soleauftrieb entlang der Verwerfungslinie. Somit bestand für die frühen Bewohner des Ortes die Möglichkeit, Sole zu gewinnen. Es bedurfte nur der Brunnen und nicht wie in Österreich, etwa Hall in Tirol, eines Bergwerks, um die Sole zu fördern. Ein weiterer Vorteil für die Menschen in vorgeschichtlicher Zeit kam hinzu: Diese hallische Sole war mit ca. 21 % Kochsalzanteil hochkonzentriert; ein ähnlich hoher Anteil ist nur noch für Lüneburg belegt, so dass mit vergleichsweise wenig Holz als Energieträger das Salz aus der Sole gesotten werden konnte.

Doch damit Salzsieder auf dem späteren Stadtgebiet und seiner Umgebung sesshaft werden konnten, bedurfte es weiterer Voraussetzungen. Da war zunächst die günstige Verkehrslage: Die spätere Königstraße verband Erfurt über Halle mit Polen und Kiew. Als weitere Hauptverkehrsachse in Nord-Süd-Richtung werden Wegeverbindungen von Magdeburg über Halle nach Prag anzunehmen sein. Diese Nord-Süd-Straße geht in ihrem Ursprung sicher in die Bronzezeit zurück; sie überquerte bei Naumburg und Radewell die Saale und erreichte dann Giebichenstein

Kapitel I: Kastell und Salz

und Trotha. Noch heute kann die Streckenführung anhand des Verlaufes der Rannischen Straße, Schmeerstraße und der Großen Ulrichstraße erahnt werden. Für den Saaleübergang dieser Straße kommen Furten im heutigen Innenstadtgebiet am Alten Markt und auf der Höhe der Großen Klausstraße sowie in Giebichenstein und Trotha in Betracht. Damit ist ein weiterer Faktor der günstigen Lage angedeutet: Die Saale wurde für die Schifffahrt und Transporte genutzt; die erste Nennung für Schiffsverkehr auf der Saale ist allerdings erst 1012 in einer Beschreibung Thietmars von Merseburg belegt. Er berichtet von Schiffsreisen der Erzbischöfe zwischen Merseburg, Giebichenstein und Magdeburg.

Hinzu kommt ein weiteres Argument für eine günstige Siedlungslage: Die hoch aufragenden, schroffen Porphyrfelsen oberhalb der Saale – etwa Giebichenstein, Domhügel, Schlossberg und Heinrich-Heine-Felsen – sowie das hohe Plateau des Marktes boten Schutz vor möglichen Angreifern.

Vor dem Hintergrund dieser topographischen und geologischen Vorteile werden die Erkenntnisse der Archäologen nachvollziehbar, dass bis um 400 v. Chr. sowie nach 600 n. Chr. Siedlungskerne bestanden, die mit der Salzgewinnung verbunden waren. Dieser Nachweis ist von den Archäologen über Klärbecken und Briquetagen erfolgt. Letztere waren geschlossene, kleine Tongefäße, die den ersten Siedlern zur Versiedung der Sole dienten; erst in den Zeiten des Hochmittelalters begann in Halle die Versiedung in eigenen Siedehütten (Siedekoten). Erste Siedlungen finden wir nicht dort, wo wir sie erwarten würden, nämlich am Hallmarkt, jenem unterhalb des heutigen Marktplatzes liegenden, später „Tal" genannten Bereich, unter dem sich in geringer Tiefe die Sole ihren Weg bahnte. Hier befand sich bis zur Jahrtausendwende ein feuchtes Mündungsgebiet von vier Bächen, die sich durch das höher gelegene Gebiet der späteren Stadt und des Marktes ihren Weg in die Saalearme gesucht hatten. Die nördlich an den Hallmarkt anschließenden Bereiche bis zur Großen Klausstraße waren ehemals wesentlich tiefer gelegen und gehörten damals noch zum Talgebiet. Das gesamte Saaleareal um den heutigen Hallmarkt muss im ersten Jahrtausend nach Christus sieben bis zehn Meter tiefer als heute gelegen haben. Es war deshalb besonders intensiv den Saalehochwassern ausgeliefert.

Tatsächlich werden die ersten „Hallenser" wohl an dem von einem der Bachläufe geschützten Areal zwischen der Moritzburg und dem heutigen

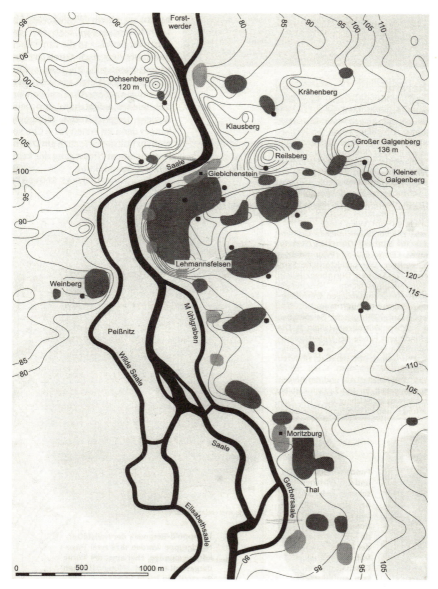

Prähistorische Topographie von Halle: Dunkelgrau = spätbronze-/früheisenzeitliche Briquetagestreuung; hellgrau = slawische Siedlungsstellen; schwarze Punkte = Gräbergruben der frühen Eisenzeit. Maßstab 1 : 25 000

Jägerplatz gelebt haben. Ferner lassen sich für die Bronze- und Eisenzeit am Heinrich-Heine-Felsen Salzsiedersiedlungen nachweisen. Weitere Siedlungen befanden sich in der Dölauer Heide, in Trotha, am Wittekindbrunnen, am Weinberg, am Giebichenstein, bei Kröllwitz und Kanena. Die Archäologen sprechen von der „Halleschen Kultur", da sie an diesen Siedlungsorten große Mengen an kelch- und zylinderförmigen Briquetagefragmenten fanden. Halten wir fest, dass es sich beim ur- und frühgeschichtlichen Halle um Siedlungen an verschiedenen Orten, z. T. durch Bachläufe vorgegeben, geschützt und voneinander getrennt, gehandelt hat.

2. Salzsiedersiedlung und Befestigung: Das Jahr 806

Der nächste Zeitschnitt ist durch die erste Nennung des Ortes Halle gekennzeichnet. Deshalb möchte ich zunächst die Quelle zitieren und dann zur Erläuterung schreiten. Im Kloster Moissac in Südwestfrankreich waren es die dortigen Benediktinermönche, welche die Reichsannalen (Jahrbücher) der Regentschaft Karls des Großen mit anderen Vorlagen zu einer eigenen Chronik kompilierten.

So finden sich in einer Chronik aus dem Süden des Frankenreiches Nachrichten über die Sachsenzüge Karls und die Unterwerfung dieses Stammes im fernen Osten des damaligen Reiches. Für die Zeit um 800 berichteten die Annalen dann über Karls Bestrebungen, die neu gewonnenen und befriedeten Gebiete der Sachsen gegen die Slawen im Osten abzugrenzen und zu sichern. Dazu sandte der Kaiser seinen gleichnamigen, 800 zum Mitkönig gekrönten Sohn an die Ostgrenze des Reiches. Einige der Slawenstämme waren schon unterworfen und wurden vom Kaiser mit der Grenzsicherung beauftragt. Dazu gehörten auch die Sorben.

UBH, I, 1 a: Fränkische Reichsannalen (*annales regni Francorum*):

> *Et inde post non multos dies Aquasgrani veniens, Karlum filium suum in terram Sclavorum, qui dicuntur Sorabi, qui sedent super Albim fluvium, cum exercitu misit (sc. imperator), in qua expeditione Miliduoch Sclavorum dux interfectus est, duoque castella ab exercitu aedificata, unum super ripam fluminis Salae, alterum iuxta fluvium Albim. Sclavisque pacatis, Karlus cum exercitu regressus ... ad imperatorem venit.*

Und nach einigen Tagen in Aachen angekommen, hat er (Karl der Große, W. F.) seinen Sohn Karl nach der Region der Slawen, die Sorben genannt werden und die jenseits des Flusses Elbe wohnen, mit einem Heer entsandt, und bei dieser Expedition ist Miliduoch, Fürst der Slawen, getötet worden. Und zwei Kastelle sind vom Heer errichtet worden, eines oberhalb/jenseits des Ufers des Flusses Saale, das andere nahe dem Fluss Elbe. Nachdem die Slawen befriedet waren, ist Karl mit seinem Heer zurückgekehrt und zum Kaiser gekommen.

UBH, I, 1 b: Chronik von Moissac:

Anno 806 ... Et mandavit eis (sc. ceteris regibus ipsorum (= Siurborum)) rex Karolus aedificare civitates duas, unam ad aquilonem partem Albiae contra Magadaburg, alteram vero in orientalem partem sala, ad locum, qui vocatur Halla; deinde reversus est ad patrem suum in Francia.

Im Jahr 806: Und der König Karl (d. i. der Sohn des Kaisers, W. F.) hat ihnen (d. h. den Königen/Häuptlingen der Sorben) befohlen, zwei Grenzfesten/Burgen zu bauen, eine am nördlichen Ufer der Elbe gegenüber Magdeburg, die andere aber an der Gegend der östlichen Saale, an einem Ort, der Halle genannt wird. Sodann ist er zu seinem Vater in Franken zurückgekehrt.

Aus diesen Quellen ergeben sich verschiedene Fragen, die zu klären sind.

Wer siedelte um 800 in Halla (Halle)?

Der Name Halla deutet auf eine Salzproduktionsstätte hin, denn *hal* ist der indogermanische Wortstamm für Salz, und wir kennen von anderen Orten ebenfalls diese charakteristische Benennung (Schwäbisch Hall, Bad Reichenhall, Hall in Tirol und Hallein bei Salzburg). Von wem diese Salzsiedersiedlung benutzt wurde, geht aus diesem Zeugnis nicht hervor. Eines haben die Ergebnisse der Grabungen aber deutlich gemacht: Von sächsischer Besiedlung findet sich keine Spur, im Gegensatz zu Magdeburg, zu Halberstadt (?) und zur Altmark des späten 7. Jahrhunderts. Auch fränkische Keramik, die auf die Kontakte der einheimischen Bevölkerung mit den

Franken schließen lässt, ist für diese Siedlung nur in Spuren nachzuweisen. Tatsächlich lebte am Ufer der Saale (wo genau, wird noch zu klären sein) eine Teilethnie der Slawen, die ab dem letzten Drittel des 6. Jahrhunderts, vor allem aber im 7. Jahrhundert, aus östlichen Regionen dorthin gezogen war und mit dem Salzsieden begonnen hatte. In den karolingischen Annalen werden diese Slawen Sorben genannt. Diese, so wird in einer anderen Quelle aus dem Jahre 782 berichtet, bewohnten das Gebiet zwischen Elbe und Saale (*campos inter Albim et Salam*). Die Sorben lebten in lockeren Stammesverbänden mit „Anführern" (*reges, duces, primores*) und betrieben Ackerbau und Viehzucht; auch der Handel mit Salz ist nachweisbar.

Wo befanden sich die Siedlungen?

In Halle befanden sich, wie oben angedeutet, einige günstige, sprich hochwasserfreie Siedlungskerne. Die Ausgrabungen bestätigen, dass die Slawen am Giebichenstein, am Heinrich-Heine-Felsen, im Umfeld der späteren Moritzburg, in der Nähe der späteren Moritzkirche und möglicherweise am späteren Alten Markt siedelten. Wir haben es also, so Herrmann, mit einem polyzentrischen Siedlungsgebiet zu tun. Demgegenüber war das Tal (das Areal des heutigen Hallmarktes) nach wie vor ein Sumpfgebiet, an dessen steilen Hängen noch keine Siedlungen nachzuweisen sind. Ein bevorzugter Siedlungsplatz um 800 wird der Domhügel gewesen sein; ein herausgehobenes, hochwasserfreies, mit einer Quelle versehenes Sandplateau. Dort lassen sich, so Billig in einer Studie, für ca. 850 ein frühmittelalterliches Salzwerk und eine Salzwirkersiedlung belegen. Zeitgleich wird auch der hochwasserfreie Schlossberg zwischen Mühlberg und Bergstraße besiedelt worden sein; ab dem späten 9. Jahrhundert folgte der Bereich von Neuwerk (westlicher Bereich des Botanischen Gartens und Grundstück Neuwerk 8).

Wo und was war das Kastell?

Die Befestigungen an Saale und Elbe, die 806 erwähnt wurden, waren eingebettet in ein System von Burgen, das im westlichen Vorfeld der mittleren Saale ab Mitte des 8. Jahrhunderts aufgebaut worden war. Dieses Grenzsicherungssystem deutet darauf hin, dass eine durchgängige fränkische Landesaufteilung, die auch die Aufbringung der kirchlichen Zehntleistung mit sich brachte, schon vorhanden war. In einem Raum von etwa 40 Kilometern Tiefe westlich der Saalelinie befanden sich drei gestaffelte

Verteidigungslinien. Für die Mission dieser Gebiete waren zunächst die Reichsabteien Hersfeld und Fulda vorgesehen, die mit großem Besitz bis weit in das Mansfelder Gebiet hinein ausgestattet worden waren. Auch das um 804 gegründete und 827 definitiv errichtete Bistum Halberstadt ist in diesem Zusammenhang zu erwähnen. Gestützt auf die so gesicherten und mit Reichs- und Klosterverwaltung überzogenen Gebiete westlich von Saale und Elbe richtete sich Karls Interesse in den ersten Jahrzehnten des 9. Jahrhunderts auf die Unterwerfung der Slawen jenseits der Flüsse. Dokumentiert werden die Halle betreffenden Geschehnisse des frühen 9. Jahrhunderts auch im Diedenhofer Kapitular von 805. In diesem kaiserlichen Dekret finden sich die Grenzhandelsorte mit den Slawen und den Awaren. Unter diesen Orten sind auch Magdeburg und Erfurt aufgeführt. Im gleichen Jahr wurden zunächst die Daleminzer, ein sorbischer Teilstamm, unterworfen, der zwischen Freiburger Mulde und Elbe ansässig war. In weiteren Feldzügen sammelten die Franken ihre Heere bei Waladala, dem heutigen Waldau gegenüber von Bernburg, und stießen ins nördliche sorbische Gebiet vor. Mit dem am Westufer der Saale gelegenen Kastell Waldau und den an den östlichen Ufern von Saale und Elbe nun befestigten Brückenköpfen Halle und Magdeburg waren die Voraussetzungen für eine Sicherung nach Osten geschaffen. Unter Karls Nachfolger Ludwig dem Frommen führten dann sächsische Heeresteile Feldzüge über die Saale hinweg in die östlichen Siedlungsgebiete der Sorben durch. Allerdings wird bei der Schilderung der Auseinandersetzungen zwischen Slawen und Franken die Siedlung Halla nicht mehr erwähnt.

Um den Charakter der dortigen Befestigung näher zu ermitteln, ist auf einen Widerspruch in den beiden oben zitierten Chroniken hinzuweisen: Während die Reichsannalen von Kastellen sprechen, die das Heer errichtete, wissen die Mönche davon, dass die Sorben an beiden Orten dem Kaiser untertan waren und ihnen befohlen wurde, *civitates* zu bauen. Diese *civitates* sind nun nicht als Städte im mittelalterlichen Sinne zu bezeichnen; vielmehr versteht sie die Forschung als eine befestigte Siedlung der unterworfenen Sorben. So kann um 806 Halle als befestigter Grenzort in zweierlei Hinsicht verstanden werden, entweder als fränkisches Kastell, besetzt mit Franken und Sachsen, oder als befestigte Dienstsiedlung der Sorben, die im Auftrag der Franken die Grenze (und den Handelsstützpunkt) an der Saale sicherten. Die präziseren Informationen der Chronik von Moissac lassen die zweite Interpretation wahrscheinlicher werden, trotzdem sind fränkische und sächsische Wachmannschaften nicht auszuschließen. Das Kastell müssen wir uns als Palisadenburg vorstellen. Über den Standort ranken sich viele Mutmaßungen. In Frage kommen vor allem die schon genannten erhöhten Siedlungsorte Giebichenstein, Heinrich-Heine-Felsen und der Domhügel. Da eindeutige Grabungsbefunde fehlen, wird man sich der Plausibilitätsannahme von Herrmann anschließen können, der – vor dem Hintergrund der obigen Überlegungen und aufgrund von Funden aus der Karolingerzeit – für Giebichenstein (Amtsgarten/Unterburg) plädiert. Ein gewichtiges Argument ist auch die Furt über die Saale, denn am anderen Ufer könnte sich mit Kröllwitz eine Siedlung mit Königsleuten, so die Deutung des slawischen Namens, befunden haben. Diese große Bedeutung unserer Siedlungskomplexe mit dem befestigten Ort, der Furt und dem Ufermarkt führt hin zum zweiten bedeutenden Datum der hallischen Stadtgeschichte: 961.

3. Die Bedeutung der ottonischen Schenkungen 961

Als befestigte Kreuzungspunkte von Fluss und Straße stellen sich die Siedlungsinseln im späteren Stadtkern von Halle und der Giebichenstein um 960 dar. 961 gerät der Giebichenstein erstmals in den Blickpunkt der Schriftquellen. Dieser Sachverhalt ist den Bestrebungen König Ottos I. zu verdanken, als Zentrum seiner Macht und seiner sakralen Herrschaftsfunktion, aber auch als Ort der religiösen Memoria für seine Familie ein Kloster in Magdeburg zu gründen, das als Keimzelle eines Missionsbistums gedacht war. Bereits unmittelbar nach dem Antritt seines Königtums hatte Otto 937 das neu gegründete Moritzkloster in Magdeburg mit Einkünften ausgestattet, darunter auch mit Magdeburg gegenüberliegenden Gebieten der Slawen. Die Mönche des Klosters sollten in Gebet und Gottesdienst für das Seelenheil des Stifters und seiner Familie eintreten, aber eben auch der Slawenmission dienen. Der Sieg auf dem Lechfeld gegen die Ungarn 955 führte zu verstärkten Aktivitäten Ottos, die Mission der Slawen in Gang zu setzen. 959 zog der König nach Italien, u. a. um die Umwandlung des Klosters in eine Bischofskirche voranzubringen. Der Widerstand seines Sohnes Wilhelm, des Erzbischofs von Mainz, und des Halberstädter Bischofs, die beide Verluste für ihre Kirchenprovinz befürchteten, ließ das Vorhaben zunächst scheitern. Und doch setzte Otto die Ausstattung des Klosters weiter fort, nicht zuletzt, um dem späteren Erzbistum eine materielle Basis zu verschaffen. 961 griff der König für seine Stiftungen auch auf seine

Rechte im Süden zurück. Dort befanden sich mehrere Burgwardbezirke, die als Bausteine einer Organisation der Landesverwaltung und Landesverteidigung aufzufassen sind. Halle gehörte zur Grenzmark, doch lag es nicht mehr im unmittelbaren Grenzraum wie 806, denn der Schwerpunkt des Reiches hatte sich unter den Ottonen vom Main-Donau-Raum in das Gebiet zwischen dem Harz, der mittleren Elbe und der Saale verschoben. So wurde zu Beginn des 10. Jahrhunderts die Gegend um Merseburg planmäßig zur Machtbasis der sächsischen Herrscher ausgebaut. Nach mehreren Kriegszügen Heinrichs I. gegen die Elbslawen standen weite slawische Siedelgebiete unter sächsischer Herrschaft. König Otto I. sorgte für den Ausbau militärischer Stützpunkte und den organisatorischen Anschluss an die Reichskirche. Parallel zur Etablierung des Burgwardsystems verlief die Pfarrorganisation, denn der Zehnt wurde analog erhoben. Deshalb ging es um 960 um eine Integration der Gebiete von Halle mit der Burg Giebichenstein und nicht um Schutz und Tribut.

Kommen wir also zu dem die hallische Geschichte prägenden Vorgang, der die Siedlungen am Saaleufer und das Verteidigungs- und Verwaltungs-

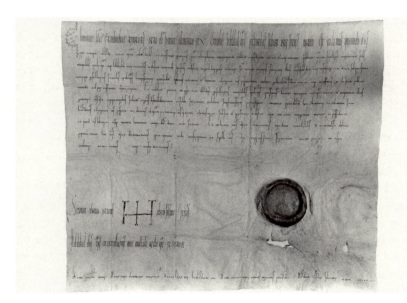

Urkunde vom 20. Mai 987, mit der König Otto III. dem Magdeburger Erzbischof Zoll und Bann in dem Ort Giebichenstein übertrug

zentrum, die Burg, an das Kloster/Erzstift Magdeburg wies und damit die engen Bindungen zwischen Halle und dem Erzbischof bis 1680 begründete. Am 29. Juli 961 wurden von König Otto I. zwei Urkunden in dem Ort Ohrdruf, nahe Gotha, ausgestellt.

In der ersten übergab Otto dem Kloster des Heiligen Moritz in Magdeburg alle von den Christen zu entrichtenden Zehnten in verschiedenen Gauen und Orten, darunter auch die im Gau Neletici. Zentrum dieses Gaus war Giebichenstein, der in der Urkunde als *civitas*, d. h. als befestigte Siedlung, bezeichnet wird. In der zweiten Schenkungsurkunde überwies Otto dem Kloster neben Besitzungen in Thüringen, im Nudzici-Gau sowie im Helme-Gau den gesamten Gau Neletici mit allem Zubehör – namentlich die *urbs* Giebichenstein mit der Salzquelle und die übrigen befestigten Siedlungen mit ihren salzhaltigen und salzlosen Wässern sowie mitsamt ihren deutschen und slawischen Hörigen. Otto II. bestätigte am 5. Juni 973 in Magdeburg sämtliche Schenkungen seines Vaters, und zwar nun für das 968 errichtete Erzbistum Magdeburg und nicht mehr für das Moritzkloster (UBH, I, 8). In dieser Urkunde betonte Kaiser Otto II. ausdrücklich die Schenkung des Gaus Neletici mit den *civitatibus* Giebichenstein, Gutenberg und Radewell. Im Jahre 987 erfolgte dann ein weiterer, ganz wichtiger Schritt: Bann (= Gericht), Zoll und Münze in Giebichenstein wurden vom König an das Erzbistum übertragen. Damit war der Gau Neletici inklusive Halle aus den Herrschaftskomplexen und Besitztümern des Königs gelöst; die, wie es in der Urkunde von 987 heißt, königlichen Rechte gebührten jetzt dem Erzbistum (*dedimus telenoeum et bannum ad regium ius respicientem in loco Gibichenstein*).

König Otto I. schenkt dem Moritzkloster zahlreichen Besitz, darunter Giebichenstein mit der Salzquelle, 21. Juli 961 (UBH, I, 4; Neuß, 961)

In nomine sanctae et indivuduae trinitatis. Otto dei gratis rex. Noverint omnes fideles dei nostrique praesentes scilicet et futuri, qualiter nos pro remedio animae beatae memoriae domini patris nostri Heinrici regis et pro incolumitate dominae matris nostrae Mathilde reginae, nec non pro statu et incolumitate regni nostri nostrique dilectaeque coniugis nostrae Adalheidae reginae nostrique dilecti filii Ottonis iam primo anno regis, instinctu et monitu Vuillihelmi, sanctae Moguntinae sedis venerabilis archiepiscopi, omnem regionem repagumque vocatum Nele-

tice omnemque utilitatem in eo manentem, <u>urbem videlicet Giuicansten cum salsugine</u> eius ceterasque urbes cum omnibus ad eas pertinentibus, aquis salsis et insulsis, terris cultis et incultis, mancipiis Theutonicis et Sclavanicis, taleque predium, quale Vuichart in beneficium habet. urbem Zputinesburg sitam in pago Nudzici, cum omnibus quae ipse in beneficium habet, et per petitionem dominae matris nastrae Mathildae reginae. taleque predium, quale Huodo in beneficium habet in pago Helmungouui in comitatu Vuillihelmi comitis, in locis Breitigna et Bernhardesrotha cum omnibus ad ea pertinentibus, taleque predium, quale Adalberdus comes in beneficium habet in comitatu ipsius in pago Northuringorum in locis sic nominatis: Tununsteti, Flagtungun, Vuazzeresdal, Adinga, cum omnibus ad ea pertinentibus <u>ad victum clericorum monachorumque Magaedaburg</u> deo servientium ad ecclesiam sancti Petri principis apostolorum, sanctorum martirum Mauricii, Innocentii, reliquorum, sanctorum inibi congregatorum in perpetuum proprium <u>donavimus</u>. Et ut predictus abbas illius monasterii suique successores et clerici et monachi inibi deo servientes liberam potestatem omnium prenominatorum locorum habeant utendi recte commutandi, in beneficium dandi, cum omnibus ad ea pertinentibus, mancipiis, terris cultis et incultis, aquis aquarumque decursibus, silvis, pratis, pascuis, agris, molendinis, piscationibus, aedificiis, urbibus, ecclesiis, exitbus et reditibus, iussimus hoc presens preceptum conscribi anulique nostri inpressione corroborari.

Für Halle sind die von mir unterstrichenen Formulierungen von Bedeutung: „Wir haben gegeben die Stätte Giebichenstein mit der Salzquelle zum Unterhalt der Kleriker und Mönche in Magdeburg."

Übersetzungsvorschlag nach Neuß, 961:

Im Namen der heiligen Dreifaltigkeit. Wir, Otto, von Gottes Gnaden König, tun allen Gläubigen kund, den lebenden wie den künftigen Geschlechtern, dass wir, um des Seelenheils und Gedächtnisses unseres Vaters, des Königs Heinrich, und für das Wohl unserer Mutter Königin Mathilde und nicht weniger wegen des Bestandes und der Unversehrtheit unseres Reiches und um unserer geliebten Gemahlin Königin Adelheid und unseres Sohnes Otto, nun schon im ersten Jahre König, auf Anraten und Anmahnen Wilhelms, des ehrwürdigen Erzbischofs auf dem Mainzer Stuhle, zu ewigem Eigentum für den Unterhalt und für die Bedürfnisse der (Gott dienenden) Kleriker und Mönche bei der dem Apostelfürsten Petrus, den heiligen Märtyrern Mauritius und Innozenz und ihren heiligen Resten geweihten Kirche zu Magdeburg (alternativ: an der Kirche des Apostelfürsten Petrus, der heiligen Märtyrer Mauritius und Innozenz und den anderen dort – in Reliquien – versammelten Heiligen, W. F.) (folgende) Güter geben: den ganzen Gau Neletice mit allen seinen Nutzungen, den Burgort Giebichenstein mit seiner Salzquelle sowie andere Burgorte mit allem Zubehör, salzigen und süßen Gewässern, bebauten und nicht bebauten Fluren, deutschen und slawischen Hörigen sowie das Gut, dessen Nutznießung Wichart hat, nämlich die Burg Zputinesburg (Rothenburg a. d. S.) im Gau Nudzici mit allem von Wichart genutztem Zubehör; ferner auf Bitten unserer Mutter, der Königin Mathilde, diejenigen Güter, die Udo im Helmegau in der Grafschaft des Grafen Wilhelm genießt, (nämlich) in den Orten Breitungen und Bernsrode mit allem Zubehör, dazu von den Gütern, wie solche Graf Adalbert in seiner Grafschaft im Nordthüringgau nutznießt, und zwar in den Orten namens Dönnstedt, Flechtingen, Waterdal und Etingen mit all ihrem Zubehör. Und auf dass der Abt des oben erwähnten Klosters und seine Nachfolger sowie die eben doch Gott dienenden Kleriker und Mönche die freie Verfügung über vorgenannte Orte zu rechtem Gebrauch haben, auch sie zu vertauschen und sie in Nutzung zu geben, mit allem Zubehör, Hörigen, bebauten und unbebauten Ländereien, stehenden und fließenden Gewässern, Holzungen, Wiesen, Weiden, Äckern, Mühlen, Fischereien, Gebäuden, Burgen, Gotteshäusern, mit Lasten und Grundzinsen, so haben wir gegenwärtige Verordnung unterschrieben und mit unserem Siegelabdruck bekräftigt.

Wiederum ergibt sich eine Frage, wie wir sie ähnlich auch für die Zeit um 800 aufgeworfen haben.

Welche Siedlungspunkte sind gemeint?

Dass unser Gebiet weiterhin von Slawen besiedelt war, machen die Ausgrabungen von Herrmann und anderen deutlich; Sachsen werden nur als erzbischöfliche Amtsträger fungiert haben. Die Urkunden erwähnen darüber hinaus erstmals Christen, die zehntpflichtig waren, deutsche und slawische Hörige sowie einen Honigzins. Spannend ist auch die Frage, was konkret unter Giebichenstein und was unter der Salzquelle gemeint sein kann. Zunächst ist der erstmals genannte Giebichenstein als Reichsburg zu fassen. Die Ausgrabungen erweisen, dass sich in der Nähe der heutigen Burg tatsächlich eine Befestigung des 10. Jahrhunderts befand (Amtsgarten gegenüber der heutigen Burg). Der Ort der Burg war strategisch geschickt gewählt: erhöht auf dem Felsen und an der Saalefurt befindlich, war der Giebichenstein Verteidigungs- und Verwaltungszentrum. Hier wurde ausweislich der Chronik des Thietmar von Merseburg der erste Magdeburger Erzbischof Adalbert aufgebahrt, hier hielt sich Erzbischof Tagino kurz vor seinem Tode 1012 auf. Im Jahr 1004 diente die Burg sowohl als Gefängnis für Gegner Kaiser Heinrichs II. als auch als Vorratslager (Trillmich, Thietmar, 238, 244, 310). Die 987 erfolgte Verleihung von Bann, Zoll und Münze stärkte diese Funktionen. Der Zoll deutet zudem auf eine weitere Aufgabe hin. Hier, am Ufer der Saale, wird es einen Ufermarkt gegeben haben, der auch von den anderen Siedlungskomplexen genutzt wurde. Gab es aber weitere Märkte, die von Giebichenstein verwaltet wurden, und wo befand sich die Salzquelle?

Letztere Frage ist umstritten; erst die jüngsten Ausgrabungen erlauben eine nähere Bestimmung des Standortes. Während Billig und Neuß betont haben, dass die in den Urkunden genannten Salzquellen allesamt im Siedlungsgebiet von Halle und nicht für Giebichenstein zu lokalisieren sind, hat Hünicken in den Urkunden Ottos I. und Ottos II. einen Ausdruck der Schwerpunktverlagerung von Halle nach Giebichenstein gesehen. Indiz dafür sei, dass der Ort Halla in diesen Quellen nicht mehr erwähnt wird. Tatsächlich gab es auch in Giebichenstein einen Salzbrunnen, der aber nur schwache Sole enthielt. Folgen wir den jüngsten Argumentationen von Elisabeth Schwarze-Neuß und den Ausgrabungen von Herrmann, müssen wir von mehreren Siedlungskernen ausgehen, einerseits dem herrschaftlichen Zentrum in Giebichenstein, andererseits dem wirtschaftlichen Mittelpunkt mit seinen Salzwerken im späteren Stadtgebiet, wo sich auch ein Ufer- bzw. Straßenmarkt befand. Da ein Zeugnis aus jüdischer Provenienz auf eine Kaufmannssiedlung hinweist, wird es sich um Siedlungskonzentrationen im Stadtgebiet handeln. Von besonderer Bedeutung scheint eine Handelssiedlung an der Bergstraße gewesen zu sein. Dort kann Volker Herrmann zwei Haustypen festhalten: sächsische und slawische! Die *Salsugo* (Salzquelle) des Jahres 961 befand sich nicht im Tal, sondern am Domhügel und beim späteren Neuwerk. Die Techniken hatten sich inzwischen verändert – es scheint nun erste Siedehütten gegeben zu haben. Damit wird deutlich, dass jüdische und sächsische Händler, sächsische Funktionsträger der Erzbischöfe und slawische Salzsieder und Handwerker in Halle lebten. Um 1000 breiteten sich dann die Siedehütten weiter aus, und zwar in der Nähe des Tals, genauer am Südrand des heutigen Hallmarkts. Dort, im Areal des später Trödel genannten Siedlungskomplexes ließen sich slawische Handwerker und Salzsieder nieder, die Sole siedeten, die anderswo, aber nicht im Tal gewonnen worden war. Auch sind erste Siedlungsspuren am Kreuzungspunkt zweier Straßen, dem späteren Alten Markt, festzuhalten.

Von einer kirchlichen Organisation um 1000 wissen wir nichts; es steht aber aufgrund der Patrozinien zu vermuten, dass St. Gertrud im Mittelpunkt der verstreuten Siedlungen – denn von einem Markt am heutigen Ort können wir ja noch nicht sprechen – und St. Michael am späteren Alten Markt schon vorhanden waren, denn wie erinnerlich setzt die Schenkung von 961 bereits die Missionierung von Slawen voraus. Ob die Kirche der Heiligen Gertrud sogar auf die fränkische Zeit verweist, wie das Patrozinium erahnen lässt, bleibt offen. Ausgrabungen anfangs der 1990er Jahre haben ergeben, dass zunächst ein kapellenartiges Bauwerk errichtet wurde. Im 12. Jahrhundert ersetzte ein wesentlich größerer romanischer Saalbau das Kirchlein.

4. Siedlungsverdichtung und -verlagerung

Die für die spätere Stadtentwicklung optimale Kombination von Handelsplatz (Ufermarkt) und Absatz eines besonders begehrten Gutes, nämlich des Salzes, bestimmte die Entwicklung im 11. und frühen 12. Jahrhundert, von der wir urkundlich erst ab Beginn des 12. Jahrhunderts, nicht zuletzt aufgrund des Aufbaus der Kirchenorganisation, mehr wissen.

Tatsächlich fand im 11. Jahrhundert eine Schwerpunktverlagerung von Giebichenstein hin zu den Siedlungskomplexen der Salzsieder, Händler und Handwerker in „Halle" statt. Deutlichstes Zeichen hierfür ist, dass die erstarkende Siedlung 1064 unter dem Namen Halle erwähnt wird. Es war König Heinrich IV., der in Halle eine Schenkungsurkunde ausstellen ließ (Actum Hallae = geschehen in Halle, UBH, I, 11). Die folgenden aus dem 11. Jahrhundert stammenden schriftlichen Belege nennen erneut die Burg Giebichenstein. 1108 tritt demgegenüber Rodolfus de

Halle als Ministeriale, d. h. als erzbischöflicher Beamter, in der Zeugenreihe einer erzbischöflichen Verfügung auf; hier wurde also jemand nach seinem Tätigkeits-/Wohnort benannt. Dieser aber war Halle, nicht mehr Giebichenstein – die dortigen Siedlungen hatten womöglich die Burg an Bedeutung überflügelt.

Was besagen die archäologischen Befunde zur Siedlungsentwicklung? Ein wichtiger Vorgang war um 1050 die Trockenlegung des Tals, das nun für die Soleförderung mittels Brunnen genutzt werden konnte. Die Namen der dortigen Brunnen – Deutscher Born, Meteritz und Wendischer Born (auch Gutjahr genannt) – deuten darauf hin, dass Sachsen und Slawen nebeneinander für diesen Vorgang verantwortlich waren. Die Trockenlegung, die durch ein Absinken des Grundwasserspiegels erleichtert wurde, verband nun das Tal mit den Saalearmen, so dass das Anschiffen von Holz und Reisig erleichtert wurde. Die Bäche wurden im Tal und auf dem höher gelegenen Plateau, dem späteren Marktplatz, eingeworfen; am Rand des Tals wurde der Trödel zu einer Handwerker- und Salzwirkersiedlung mit slawischen Bewohnern erweitert. Salzkoten sind für diese Zeit oberhalb des Tals ebenso nachzuweisen wie Terrassierungsmauern zur Abstützung.

Auch am heutigen Alten Markt, einem weiteren hochwasserfreien Gelände, werden für das 11. Jahrhundert die Besiedlungsspuren dichter. Eine Vorläuferkirche der späteren Moritzkirche wird schon für diese Zeit angenommen; ebenso ist auf die schon oben erwähnte Michaeliskapelle an der Ostseite des Alten Marktes hinzuweisen. Dieser Alte Markt entsprach um 1100 einem typischen Straßenmarkt, der zudem die Nähe zur Saale aufwies.

Nach der Jahrhundertwende schritt die Siedlungsentwicklung voran. Im Tal begann der Aufbau der Koten (1145 erstmalige Erwähnung als Siedeort); demgegenüber verschwanden die anderen Siedestätten im heutigen Stadtgebiet. So stellt sich um 1100 der Nordwesten, Westen und Südwesten der späteren Stadt als halbwegs besiedelter Bereich dar, während der Markt und alle anderen Bereiche noch fast leer waren, mit einigen wichtigen Ausnahmen. So wohnte im Norden, am späteren Neuwerk, um 1121 ein Hazecho, der als reicher und kluger Mann (*vir dives et prudens*) beschrieben wird. Ferner residierte um 1118 auf dem Sandberg der Burggraf Wiprecht von Groitzsch, der neben seinem Gebäudekomplex eine Jakobskapelle errichten ließ (*capella sanctae Jakobi in oppido nostris Hallis*). Für Glaucha ist die Existenz eines Gebäudes mit Turm belegt. Die Nennung dieser drei Hofanlagen lässt für die Zeit um 1100/1150 Konturen der Siedlungsentwicklung deutlich werden. Insgesamt 27 solcher befestigten Herrenhöfe, Rittersitze und Eigenbefestigungen kann Elisabeth Schwarze-Neuß in- und außerhalb des späteren Stadtareals nachweisen. So befand sich an der Märkerstraße ein steinernes, mit einem Turm versehenes Gebäude, das Haus von Merkelin, an das, wie dem Hallenser noch heute ersichtlich, der Straßenname erinnert. Merkelin und all die Bewohner der anderen Hofanlagen waren „fast alle in verantwortlichen Positionen" in der erzbischöflichen und später auch in der frühen Stadtverwaltung tätig. Diese Hofanlagen „stehen für die erste Phase der Stadtentwicklung" (Schwarze-Neuß). Im späten 12. Jahrhundert und vor allem im 13. Jahrhundert wurden sie parzelliert oder beseitigt, um den sich ausdehnenden Siedlungen sowie den neuen Klöstern Platz zu machen.

Kapitel II

Die Salzstadt des Spätmittelalters

1. Städtische Institutionen: Markt und Kirche

Stadt wird ökonomisch definiert als Gewerbe- und Marktsiedlung, rechtlich als Verband der Bürger, d. h. als Gemeinschaft, die sich durch Bürgereid konstituiert. Diese Bürgergemeinde war auch religiös verbunden.

Am Markt wurden die in der Gewerbeansiedlung hergestellten Produkte verkauft und gleichzeitig auswärtige Waren gehandelt. Hochwertige Produkte, etwa Luxusgüter, die nicht in Halle hergestellt wurden, konnten dort ebenso wie das hallische Gut Salz erworben werden. Mit dem Nah- und Fernmarkt entstand eine Kaufleuteschicht. Ein frühes Zeugnis für Halle als Marktort findet sich in der Lebensbeschreibung des Bamberger Bischofs Otto. Dieser beauftragte in den 1120er Jahren vor seiner Missionsreise nach Pommern seinen *economus* Rudolf, *ad nundinas Hallae* (zu den Märkten in Halle) zu gehen. Rudolf kaufte daraufhin auf dem *mercatu Hallae* ein, und zwar edle Tücher und andere kostbare Sachen, die in Pommern selten waren (UBH, I, 21: *preciosos pannos, in terra Pomoranorum caro* und *aliasque species gloriosas et res pulchras*). Auch die aus dem 11. Jahrhundert stammende Dorsal-Notiz (rückseitige Notiz) der oben erwähnten Urkunde von 987 macht deutlich, dass ein Markt bestand. So wird man von einer ummauerten Siedlung von Kaufleuten am Alten Markt, also dem Straßenmarkt an der Vereinigung der drei ältesten Handels- und Heerstraßen (der Frankenstraße, der Regensburger Straße und der Magdeburgischen Straße) ausgehen können. Für eine Kaufleutesiedlung spricht auch, dass eine Judensiedlung am heutigen Friedemann-Bach-Platz angenommen wird, deren Friedhof sich am Jägerberg befand.

Ob die weitere Besiedlung von Halle planvoll erfolgte, sei dahingestellt. Ein Teil der Literatur weist auf den 1118 als Burggrafen belegten Wiprecht

Kapitel II: Die Salzstadt des Spätmittelalters

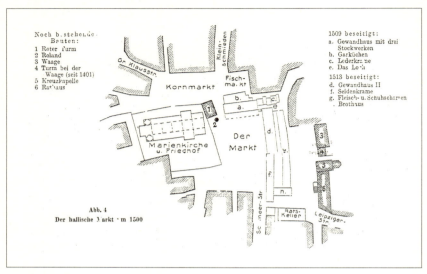

Abb. 4
Der hallische Markt um 1500

Grundriss des Marktareals um 1500. Der Mittelpunkt der Stadt war noch nicht die große, weite Fläche, die von Marktkirche, Rathaus und Bürgerhäusern markiert wird. Vielmehr handelte es sich um ein enges Nebeneinander von drei Märkten, Verkaufsständen bzw. Kaufhäusern, Kirchen, Straßeneinmündungen und Bürgerhäusern. Selbst der Tod fand in Gestalt der beiden Kirchhöfe noch seinen Platz im Zentrum der Stadt. Die „Flurbereinigung" erfolgte auf Weisung des Rates erst in den folgenden Jahrzehnten: Die Verkaufsstände wurden abgerissen, die Gertrauden- und die Marienkirche vereinigt und die Kirchhöfe verlegt (vergleiche auch den Vorsatz).

von Groitzsch hin, der eine Erweiterung der Siedlung durchgeführt haben soll, insbesondere den neuen Marktplatz angeregt und einen weiten Mauerring, wohl noch aus Holz, errichtet habe. (Immerhin wird 1182 noch das Steintor als Besonderheit erwähnt.) Wiprechts Initiativen sind urkundlich nicht belegt – auffällig ist nur, dass zeitgleich mit Wiprecht weitere Wandlungsprozesse festzuhalten sind. Da ist zunächst der zweite Markt, der oberhalb des Tals auf dem hochwasserfreien Sandrücken seinen Platz fand. Der neue Marktplatz scheint um 1100 planiert und trockengelegt worden zu sein; zeitgleich könnte dort auch mit dem Bau der Marienkirche in unmittelbarer Nachbarschaft der Gertraudenkirche begonnen worden sein.

Für 1121 ist eine Ägidiuskirche – vielleicht die Vorgängerkirche der Marienkirche – am Markt belegt. Für die These der Erschließung um 1100 spricht auch das Ergebnis der in den Jahren 2002/03 vorgenommenen Ausgrabungen am Marktplatz. In dem dabei entdeckten romanischen

Steinbau unter dem Haus Markt 23 könnten sich die Überreste des alten Burggrafengerichts verbergen. Dass der erschlossene Platz Handelsort war, wird erstmals an den sechs Scharren (Verkaufsständen) deutlich, die Erzbischof Wichmann 1180 an das Nikolaistift in Magdeburg für 60 Mark verkaufte (UBH, I, 81). Diese Stände befanden sich unmittelbar am Kirchhof von St. Marien (*sex scarnas cimiterio beate Marie in Halle adherentes*). Ein ähnlicher Beleg findet sich vier Jahre später, als Wichmann die Verkaufsstände bei St. Ägidii (*cameras iuxta sanctum Egidium exstructas*) dem Kloster Seeburg schenkte. 1231 ist erstmals die Rede vom Kaufhaus (die *domus mercatorum* des Erzbischofs), drei Jahre früher ist der Jahrmarkt belegt. Dabei wird es sich um den späteren Mariä-Geburtsmarkt (8. September) handeln. Später kam noch ein weiterer Jahrmarkt am Tag des Heiligen Hilarius hinzu (16. Januar).

So kann man schließen, dass um 1200 der Siedlungsvorgang seinen ersten Abschluss gefunden hat, obwohl die städtischen Vertretungsorgane (Rat und Gerichtsbarkeit) noch nicht ausgebildet waren. Die wohl durch eine Mauer abgeschlossene Siedlung ist lokalisierbar; sie besaß Grenzen, die ein Innen und Außen begründeten. 1200 heißt es nämlich bei der Stiftung der Deutsch-Ordens-Niederlassung, dass sie *ab occidentali parte civitatis Hallensis* (UBH, I, 1200) errichtet werden sollte, also westlich der „Stadtsiedlung Halle". Auch die Bezeichnung *civitas* wird hier m. W. erstmals genutzt. Die neue Siedlung Halle, die nun nicht mehr nur ein loser Komplex von Ansiedlungen, sondern zumindest im westlichen Teil zusammenhängend war – dagegen waren der Osten, Nordosten und Südosten noch fast menschenleer –, hatte sich von ihrer Wurzel Giebichenstein getrennt. Noch aber war um 1100 das Gebiet des späteren Klosters Neuwerk nur locker mit der civitas verbunden.

Die Nennung von Neuwerk und der neuen Kirchen am Marktplatz verweist auf einen weiteren stadtbildenden Vorgang: Bevor sich Rat, Bürgerstand und Gericht konstituierten, musste die religiöse Gemeindebildung abgeschlossen sein. Die Kirchengemeinde bildete in und für Halle die erste Organisationsstruktur; sie ermöglichte Pfarrbezirke und Viertelbildung. So ist die Gründung des Klosters Neuwerk 1116 das nächste wichtige Datum, das wir uns nach 806 und 961 zu merken haben. Im Jahr 1116, so berichten die Klosterannalen, die *vita lamberti*, weilte der Erzbischof von Magdeburg, Adalgot, auf seiner Burg Giebichenstein. Dorthin machte sich ein gewisser Hazecho auf. Mit diesem Hazecho gerät der erste namentlich bekannte Hal-

Siegel des Propstes Dr. Johannes Pals vom Kloster Neuwerk, angefügt an eine Übertragung von Zinsen an den Rat der Stadt, 16. Juni 1517. Das Siegel zeigt den hl. Alexander, den Patron des Klosters. Der Stern und der waagerechte Halbmond sind Symbole der Gottesmutter, der zweiten Patronin des Klosters.

lenser in unser Blickfeld. Es handelte sich um einen der oben genannten Stadtadligen, die einen befestigten Wohnsitz innehatten. Hazecho bat den Bischof um die Erlaubnis zur Gründung eines Klosters, für das er offensichtlich seinen Besitz einbringen wollte. Doch die Chronik des Klosters berichtet auch, dass *preces Hallensium* (Bitten der Hallenser) den Bischof erreichten und Adalgot schließlich zugunsten der „Bürger der Stadt" dieses Kloster errichtete (*civium civitatis ipsius accedente favore*). Dass der Erzbischof diesem Vorhaben wohlwollend gegenüberstand, wird daran deutlich, dass er – wie auch sein Nachfolger Rotgerus – viele Stiftungen veranlasste und zudem dem Kloster das wichtigste Gut zukommen ließ, das für die Frömmigkeit in jener Zeit zur Verfügung stand: Reliquien, darunter den komplette Leib des Heiligen Alexander (Patrozinium 10.7.) sowie eine Reliquie der Mutter von Alexander, der Heiligen Felicitas. Für die Gebeine Alexanders wurde ein kostbarer Schrein angefertigt, der, folgt man dem Translationsbericht, die Verehrung stützen sollte. Darauf wird noch zurückzukommen sein.

Die eigentlichen Motive der Erzbischöfe zur Klostergründung – sieht man einmal von der Sorge für ihr Seelenheil ab – waren aber verwaltungstechnischer Natur: Denn die Bischöfe hatten die Pflicht, die Seelsorge für die Laien und die Aufsicht über den Klerus in der fern von Magdeburg gelegenen, anwachsenden Siedlung zu gewährleisten. Dafür diente eigentlich ein Archidiakon, ein Amt, das in der Regel von einem Domherrn übernommen wurde. Doch wie sein Amtskollege im benachbarten Bistum Halberstadt ergriff auch Adalgot die Chance, die sich durch die neue Ordensgemeinschaft der Augustinerchorherren bot, denn dieser Orden verstand sich im Gegensatz zu den alten Orden darauf, die Bischöfe bei Seelsorge und Verwaltung zu unterstützen. So ist die Bestätigung der Stiftungen des Erzbischofs Adalgot durch seinen Nachfolger Rotgerus 1121 gleichzeitig auch die Einlösung dieses Anliegens. Das neue Kloster *ad novum opus* (= zum Neuen Werk) erhielt die Aufgaben des Archidiakons zugewiesen – es war Inhaber des *bannus hallensis*, d. h. der geistlichen Gerichtsbarkeit zwischen Saale, Elster und Pulme mit den vier Sitzen (*sedes*) Halle, Brachstedt, Zörbig und Gollma (Landsberg). Hinzu kam ein weiterer Rechtsakt, der bis 1529 wichtig blieb: Pfarrkirchen und Kapellen in Halle wurden dem neuen Stift inkorporiert. Die Kirchen und Kapellen in Halle – genannt werden: die *parochia* (Pfarre) und die *ecclesia* (Kirche) *sanctae Gertrudis et sancti Georgi* sowie die Kapellen – gehörten rechtlich zum Kloster. Die Bürger der Stadt wandten später einige Mühen auf, um zumindest einige der Zuständigkeiten in kommunale Hand zu bekommen. Darauf wird noch zurückzukommen sein. So setzte der Propst von Neuwerk als Archidiakon die Pfarrer ein und stellte einen Chorherrn für St. Gertrauden ab. Der Propst erhielt die kirchlichen Abgaben, urteilte als geistlicher Richter, war für das Schulwesen zuständig und achtete darauf, dass die Bewohner Halles seine kirchlichen Rechte nicht missachteten (dies war insbesondere beim Konflikt um die Rathauskapelle und beim Hospital der Fall). Für Halle bedeutete diese Übertragung des Archidiakonats viel: Der Aufbau des hallischen Pfarrsystems setzte sich nun fort.

UBH, I, 15 a

Quondam tempore cum venerandus praesul Adelgotus in castro Gevekensetin esset, quidam Hallensis civis Hazecho nomine, vir dives et prudens, ad eum venit et de instantibus causis in vesperam cum eo tractavit.

...

Anno igitur ab incarnatione domini MCXVI inchoata sunt fundamenta nostrae ecclesiae ad honorem domini ac salvatoris nostri et beatae Mariae perpetuae virginis per manus venerabilis Adelgoti archiepiscopi.

Einst, als der verehrungswürdige Adalgot in der Burg Giebichenstein war, kam ein hallischer „Bürger" mit Namen Hazecho, ein reicher und kluger Mann, um mit ihm am Abend aus wichtigen, dringenden Gründen zu verhandeln.

...

Kapitel II: Die Salzstadt des Spätmittelalters

Im Jahr von der Geburt unseres Herrn 1116 sind die Mauern unserer Kirche zu Ehren des Herrn und Erlösers und der immer währenden Jungfrau Maria durch die Hand des verehrungswürdigen Erzbischofs Adalgot begonnen worden.

UBH, I, 18

Translatio sancti alexandri in monasterium Hallense Novi Operis:

Eo igitur tempore anno videlicet dominicae incarnationis MCXXIIII, indictione II (III), decimo sexto kalendas Ianuarii translata sunt ossa sancti Alexandri martyris, filii sanctae Felicitatis, et brachium sancti Sergii martyris cum multis aliis reliquiis per dictum Ruodgerum antistitem ad dictum Hallense monasterium (sc. ad novum opus). Reconditaeque sunt huiusmodi reliquiae beati Alexandri pariter cum costa matris eius, sanctae videlicet Felicitatis in sarcophago arte inclusoria mirifice fabricato, quod in ecclesia Novi Operis inpraesentiarum cernitur.

Übertragung (der Reliquien) des hl. Alexander in das Kloster Neuwerk:

Im Jahr der Fleischwerdung unseres Herrn 1124 ... sind die Gebeine des Märtyrers Alexander, Sohn der hl. Felicitas, und ein Arm des hl. Märtyrers Sergius mit vielen anderen Reliquien durch den besagten Bischof Ruodgerus in das besagte Kloster in Halle (d. i. Neuwerk) übertragen worden. Verschlossen (aufbewahrt) sind die Reliquien des heiligen Alexander zu gleicher Zeit mit einer Rippe seiner Mutter, der hl. Felicitas, in einem bewunderungswürdig mit Juwelen eingefassten Schrein, der in der Kirche des Neuen Werks gegenwärtig zu sehen ist (offenbar wird).

Zur Gertraudenkirche, die ja 1121 als Kirche genannt wird, trat die Moritzkirche hinzu. Diese Kirche, benannt nach dem Patron des Erzstifts, ist zwischen 1134 bis 1142 (UBH, I, 29) belegt und wurde 1156 neu aufgebaut; sie war spätestens seit dieser Zeit Pfarrkirche. In der Chronik der Augustinerchorherren vom Petersberg wird berichtet, dass die Moritzkirche vor 1184 gegründet worden sei. Offenbar auf Drängen hallischer Bürger – man spricht hier von hallischen Bitten – wurde vom Erzbischof

Wichmann im Mai 1184 an der Pfarrkirche St. Moritz im Südwesten Halles ein neuer Konvent eingerichtet. Wichmann besetzte ihn mit Kanonikern des Klosters Neuwerk und stattete ihn mit den Pfarrrechten von St. Moritz aus. Gebaut wurde das Kloster an der Südseite der bereits bestehenden Moritzkirche. Der erste Propst war Dudo, ein Neuwerker Mönch: *missus est et cum eo alii fratres* (er wurde mit anderen seiner Brüder von Wichmann gesandt, UBH, I, 91). Wieder war es der Erzbischof, der durch reiche Seelgerätstiftungen eine Kanonikergemeinschaft ermöglichte. Auch diese Gründung hatte stadtbildende Kraft, denn der Kirche wurde St. Michael am alten Markt einverleibt, ferner wurde 1220 das Hospital St. Johannes in Verbindung mit einer Kapelle, nördlich der Kirche am Friedhof und unmittelbar am Tal angrenzend, erbaut.

Die um 1137 am Markt befindliche Kirche – evtl. kann es sich um die dann verschwundene Ägidienkirche gehandelt haben – ist um 1184 als Marienkirche und Pfarrkirche (*ecclesia forensis*) belegt. Diese Kirche war zunächst als dreischiffige Basilika errichtet worden; um die Mitte des 14. Jahrhunderts wird ein Umbau zu einer gotischen Halle erfolgt sein. Um 1200 kam dann mit St. Ulrich die letzte der hallischen Pfarrkirchen hinzu. Ihr Pfarrsprengel wurde aus den Sprengeln von Gertrauden und der Marktkirche herausgeschnitten und stand für die Seelsorge des offensichtlich anwachsenden Nordens der Siedlung Halle bis hin zum Sprengel von Neuwerk bereit. Kloster Neuwerk inkorporierte diese Pfarrkirche 1214.

Somit war das Pfarrsystem Motor für Stadtentwicklung und städtische Gemeindebildung. Die städtischen Viertel (die Gemeinheiten) waren deckungsgleich mit den Pfarreien; 1328 werden erstmals die Gemeinheitsmeister genannt. Die Marienkirche umfaßte das südöstliche Viertel von Halle; die Grenze zur Moritzpfarre verlief im Westen entlang der Märkerstraße bzw. der Rannischen Straße, im Norden entlang der nördlich der Steinstraße gelegenen Grundstücke. Die Gertraudenkirche erstreckte sich auf das Gebiet der Saline und die Straßen westlich der Großen Ulrichstraße bis zur Kleinen Ulrichstraße. Die Parochie St. Moritz erfaßte den Süden der Stadt, St. Ulrich den Bezirk nördlich der Kleinen Ulrichstraße, östlich der Großen Ulrichstraße und nördlich der Steinstraße. Dabei wird an der Lage der Pfarrkirchen deutlich, dass alle vier westlich bzw. nördlich orientiert waren – eine Stadtkirche im Osten oder in der Mitte gab es nicht, dazu waren diese Bereiche noch zu dünn besiedelt. Erst der Bettelorden der Serviten ging 1343 in die Mitte der Stadt, aus seiner Kirche wurde dann 1529 die Ulrichskirche. Hinzu kamen als Pfarrkirchen außerhalb des engeren Stadtgebietes St. Laurentius in Neuwerk und St. Georg in Glaucha. Der Sprengel von St. Laurentius wurde 1241 endgültig festgelegt und zum Stadtgebiet abgegrenzt, man sprach von den *circumsedentes* des Klosters (UBH, I, 239).

In der Praxis bedeutete diese starke Stellung des Propstes von Kloster Neuwerk, dass er auf vielen Gebieten Entscheidungen zu treffen bzw. seine Einwilligung zu geben hatte – natürlich gegen entsprechende Anerkennungszahlungen. Darüber hinaus brachte seine geistliche Jurisdiktion die Aufsicht über das religiöse und sittliche Leben mit sich. Ob der Propst seine Gerichtsrechte in allen Phasen der Stadtgeschichte tatsächlich geltend machte, kann nicht überprüft werden. Propst Johannes Busch (1447–1457) hat in seinem *Liber de reformatione monasteriorum* den Ablauf des geistlichen Gerichts für das späte 15. Jahrhundert beschrieben. Danach wurde die Kirchentür von Neuwerk geöffnet, um die Laien aus Halle einzulassen. Unter ihnen waren die Rügemeister (*accusatores*), d. h. diejenigen, die dem Archidiakon die religiösen und sittlichen Verstöße gegen die Zehn Gebote mitzuteilen hatten. Der Rechtshistoriker Heiner Lück betont, dass es die Ratsherren selbst waren, die als *ministri civitatis* (Diener der Stadt) Anklage und Rüge zu übernehmen hatten. Ihnen stand die Aufgabe zu, mitzuteilen, wer eine guter und wer ein schlechter Christ gewesen sei. Die Verurteilung nahm der Propst oder der von ihm beauftragte Offizial vor; die Strafen reichten vom Bann (Ausschluss vom Gottesdienst und von der Eucharistie) bis zum Prangerstehen.

Ein letzter Faktor für die Ausbildung der Stadt als eigenständiger Verband war die Verwaltungsorganisation des Erzbischofs. Diese ergab sich aus den Schenkungen des 10. Jahrhunderts. Zunächst ist der Salzgraf zu nennen. 1145 findet sich der erste Beleg, dass nun die Verwaltungsstrukturen ausgebildet sind (UBH, I, 35): Genannt wird ein erzbischöflicher *comes salis*, der an der Salzstätte (*apud hallam de salsa aqua*) gegenüber den Menschen, die dort Salz gewannen (*homines quoque, qui sal ibi conficiunt*) Recht sprach und dort auch einen (Salz-)Zoll in Geld oder als Naturalabgabe („Magatsalz") erhob. In der Zeugenliste wird ein weiterer erzbischöflicher Funktionsträger genannt: *Folcmarus, Hallensis pr(a)efectus*. Bei diesem Praefectus handelt es sich um den für die frühe Stadtentwicklung so typischen stadtherrlichen Richter. So zeichnen sich für diese Phase der Stadtgeschichte zwei Rechtsbezirke ab: die Salzstätte (das Tal, siehe unten, das erstmals 1263 als solches genannt wird) unter dem salzgräflichen Gericht, und dann das übrige städtische Areal, das dem Präfekten, der später Schultheiß genannt wird, unterstand. Er war auch für das Gewerbewesen zuständig – ein Reflex sind die Bestimmungen des Halle-Neumarkter Rechts von 1235 und die vermeintlichen Innungsgründungen von ca. 1200, die dem Schultheißen das Aufnahmegeld für neue Mitglieder zukommen ließen und ihm auch die Gewerbegerichtsbarkeit zusprachen. Daneben gab es weiterhin einen Amtsträger auf Giebichenstein (1166 Volkmar von Giebichenstein); dieser wird 1200 als Burggraf bezeichnet, was darauf hindeutet, dass es übergeordnete Gerichtsrechte des Erzbischofs gab.

Halten wir fest: Weltliche und kirchliche Verwaltungseinrichtungen sind für das 12. Jahrhundert nachzuweisen – Voraussetzungen für den genossenschaftlichen Zusammenschluss der Bürger waren entstanden. Doch noch sind diese Hallenser in Zeugenreihen verborgen oder treten „nur" als Stifter auf. Doch schon bei der Gründung des Moritzklosters wird deutlich, dass eigene Wünsche artikuliert wurden und dass gemeinsame Interessen, hier religiöser Art, vorhanden waren. Über die einzelnen Gruppen wissen wir wenig. An der Spitze standen die Stadtadligen, deren Wohnburgen im Areal der Stadt nachzuweisen sind. Dabei wird es sich z. T. um (ehemalige) Ministerialen, Dienstleute des Bischofs, teilweise aber auch um Kaufleute gehandelt haben. Nur so lassen sich die Zusätze *praedives* bzw. *dives* („Overrike" bzw. „de Reiche") bei einigen der Zeugen interpretieren. Auch ein Conrad Grecus (das heißt Grieche = Hinweis auf einen früheren Kreuzzugteilnehmer) wird 1225 bei einer Streitschlichtung zwischen Halle und Neuwerk als Bewohner von Halle genannt. Des Weiteren gab es Salzsieder und Handwerker, die im Trödel und um das Tal wohnten.

2. Städtische Genossenschaftsbildung

Anfänge

In der stadtgeschichtlichen Literatur wird oft auf den Zeugungsakt der unabhängigen Stadtgemeinde hingewiesen. Es sei die Schwurgemeinschaft, die *coniuratio*, gewesen, mit der, so Max Weber, die Bürger das Herrenrecht durchbrachen und eigene Rechte schufen, die dann in Organisationen manifestiert wurden. Natürlich war die Wirklichkeit nicht so heroisch – ein ganz allmählicher Entwicklungsprozess ist festzuhalten, an dessen Ende aber standen auch in Halle eigenes Recht, Rat sowie faktische Autonomie vom Stadtherrn.

Für Halle kann man ausweislich der Quellen sagen: Am Anfang standen Brücke, Damm, Mauer *und* eigene Rechtsbestimmungen. Für die ersten drei Punkte ist auf den Zusammenschluss von Bewohnern zu einer Baugenossenschaft hinzuweisen, das heißt zu einer Organisationsform, welche die gemeinsame Arbeit und die Finanzierung von gewaltigen Bauwerken sicherte. Über die Mechanismen des Baues der Stadtmauer sind nur Spekulationen möglich. Doch zeugen die Quellenbelege von 1186 (*extra vallum civitatis* – außerhalb der Stadtmauern) und das dabei genannte Steintor (*Porta, quae dicitur lapidea,* UBH, I, 86) und vor allem der spätere Abschluss von Rechtsgeschäften zugunsten des Mauerbaus vom genossenschaftlichen Unterhalt. 1305 wurde eine Pfanne aus dem Deutschen Born zwecks Bau der Mauer verkauft: (UBH, I, 489): *nos ... unam pannam in fonte Theutunico vendidimus Hinrico et Ottoni et Nycolao et aliis heredibus honorabilis viri et discreti Johannis, dicti de Northusen, quondam nostri concivis dilecti, bone memorie, pro XXV marcis Vribergensis argenti, que quidam pecunia ad usus nostre civitatis videlicet ad exteriores valvas est deposita et conversa* ... („Wir haben eine Pfanne im Deutschen Born dem Heinrich, Otto und Nikolaus und anderen Erben des ehrenwerten Johannes von Nordhausen, einst unser geschätzter Mitbürger, seligen Angedenkens, für 25 Mark Freiberger Silbermünze verkauft, und das Geld wurde zurückgelegt und umgewandelt zum Nutzen unserer Stadt, nämlich zu den äußeren Wällen"). So scheint im 12. Jahrhundert der Mauer- bzw. der Palisadenbau tatsächlich abgeschlossen worden zu sein; der später komplett aus Stein erbaute Mauerring umschloss nicht nur die Siedlungsgebiete des Westens und des Südens, sondern auch den noch wenig besiedelten Nordosten und Osten der Stadt, so dass das Siedlungswachstum im Schutz der Mauern erfolgen konnte.

Für den Brückenbau ist auf das Jahr 1172 zu verweisen. In diesem Jahr schenkte Erzbischof Wichmann dem Kloster Neuwerk den Platz für eine Mühle *iuxta pontem, in cuius aedificatione cives Hallenses convenerant* (UBH, I, 71). Es gab also eine Brücke, zu deren Bau sich die nun als *cives* (Bürger) bezeichneten hallischen Bewohner zusammengeschlossen hatten. Offensichtlich war dieser Sachverhalt besonders wichtig, denn es

Stadtmauer mit Wehrturm oberhalb der Moritzkirche an der Gerbersaale

werden für das Kloster Neuwerk umfangreiche Bestimmungen in Bezug auf Schleusenrechte und Wasserführung getroffen – ein Problem, das uns weiter unten bei der ersten Nennung des Rates 1258 noch beschäftigen wird. Dass mit Mühle und Brücke elementare Interessen der „Bürger" tangiert wurden, wird an der Zeugenreihe der Urkunde deutlich, die neben den Vertretern des Klosters Neuwerk und einigen Ministerialen von Giebichenstein (worunter vielleicht auch der Stadtadel zu verstehen ist) mindestens zehn Hallenser namentlich aufführt. Zudem wird auf andere *cives hallenses* hingewiesen, die als Zeugen auftraten. Diese Bewohner wurden schon um 1200 vom Erzbischof als wichtige Verhandlungspartner anerkannt, allerdings besaßen sie noch kein eigenes Gremium. So wurde 1200 die Stiftung des Erzbischofs zugunsten des Deutsch-Ordens-Hauses St. Kunigunde erst durch *consensu* der *burgensium de hallo* ermöglicht. Wiederum tauchen in der Zeugenreihe zehn hallische *burgenses* auf (UBH, I, 114). Wie *civis* ist auch der *burgensis* eine Wortwahl, die signalisiert, dass in dieser Zeit schon eine besondere Siedlungsform existierte. Einer dieser Bürger, Johannes mit Namen, wird als Schultetus bezeichnet, was als Übersetzung von Praefectus zu sehen ist. Damit wird deutlich, dass in der *civitas* Recht gesprochen wird, und zwar für den Erzbischof als Stadtherrn, aber von Männern in der Stadt. Und damit sind wir beim letzten

Punkt der genossenschaftsbildenden Faktoren angekommen: Es geht im Folgenden um die Ausbildung eines eigenen Stadtrechts, das denjenigen Bewohnern der Siedlung zukam, die nicht mehr dem Recht auswärtiger Herrschaftsträger unterlagen, und das sich vom Recht des Erzbischofs unterschied, ein Recht, das für die spezifischen Zwecke der Kaufmanns-, Salz- und Gewerbesiedlung gedacht war.

Das hallische Bürgerrecht, die Willküren und die Gerichtsbarkeit

Von einem eigenständigen Recht erfahren wir erstmals aus der Zeit um 1156 bis 1170. Otto, Markgraf von Meißen, stellt Leipzig unter hallisches und magdeburgisches Recht. Die neue Siedlung erhielt offensichtlich das hallische Recht, weil es spezifische Kaufmanns- und Gewerberechte aufwies und weil es überhaupt den Bürgerstand ermöglichte. Städtisches Leben beruhte auf Eigentum, und dieses musste verkauf-, verschenk- und vererbbar sein.

Recht und Rechtsprechung im Interesse der Bürger werden für Halle im Halle-Neumarkter Recht von 1235 als das *ius civile* bezeichnet. Die Angelegenheiten der Rechtsweisung waren, folgt man den urkundlichen Zeugnissen, an den Konsens aller Bürger gebunden. Ein Beispiel ist der für das Jahr 1266 belegte Beschluss, dass Schöffenbücher angelegt werden sollten, eine der ersten mittelniederdeutschen Quellen, die wir für Halle besitzen. Die hallischen Schöffen beschließen mit Zustimmung der Bürgerschaft („do worden unse herren de scepenen von Halle des tu rade mit der borgere wilkuren"), dass sie zukünftig alle Schenkungen und Verkäufe aufschreiben wollen. Überliefert sind einige der Rechtsregeln im berühmten Halle-Neumarkter Recht von 1235, das auf das 12. Jahrhundert rückverweist. Der schlesische Herzog Heinrich I., der Bärtige (1201–1238), bat die Schöffen von Halle zum Nutzen seiner Siedlung von Neumarkt das hallische *ius civile* mitzuteilen. Die Schöffen fixierten das hallische Recht, das von „unseren Vorfahren beachtet worden" sei (*ius civile ... a nostris senioribus observatum*). Die hallischen Schöffen schrieben dabei aus dem Gedächtnis und aus der Praxis das auf, was sie als das Recht ihrer Stadt Halle ansahen; sie übertrugen ihr niederdeutsches Recht in die lateinische Sprache. Im Übrigen: Bestimmungen des Sachsenspiegels lassen sich, so Dusil und Kannowski, nicht nachweisen. Neben den umfangreichen Bestimmungen zum Erbrecht enthält die Rechtsweisung das Bürgerrecht, das heißt die Qualität, Teil des Bürgerverbandes Stadt zu sein. Dieses Bürgerrecht („Burmal") hing am Grundeigentum und verband dieses mit der Steuerpflicht; es musste von Auswärtigen erworben werden – das Geld nahmen die Schöffen ein: *Si alienus effici voluerit noster burgensis III solidos dabit, quod burmal appellatur. Quilibet circa festum beati Martini de propria area dabit VI denarios.* („Wenn ein Fremder unser Bürger sein will, muss er drei Gulden geben, was Burmal genannt wird. Jeder muss am Fest des hl. Martin von seinem Grund 6 Groschen geben.") Auch in der Willkür – der Übereinkunft der hallischen Bürger von 1316, wie bürgerschaftliches Leben vonstatten gehen sollte – wird der Zusammenhang von Hausbesitz und Bürgerrecht betont: „Auch willküren wir, wäre das jemand durch Frevel und Mutwillen aufgeben seine Burmal, bleibt er in dem Frevel vier Wochen, binnen vier Wochen danach soll er sein Gut verkaufen und soll ein Gast sein und nie wieder Bürger zu Halle werden." (UBH, II, 559). Bürger zu sein bedeutete also auf der einen Seite, Eigentum zu haben und dieses ohne Einspruch eines Herrn vererben zu dürfen; Bürger zu sein hieß aber auch, Verpflichtungen einzugehen. So hatte jedermann an der Verteidigung mitzuwirken. Dies bedeutete nicht nur, die Lasten für die Stadtmauern zu tragen, sondern entweder selbst oder durch Geld und Waffen zur Verteidigung bereit zu stehen. Nach der Willkür von ca. 1325 gab es einen diesbezüglich abgestuften Tarif.

Die Pflicht, zu den städtischen Leistungen beizutragen, führte zur Steuerzahlung. Dem Charakter der Einung entsprechend, wurde jedem Bürger Ehrlichkeit unterstellt. Er selbst schätzte unter Eid Vermögen und Erträge ein, um dann seine Steuern zu entrichten. Zunächst gab es eine Steuer bei außerordentlichen Belastungen, der im 15. Jahrhundert die regelmäßige Leistung nachfolgte. Wer den „Bürgerschoss" nicht entrichtete, hatte eine Strafe zu gewärtigen. Um 1420 heißt eine entsprechende Bestimmung in der Willkür: „Vnd wan der geschoss vorkundiget ist", so sollen die Bürger „yren Schoß geben, uff dem Rathause und benumen (benennen, W. F.) ihr Gut bynnen der stadt und büssen der Stadt, als ein alte gewonheit ist." Diese Selbsteinschätzung war natürlich potenziell konfliktträchtig. In den 1470er Jahren unterstellte der Rat den Pfännern, d. h. den reichen Bürgern mit Siederecht, Unehrlichkeit und verlangte höhere Zahlungen. Über die Steuererhebung des Jahres 1476 berichtet der Pfänner Spittendorff, sie sei ein „jemmerlich dingk" gewesen. Der Rat sei auf die Krise des Salzes nicht eingegangen und habe die festgelegten Sätze bestätigt. Spittendorff sollte die Schatzung vor vier dazu abgestellten Ratsherrn leisten, betonte aber: „Lieben herrren, ihr habt mich bescheiden (hergerufen) uff heute vor euch wider zu kommen und gelt zu bringen; das habe ich nicht, ich kanns wol ausrichten, ich habe faste schult uff den leuten, die geben mir nicht, darumb thut wol und trenget mich nicht so harte." Doch die Ratsherren gaben ihm nur einen Aufschub und drohten ihm eine Strafe an (Spittendorff, S. 177 f.). Erst 1503 wurde diese Selbsteinschätzung zugunsten des Nachweises von Einkommen und Vermögen aufgegeben. Diese Steuer hieß dann „Unpflicht".

Der Zusammenschluss der Bürger fand auf der ökonomischen Ebene seine Entsprechung im Innungswesen. Nur grundbesitzende Bürger durften ein Handwerk betreiben; alle anderen Gewerbetreibenden waren von Innung und Gewerbe ausgeschlossen. So gehörten zur Rechtsweisung von 1235 auch die Regelungen des Innungswesens. In den Abschnitten 24 bis 26 wurden die Aufnahmegebühren für die Innungen festgelegt. Wer als Fremder etwa die *societatem pistorum* (Bäcker) gewinnen wollte, musste eine Aufnahmegebühr zahlen, denn Innung der Bäcker und Stadtbürgerqualität hingen zusammen: *Innunge pistorum civium in Hallo*. Die Söhne verstorbener Meister brauchten demzufolge weniger zu bezahlen.

Das Gericht, das für alle Sachverhalte zuständig war (allerdings nicht für den Salzbezirk), war das der Schöffen. Dieses stand unter der Leitung des Schultheißen; allerdings blieb ein Teil der Rechtsprechung und die Belehnung mit dem Gerichtsbann dem Burggrafen von Magdeburg vorbehalten, der dreimal im Jahr Gericht hielt. Die Schöffen aber wiesen Recht in alltäglichen Rechtsangelegenheiten. Diese *scabini* – es werden 1266 acht genannt – übernahmen in der Zeit um 1200 nicht nur die Rechtsprechung, sondern vertraten, wie an der Haller-Neumarkter Rechtsweisung zu sehen ist, die werdende Stadt.

3. Die handlungsfähige, autonome Stadt

Der Rat

Das inzwischen durch Mauern, Gericht und Bürgerrecht definierte Stadtgebiet bedurfte eines Organs, das im Namen und mit Vollmacht aller Bürger Verträge schließen konnte und das den Willen der Bürger nach außen vertrat. Zunächst scheinen die Schöffen die Gesamtheit der hallischen Bürger vertreten zu haben. Sichtbares Zeichen für diese Vertretung der Gesamtheit ist das Siegel, mit dem eben nicht nur Rechtsgeschäfte bekräftigt wurden, sondern überhaupt der Zusammenschluss und der Willen zur Außenvertretung bekundet wurde. 1235 waren es die acht Schöffen, welche die Rechtsweisung mit Hinzuziehung des Siegels der Bürger(schaft) bekräftigten und bestätigten (UBH, I 224): *Predicti scabini presentem paginam apposicione sigilli burgensium muniunt et confirmant.* Die Schöffen waren es auch, die Rechtsgeschäfte abschlossen und als Vertreter der Bürger als Zeugen auftraten. Doch 1258 war dann die Trennung von Rechtsprechung und Exekutive vollzogen. In diesem Jahr werden erstmals die *consules civitatis Hallensis*, die Ratsherren der Stadt Halle, genannt (zum Vergleich Lübeck 1201, Erfurt 1212, Magdeburg 1244), die nun für die autonome Bürgergemeinde handelten und sie repräsentierten. In dieser Übereinkunft schlichtete Erzbischof Albrecht II. den Streit zwischen der Stadt Halle (*civitatem nostram Hallensem*) und dem Kloster Neuwerk um den Zu- und Durchfluss von Wasser im Zusammenhang mit dem „Bürgerdamm" (UBH, I, 292). Die Vertretungsmacht war 1258 beschränkt, denn die Übereinkunft betont, dass die Gesamtheit der Bürger mit den Ratsherren handelte; d. h. der Rat arbeitete und schloss Verträge, benötigte aber die Vollmacht aller. Mit Konsens der Bürgergemeinde versprach der Rat, dass die Stadt den Damm auf eigene Kosten in dem gewünschten Zustand halten werde (*cum consensu communitatis in Hallo ... promisimus ..., quod civitas Hallensis tenebit aggerem illum ... propriis sumptibus et expensis*). Deshalb finden wir in den Urkunden der Zeit Formulierungen wie *communitas burgensium in Hallo* (1258) und *universitas civium* (1281). 1314 tauschten Rat, Schöffen von Berg und Tal, die Innungsmeister und alle Bürger eine Wiese mit dem Kloster Neuwerk (UBH, I, 537): *Nos consules, scabini montis et vallis, unionum magistri ac universis oppidani.* Einerseits war der Rat handelnd tätig, andererseits benötigte er die Rückbindung an die (dann) wachsende Bürgergemeinde.

Das Verhältnis von Rat und Bürgerschaft wird in den städtischen Willküren von um 1312, 1316, um 1420, 1449 und 1462 thematisiert. In diesen städtischen Grundgesetzen, getragen von der Gesamtheit aller Bürger, wird das Prinzip der Schwureinung vollendet. Um 1312 heißt es: „so hebbe wie ratmanne, (wie von dem berghe) wie vomme dale, wie meistere und burghere ghemeine tu Halle durch vrede und eindracht vnser stat, da werliken alle selicheit und gnade von kummet, gewillekoret etzlicke stucke" (UBH, II, 555). Den Stadtfrieden zu wahren, also die Voraussetzung des Zusammenlebens zu sichern und die Abweichler zu bestrafen, war das Grundprinzip. Um 1312 heißt es: „Swen krich und twidracht in guden steden, id sie under vrunden und vromeden leider ein beghin und ein schedelik orsake is alles unvredes und vungenaden, also dat von twidracht stede, lant und lude slechtes vorgehn und jemerliken tu nichte weden", und um 1420 verlautet: „Wenn jemand in der Stadt Auflauf macht oder Krieg ansetzt, davon wir und unsere Bürger zu Ungemach und Betrübnis kommen möchten, dem soll man Leib und Gut nehmen."

Der Rat sollte diese Friedenswahrung verfolgen, daraus erwuchsen seine Kompetenzen für die Stadt. Um 1312 wurde formuliert, dass der Rat bei „krich" zwischen Fremden oder Freunden innerhalb der Stadt zu schlichten habe. Aus dieser Klausel ergibt sich entlang der Zeitachse die Vertretungsmacht bzw. die Herrschaftsbefugnis des Rates, wie es um 1420 heißt: „Der Rat ... sal habin gancze gewalt czu allen dingen ane (ohne) schoss (Steuer) und setzunge (Rechtssetzung)." Für diese beiden Punkte war noch um 1420 die Versammlung der Bürger vorbehalten, das Burding. Dass dieses Burding nicht nur eine normative Fiktion darstellt, wird an Stationen der Stadtgeschichte deutlich: Im Konflikt um Steuern, später auch im Rahmen der Reformation wurde die Gesamtheit der Bürger, nach Pfarrvierteln organisiert, zusammengerufen. Der Rat verstand sich jedoch zunehmend als Obrigkeit, der man Gehorsam schuldete. Schon in der Willkür von ca. 1420 stand als Bürgerpflicht festgeschrieben: „diessen ratmannen sollt ir gehorsam wesin". Die Ratmannen erhielten die Titulatur „unse herren", und in der Willkür von 1462 heißt es dann: „Unser herren am rathe eyn (einig) worden mit unsern herrn den Scheppfen, den vom Tale, habin gewilkort" statt „Ouch willekoren wir ... die burgere von Halle" im Jahr 1316. 1449 und 1462 wird von „unser herren am rate" gesprochen. Der Pfänner Hans Waltheim betonte 1475, als der Rat bereits nach dem Proporz sozialer Gruppen zusammengesetzt war, die obrigkeitliche Funktion des Rates folgendermaßen: „Ein volkommen rath ist zusammen gesatzt von drey gelencken; das sindt vier vom tale (= Pfänner), vier von den innungen und vier von der gemeinheit, wen die so zusammen sitzen, das ist ein volkommen rath dem ist geboten gehorsam zu sein."

Gerade wegen dieses Herrschaftsanspruches war der Rat im 15. Jahrhundert auf den Konsens aller angewiesen – seine Herrschaft wurde in der Stadt als legitim erachtet, solange er den Frieden und Ausgleich sicherte und im Interesse aller die Stadt nach außen vertrat. In den 1470er Jahren sollte es dann geschehen, dass der Rat genau diesen Stadtfrieden nicht sichern konnte; die Parteiungen in der Stadt spalteten auch den Rat.

Diese Verselbständigung des Rates ging mit einem schon in den Willküren nachweisbaren Ausbau der Tätigkeiten und Verwaltung einher. 1258 ist die für den Rat einer Stadt übliche Zahl von zwölf, die an die Apostelschar erinnern sollte, fast erreicht; es urkundeten elf Ratsherren. Um 1300 sind zwölf *consules* nachzuweisen; 1327 ist von 36 Ratmannen die Rede (UBH, II, 621). Es gab somit den alten Rat, den oberalten Rat und den aktuellen, den sitzenden Rat, mit jeweils zwölf Mitgliedern. Diese Räte „rotierten"; einen personellen Austausch gab es nur dann, wenn Nachfolger für ausscheidende, verstorbene oder missliebige Ratsherren im Rahmen der „Ratswandlung" aufgenommen wurden. So blieb man Ratsherr auf Lebenszeit, aber immer wieder pausierend. Die Korherren, ein Wahlmännergremium, im 15. Jahrhundert bestehend aus vier Ratsherren und vier Innungsvertretern, kooptierten aus dem (ober)alten Rat die Mitglieder des neuen Rates. Die Willküren enthielten gegen allzu starke oligarchische Tendenzen Sicherungsmechanismen. Die Willkür um 1420 legte fest, dass niemals zwei Brüder oder Väter und Söhne gleichzeitig im Zwölferrat tätig sein durften; ferner wurde 1462 festgelegt, dass eine Abtretungspflicht bestand, wenn eine Kollision der Interessen auftrat. Darauf wird noch zurückzukommen sein.

Intern zeichnete sich mit den wachsenden Aufgaben des Rates eine Differenzierung der Ämter ab. Für 1305 sind bereits die beiden Bürgermeister (Ratsmeister, *proconsules*) belegt; später bildete sich aus den zwölf Herren ein engerer Kreis, dem die Bürgermeister und zwei weitere Ratsherren angehörten, welche die laufenden Geschäfte tätigten. Weitere Ämter bildeten sich heraus, deren Aufgaben durch die hallischen Willküren festgelegt wurde, etwa die der zwei Kämmerer (um 1420), der zwei Vierherren (Mitglieder des um diese Zeit gebildeten Ratsgerichts), des Marktherrn – dem Rat oblag die Marktaufsicht –, des Weinmeisters, des Bierherrn, des Kornherrn, des Fleischschätzers und des Brotherrn sowie des Bauherrn (15. und frühes 16. Jahrhundert). Ab 1555 gab es auch einen Steuerausschuss mit sechs Personen.

An dieser Differenzierung wird deutlich, wofür der Rat Verantwortung gegenüber der Bürgerschaft übernahm: Aufsicht über das Markt- und Gewerbewesen, die Kontrolle der Braugerechtigkeit sowie die Kontrolle der städtischen Schenke – dieses Haus ist ab 1486 belegt (heute steht hier das Stadthaus). Ferner überwachte der Rat ab 1341 das städtische Hospital (siehe unten).

Der Rat stellte eigene Dienstleute ein. Zuerst natürlich den Stadtschreiber, der 1310 belegt ist und dessen Position erweitert wurde, so dass die Stadt als Wiege der modernen Bürokratie auch für Halle sichtbar wird. Im eigenen Archiv, von dessen Existenz uns der Ratsmeister Spittendorff 1476 berichtet, wurden die Statuten, die Stadtbücher und Privilegien aufbewahrt. Das Archiv befand sich in einem Turm im Waagegebäude neben dem Rathaus. Aber auch Dienstleute für das Militärwesen wurden vom Rat beauftragt, von denen der Stadthauptmann Henning Strobart noch heute bekannt ist.

Rat bedeutete auch Bau eines Rathauses, also des Ortes für Ratswahl, Wechsel des Rates (Ratswandlung) und Ratssitzungen. Ein Rathaus in einer spätmittelalterlichen Stadt war aber ein polyfunktionales Gebäude, denn es war auch Ort für das Archiv und für das Gefängnis, und es stand für Feierlichkeiten und für religiöse Zwecke bereit. Auch der Rat bedurfte schließlich Gottes Segen für seine Tätigkeit. Bereits in der Willkür von 1316 wird ein Rathaus (rathuß) genannt, wohl ein Neubau nach einem Stadtbrand. Das Rathaus enthielt einen großen Saal, die Döhrntze, ferner ein Portal, das insbesondere bei der Huldigung des Erzbischofs von Bedeutung war, und eine Rathauskapelle, deren Unterhalt und Ausstattung Angelegenheit des Rates war. Dabei scheuten die Ratsherren auch nicht die Auseinandersetzung mit dem Kloster Neuwerk, denn sie bestimmten den Vikar ohne Konsens des Klosters und ließen den Gottesdienst ohne Erlaubnis verrichten.

Rathaus (A) und Waage (B) auf dem hallischen Markt

Rat und Schöffen demonstrierten ihre Befugnis, für die Stadt zu handeln, symbolisch und rituell, nämlich in Gestalt von Siegeln und bei der Huldigung. Das erste Siegel des Rates zeigte Mauer und Stadttor als Zeichen der Wehrhaftigkeit und des Rechts- und Friedensbezirks. Das zweite Stadtsiegel, erstmals belegt um 1400, war marianisch bestimmt – es zeigte die Gottesmutter mit dem Jesuskind. Die Symbole Mondsichel und zwei Sterne, die wir heute vom hallischen Stadtwappen kennen, umgeben die Darstellung. Dieser Zusammenhang macht den Ursprung des Siegels und des heutigen Stadtwappens deutlich. Die Stadt Halle stand unter dem Schutz Mariens, der Patronin der Marktkirche. Die waagerechte Mondsichel und die Sterne verweisen auf Maria als Frau der Apokalypse, unter deren Füßen sich der Mond befindet und die von Sternen geschmückt wird (Offenbarung des Johannes, 12,1). Die Schöffen, die ja 1235 für die ganze Stadt siegelten, waren seit dem Aufkommen des Rates mit eigenen Siegeln ausgestattet. 1316 sind diese Schöffensiegel belegt: Die Schöffen des Talgerichts siegelten mit Halbmond und zwei Sternen, die Bergschöffen, die für das übrige Areal der Stadt zuständig waren, mit einem Helm, unter und über dem Halbmond befanden sich je ein Stern.

Die Teilemanzipation vom Stadtherrn

Dass der Verband der Bürger gegenüber dem Stadtherrn, dem Erzbischof von Magdeburg, an Unabhängigkeit gewann, ist neben den Prozessen der Kirchenbildung, der Rechtsschöpfung und des Ausbaus von Gericht und Rat der vierte wichtige Vorgang der Stadtwerdung. Zuvor ist aber festzuhalten, dass es eine völlige Loslösung vom Erzbischof in Halle nie gegeben hat, so dass die Stadt auch keine unmittelbaren, d. h. von einem anderen Herrn ungetrübten Beziehungen zum Kaiser aufbauen konnte (Reichsstadt). Aber die Stadt kann auch nicht als Landstadt bezeichnet werden, also als Stadt, die der Herrschaft des Stadtherrn/Territorialherrn völlig unterworfen war. Der Begriff der Freien Stadt, der im Sprachgebrauch des 14. Jahrhunderts nur bestimmte Bischofsstädte umfasste, trifft auf Halle ebenfalls nicht zu, weil einige der Herrschaftsrechte des Erzbischofs stets anerkannt wurden. So folge ich Eberhard Holtz, der für Halle (wie auch für Magdeburg) den Begriff Freie Landstadt bzw. Freie Territorialstadt nutzt, was darauf hindeuten soll, dass Halle erfolgreich die Einflussmöglichkeiten des Stadtherrn in vielen Bereichen abschütteln konnte.

Kapitel II: Die Salzstadt des Spätmittelalters

Das Geld, das in der aufstrebenden Salzstadt erwirtschaftet wurde, war so verlockend, dass ihr der Erzbischof bedeutende Rechte überließ. Die *cives hallensis* erkauften sich 1263 für 2.100 Mark vom Erzbischof Ruprecht von Querfurt und für 100 Mark vom Magdeburger Domkapitel vielerlei Rechte. Der Erzbischof verzichtete darauf, in oder bei der Stadt eine Burg zu errichten. Ferner sollten sich die Hallenser derselben Rechte (und Freiheiten) erfreuen, wie dies die Magdeburger taten. Hinzu kam, dass der Erzbischof auf alle unzulässigen Abgaben, die das städtische Leben betrafen, verzichtete, was nach innen die Steuerhoheit der Stadt erleichterte (*indebitas exactiones in theloneis*). Ob diese *exactiones* städtische Verbrauchssteuern waren, die der Erzbischof offensichtlich zu erheben suchte, oder Zölle, die zusätzlich erhoben wurden, bleibt offen.

Erzbischof Ruprecht sichert der Stadt Halle wichtige Rechte zu (zit. nach der Übersetzung bei Freydank, Pfännerschaft, S. 44–46):

> Fortan darf weder von uns noch unsern Nachfolgern oder von irgendeiner vornehmen oder geringen Person innerhalb der Stadtmauern von Halle ein neuer Solbrunnen gegraben werden, durch den die vier Brunnen, die der Deutsche Born, der Wendische Born, der Hackeborn und der Meteritz-Brunnen genannt werden, oder die Lehnsinhaber der Salzkote bei jenen geschädigt werden.
> Alle, die jetzt oder künftig Lehen (*feoda tenent*) an diesen Brunnen haben, sollen die Salzkote (*salinas*) dieser Brunnen mit allen jetzigen und zukünftigen Nutzungen und Einkünften (*libere possidebunt*) frei besitzen. Wenn irgendwelche Lehen (*feoda*) an den genannten Brunnen ihren Lehnsherrn (*dominis feodorum*) wieder ledig werden sollten, sollen jene Herren diese Brunnenlehen nach dem Recht in eigenem Besitz behalten, nach dem es auch die Lehnsträger selbst gehabt hatten.
> Sollen aber strittige Fragen über die Salzkote bei jenen Brunnen auftauchen, so sollen sie innerhalb der hallischen Stadtmauern (*intra muros in valle salinarum*) im Tal der Salzwerke vor uns oder unsern Rittern in Eintracht und Gerechtigkeit gemäß den Bestimmungen des Rechtes jenes Tales (*secundum quod ius eiusdem Vallis exigit et requirit*) erledigt werden. Überdies sind die ungehörigen Verbrauchssteuern, die bis jetzt nicht bestanden hatten, aufzuheben.

Bei der Stadt Halle soll innerhalb einer Meile keine Burg oder Befestigung von uns (dem Erzbischof) oder unsern Nachfolgern ohne Zustimmung der hallischen Bürgerschaft angelegt werden. Jedoch sollen in Kriegsfällen die Bürger von Halle ihre Zustimmung erteilen, dass gegen Angreifer des Erzbistums eine Burg oder eine Festung erbaut werde, die aber nach Beendigung des Streites wieder abgebrochen wird. Die hallische Bürgerschaft soll sich derselben Rechte erfreuen wie die von Magdeburg.

Im Ergebnis bedeutete diese Regelung von 1263 eine Anerkennung der Steuerhoheit nach innen und der Handlungsfreiheit nach außen, die sich darin zeigt, dass die Stadt um 1270 der Hanse beitrat. Die Abmachung ermöglichte der Stadt auch Bündnisse einzugehen, ebenso Landfrieden, Städtebünde und Fehden zu führen, wenn sie ihr Recht missachtet sah. 1276 bestimmte der Bischof als Mitglieder einer Aufsichtskommission über die Münze auch Ratsherren der Stadt; 1281 verpfändete er an die Ratsmannen der Stadt (*consules civitatis nostrae*) die erzstiftischen Zollstellen um Halle. 1310 erreichte Halle dann die endgültige Anerkennung von Rat und Willkürrecht (Burkore)! Burchard III. (1307–1325) willigte ein, „das we den burgeren von Halle laßen sullen alle yr recht unde iren burkore, also sy das von aldere gehat haben, unde sy sullen laßen uns unse recht, unseme greven syn recht, unseme schulteisen syn recht, unde dy schulteise sal in laßen yr recht." 1327 erwarben die Hallenser auch die ökonomische Autonomie, denn die Kaufhäuser am Markt gingen in den Besitz der Stadt über.

All diese Privilegien und Übernahmen ermöglichten es den Hallensern, die erzbischöflichen Einflüsse in der Stadt zurückzudrängen. Davon waren auch seine Funktionsträger betroffen; ihr Aufgabenprofil wurde städtisch überformt: Der Schultheiß blieb zwar Richter des Erzbischofs, doch wurde er von den Hallensern gestellt; gleiches gilt für den Richter im Tal, den Salzgrafen. Beide Beamte wurden in den Willküren auch in ihren Handlungsmöglichkeiten eingeschränkt. Dies ging so weit, dass der Rat den erzbischöflichen Salzgrafen Hans von Hedersleben durch die städtische Gerichtsbarkeit aburteilen und hinrichten ließ (1412).

Was aber blieb dem Erzbischof? Als Grundherr besaß er Einflussmöglichkeiten, die mit dem Salz zu tun haben, denn hier war er oberster Lehnsherr. Darin sollte sich das ganze Spätmittelalter nichts ändern. Auch ein Teil des Bodens blieb zu Beginn der Stadtbildung zumindest formal mit dem Erzbischof verbunden. 1182 wird von einem *census arearum, qui dicitur Wurtpennige in omnibus curiis eorum in platea sancti nicolai positis et in strata quae dicitur fabrorum* berichtet (UBH, I, 86). Das heißt, an diesen Plätzen am Markt und an der Straße der (Klein) Schmiede besaß der Erzbischof noch Grundstücksrechte. Diese Grundstücke waren zwar frei verkäuflich oder vererbbar, doch lasteten Abgaben darauf. Dieser Wortzins wird noch 1235 im Halle-Neumarkter Recht und 1276 als Abgabe für jedes Grundstück der Stadt genannt. Darüber hinaus zog der Erzbischof als Grundherr einen Marktzins auf dem neuen Markt ein, und zwar – ebenfalls für 1182 belegt – einen *census camerarum* für die Verkaufsstände. Auch diese Abgabe ging unter, da, wie berichtet, der Markt und seine Stände schnell in bürgerliche Hände übergingen.

Die hoheitlichen Rechte des Erzbischofs erstreckten sich, wenn auch erheblich geschmälert, auf die Gerichtsbarkeit, sieht man vom Blutbann ab, der dem Burggrafen von Magdeburg zustand. Im Ritual der Bannleihe wurde dem hallischen Gericht diese Strafkompetenz übertragen; der Roland am Markt verwies dauerhaft auf dieses Recht des Burggrafen. Schultheiß und Salzgraf blieben formal bischöfliche Amtsträger. Sodann ist auf die Heerfolge zu verweisen: Bei Bedarf musste die Stadt dem Bischof militärische Unterstützung gewähren und sich an den Lasten, die das Reich dem Erzstift auferlegte, beteiligen. Der Ratsmeister (Bürgermeister) Spittendorff berichtet, dass der postulierte Erzbischof Ernst die Bürger und Pfänner der Stadt zu einer „Heerfahrt", d. h. zu einer Musterung, aufforderte. Die reichen Stadtbürger, die Pfänner, hatten im Harnisch zu erscheinen. Ferner hatte die Stadt dem Erzbischof, wenn er auf der Burg Giebichenstein weilte, täglich ein Weingeschenk zu überreichen – eine Leistung, die bis 1479 Bestand hatte.

Diese gegenseitigen Rechte und Pflichten, nämlich die Anerkennung städtischer Autonomien durch den Erzbischof auf der einen und die Anerkennung der Hallenser, dass der Erzbischof ihr Stadt- und Grundherr war, auf der anderen Seite, wurden im Thronfall, d. h. bei Antritt eines neuen Erzbischofs, durch Huldigungen immer neu bestätigt. Im Vorfeld der Huldigungen waren umfangreiche Verhandlungen (tedinge) nötig, und die Ergebnisse wurden in Huldbriefen fixiert. Dann folgte die Huldigung. Sie sind von 1446 bis 1689 (Kurfürst Friedrich III. von Brandenburg) belegt. In einem festlichen Ritual zog der neue Erzbischof vor die Stadt, wurde dort vom Klerus, von Rat und den Schulen empfangen, um dann durch das Stadttor in die geschmückte Stadt einzuziehen. Am Markt angekommen, nahm er auf der Empore des Rathauses die Huldigung der ihm gegenüber auf dem Marktplatz stehenden Bürgerschaft entgegen. Diese leistete ihm den Eid, „getruwe und hold" (1446 gegenüber Erzbischof Friedrich) zu sein; separat versprach der Rat gleiches. Für die Huldigungen 1446 und 1476 ist zudem die eigenständige Huldigung der Pfänner in der Gertraudenkirche belegt. Im Gegenzug gelobte der Erzbischof, die Rechte der Stadt zu achten. Mit Geschenken und einem Mahl wurden diese Versprechen auf Gegenseitigkeit rituell bekräftigt. Die Stadt gab ein Geschenk, zudem wurde ein für die damalige Zeit wertvolles Konfekt überreicht und dann genossen, ein Mahl schloss sich an; der Erzbischof schenkte im Gegenzug dem Talvolk Geld und ließ Wein ausschenken. Zum Fest für alle kam das besondere Zeichen erzbischöflicher Huld: Er belehnte die Pfänner mit Sole ohne direkte Gegengabe. Damit waren für die Amtszeit des neuen Erzbischofs die Privilegien und Rechtsbeziehungen unverbrüchlich bestätigt – seine Herrschaft wurde als legitim erachtet. Verstieß die Stadt gegen einzelne Bestimmungen, so nahm dies der Erzbischof als Treuebruch wahr, dies geschah 1478 (Brademann, Autonomie und Herrscherkult).

Symbole städtischer Autonomie

War auf dieser Ebene symbolischer Kommunikation der Erzbischof derjenige, dem Ehre und Anerkennung gebührten, so demonstrierten Stadt und Rat ihre starke Stellung und ihr Selbstbewusstsein durch steinerne Bauten. Die Stadtmauer stellte sich Mitte des 15. Jahrhunderts als Wehr mit Toren und Vorbauten dar (im 16. Jahrhundert sollte ein nochmaliger Ausbau unter Ratsmeister Caspar Querhammer erfolgen), und der Marktplatz zeigte die Herrschaft des Rates und den Wohlstand der Stadt an.

Das Rathaus, in das die Ratskapelle zum Heiligen Kreuz integriert war, befand sich an der Ostseite des Marktes. Dieter Dolgner weist darauf hin, dass die ältesten Teile des 1948 abgerissenen, kriegszerstörten Rathauses der Archiv- und Gefängnisturm (1341), die Heilig-Kreuz-Kapelle (1327) und ein in der Südwestecke befindlicher Turm waren. Um diese drei Bestandteile wurde immer wieder das Rathaus erweitert und verändert. 1466 wird von umfangreichen Baumaßnahmen berichtet. Vielleicht ist in dieser Zeit neben dem Keller, der als Gefängnis und als Folterkammer diente, auch die Dörntze, der Rats- und Bürgersaal, errichtet worden. Die Schaufassade hin zum Markt wies eine Freitreppe mit einem Podest auf; sie gab die Bühne ab für die Huldigungen. Der Rat zeigte seine obrigkeitliche Stellung dadurch an, dass für Bekanntmachungen und die Verkündigung von Mandaten das Obergeschoss der zweigeschossigen steinernen Laube genutzt wurde. Diese „Verkündigungsloggia" (Dieter Dolgner) ist schon für die Zeit vor 1500 belegt. 1501 erfolgten umfangreiche Baumaßnahmen am Rathaus. Die Kapelle zum Heiligen Kreuz erhielt neue Fenster, einen neuen, mit Blendmaßwerk versehenen Giebel zur Marktseite hin und vielleicht auch einen Dachreiter. Die Rückseite des Rathauses wurde erweitert, auch um mehr Platz für den Ratssaal zu schaffen, der eine hölzerne Kassettendecke und aufwändige Türen erhielt. An der Schauseite zum Markt wurde der charakteristische Turm über dem Eingang errichtet. Aus dem 14. Jahrhundert stammte ein neben der Heilig-Kreuz-Kapelle befindlicher, weiterer massiver Turm, der als Gefängnisturm genutzt wurde und als Symbol für die Gerichtskompetenz diente. Ihn konnte man durch einen Durchgang von der Rathauskapelle erreichen.

Auf weitere Kompetenzen des Rates deutete das Nachbargebäude des Rathauses und des Gefängnisturmes, die so genannte Waage, hin. Sie stand für die Marktaufsicht des Rates und damit für die Kontrolle der Gewichte, Längen- und Hohlmaße. Einem hölzernen Gebäude im 14. Jahrhundert folgte im 15. Jahrhundert ein Neubau, der auch als Festsaal genutzt wurde (Hochzeiten). Der Rat sorgte sich also auch um Feste und Feiern; sie waren nicht allein private Angelegenheit, sondern ihre ordnungsgemäße Durchführung war Angelegenheit des Gemeinwohls. So wird es auch verständlich, dass nach 1486 an der Südseite des Markplatzes, Ecke Märkerstraße, ein Bier- und Weinkeller (das heutige Stadthaus) entstand, in dem geistige Getränke genossen werden durften. Der Bier- und Weinkeller stand unter Aufsicht des Rates, der auch das Monopol des Ausschanks innehatte.

Aufschlussreich ist auch der Schmuck von Waage und Rathaus: 1526 wurde ein hl. Mauritius, Patron des Erzstifts Magdeburg, am Rathaus angebracht; der Heilige stand also für die Loyalität gegenüber dem Erzbischof (auch im Zeitalter der Reformation, s. u.). An der Heilig-Kreuz-Kapelle befand sich seit 1501 eine Skulptur der hl. Helena, Mutter von Kaiser Konstantin und – der Legende nach – Entdeckerin des Heiligen Kreuzes in Jerusalem. Die Verehrung der Gottesmutter wurde Ende des 15. Jahrhunderts mit einer Statue am Waagegebäude zum Ausdruck gebracht. Das

Die handlungsfähige, autonome Stadt

Der Rote Turm, im Hintergrund links das Marktschlösschen

Marienpatrozinium der gegenüberliegenden Marktkirche, aber auch die Bedeutung Mariens für die ganze Stadt, wie sie im Stadtsiegel ersichtlich wird, fanden so Berücksichtigung.

Dieser Hinweis auf die Marienkirche leitet zu einer weiteren baulichen Symbolisierung städtischer Größe hin. Rathaus und Waage gegenüber, im Westen des Platzes, befand sich der Rote Turm, dessen Baubeginn auf 1418 zu datieren ist. Ein Vorgängerbau ist jüngst ergraben worden. Zunächst wurde ein 10 m hoher Turmschaft errichtet; es folgten von 1445/46 bis 1460 der Weiterbau des Turmschaftes auf 87 m Höhe und der Bau des Achteckgeschosses. 1470 wurden die Baumaßnahmen wieder aufgenommen, die 1506 dann zum Abschluss kamen. Wie kein anderes Bauwerk manifestierte der Turm (zumindest bis 1478) den Stolz der Bürger auf ihre Stadt. Türme standen für Verteidigung, symbolisierten Rechtshoheit und politische Macht.

Eigentlich als Glockenturm der Marienkirche gedacht, übernahm das zunächst „neuer Turm" genannte Bauwerk auch diese Repräsentationsaufgaben. So war er mehr als nur ein bescheidener Glockenturm, der zum Gottesdienst rief, obwohl, wie Andreas Ranft betont, viele fromme Stiftungen aus der Bürgerschaft den Bau ermöglichten. Gleichzeitig aber schaute der Türmer nach möglichen Bränden und Feinden aus. Diese Doppelfunktion, kirchliche Nutzung und Machtdemonstration einer reichen Stadt, wird in der 1506 im Kopf des Turmes niedergelegten Weiheurkunde deutlich. Der Turm sei zum „Lobe des allmächtigen Gottes, der unbefleckten Jungfrau, aller Heiligen des Himmels und auch zur Zierde (*pro decore*) der sehr berühmten Stadt Halle und ihrer ganzen Gemeinheit/Bürgerschaft" errichtet worden (Hertzberg, I, S. 290).

Die somit in der Trias von Rotem Turm, Waage und Rathaus manifeste Demonstration städtischer Größe und obrigkeitlicher Stellung des Rates wurde auch durch „Flurbereinigungen" auf dem Marktplatz unterstützt. 1509 und 1513 wurden die alten Verkaufshäuser (Gewandhaus) und großen Verkaufsstände (Scharren) vor dem Rathaus abgerissen, so dass die Blickachse zwischen Turm/Kirche und Rathaus hergestellt war.

4. Halle und das Salz

Die für die Stadt des Mittelalters so typischen Merkmale wie Kirchenorganisation, Markt, Gerichtsbarkeit und Rat sowie die Ablösung vom

Halle und das Salz

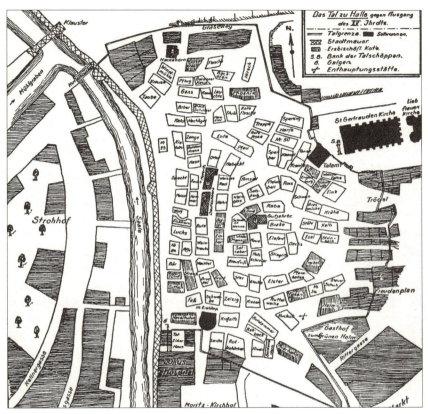

Die Produktionsstätte des „weißen Goldes": das Tal. Deutlich zu sehen ist die dezentrale Produktion in ca. 100 Siedehütten. Erst 1790 ersetzte ein gemeinsames Siedehaus aller Pfänner die überkommene Produktionstechnik, ein zweites Haus kam 1799 hinzu – die Siedehütten waren zuvor abgerissen worden. 1868 endete der Siedebetrieb im Tal.

Stadtherrn sind im vorigen Abschnitt beschrieben worden. Doch „hinter" zentralen Vorgängen der Stadtgeschichte, etwa der Verlagerung vom Alten zum Neuen Markt, der Siedlungsverdichtung im Osten der Stadt, aber auch der Vergrößerung der Finanzkraft der Stadt, die gegenüber dem Erzbischof in städtische Freiheit umgemünzt wurde, steckte die städtebildende Kraft des Salzes. Erinnern wir uns, dass die Siedlungskomplexe von Halle um 1000 mit dem Salz ein begehrtes Produktions- und Handelsgut aufwiesen. Aufgrund der Trockenlegung des Tals und der damit verbundenen Erschließung der hochergiebigen Sole durch Siedekote entstand im 11. Jahrhundert ein Zentrum gewerblicher Tätigkeit innerhalb des Areals: das Tal, das von der Stadtmauer mit umschlossen war. Im Tal arbeitete das Talvolk – Sieder, Fuhrleute, Träger der Sole, Arbeiter am Brunnen –, und es gab Bürger, die diese Arbeit leiteten und deren Wohlstand darauf beruhte, dass sie exklusiv die Siederechte innehatten, Soleanteile besaßen und Siedehütten (Koten) nutzen konnten. Diese Pfänner genannten Patrizier stellten die Spitze der Stadtgesellschaft Halles im Spätmittelalter dar. Für das Tal gab es ein eigenes Sonderrecht und ein eigenes Gericht. Das Salz konservierte die Abhängigkeiten vom Erzbischof als Stadtherrn und es ermöglichte ihm 1478, als Lehnsherr die Eroberung der Stadt voranzutreiben.

Die Lehnsbeziehungen zum Erzbischof

Die Stadt Halle konnte, wie beschrieben, ihre innen- und außenpolitische Souveränität in vielen Bereichen erringen, denken wir an den Hansebeitritt, die Stadtmauer, die Ausbildung des Rates und das städtische Recht. Anders verhielt es sich bei der Salzproduktion. Hier blieb das lehnsherrliche Obereigentum bestehen, dem Stadtbürger der Erwerb freien Grundeigentums auf dem Salzplatz verwehrt. Anfangs befand sich die Saline Halle mit der Salzquelle im Eigentum des Grundherrn, und zwar als Pertinenz Giebichensteins. Wir sehen dies in der berühmten Schenkung von 961: König Otto I. übertrug die *urbem videlicet Giviconsten cum salsugine eius* dem Magdeburger Moritzkloster, um die Gründung des Erzbistums Magdeburg voranzutreiben. Die neuen Herren der Saline, die Erzbischöfe, sahen sich veranlasst, ihr Eigentum in eine Reihe einzelner Berechtigungen aufzulösen und zum Teil auch um des Seelenheils willen zu verschenken. Vieles wurde als Lehen vergeben. Hierbei handelte es sich 1. um die Brunnenanteile, 2. um die Grundstücke, die zur Anlage der Siedehäuser geeignet waren, und 3. um die Siedehäuser mit den Pfannen (Koten). 1145 hören wir erstmals davon, dass der Erzbischof von Magdeburg Salzberechtigungen an andere vergab – es waren Kanoniker in Magdeburg (UBH, I, 35). Um 1200 war es Erzbischof Albert, der dem Moritzkloster zwecks Memorien für seine Vorgänger vier Salzpfannen *in valle Hallensi* schenkte (UBH, I, 124). Für die Folgezeit können wir anhand des hallischen Urkundenbuches nachweisen, dass die Belehnungen von Brunnenanteilen und Koten an Klöster und Adlige der Region zunahmen. Diese Lehnsträger verlehnten dann ihre Anteile weiter. Am Ende der Kette standen dann die Lehnsträger, die uns interessieren: die Bewohner Halles.

Belehnungen mit Soleanteilen und Koten fielen mitunter zusammen. 1317 belehnte der Erzbischof den hallischen Bürger Johannes Bruning mit der Vorsole: *contulimus bona iusto ac vero pheodo*. Der *annexus locus*, die „Kothstede" genannt, wurde Bruning ebenfalls zu Lehen gegeben (UBH, II, 561). Da diese Lehnsbeziehungen zutiefst dem städtischen Prinzip des freien Eigentums am Boden widersprachen, musste in Halle die Emanzipation vom Lehnsherrn, der auch Stadtherr war, darauf hinauslaufen, das lehnsrechtliche Band zu schwächen bzw. in kalkulierbare Bahnen zu führen. Das Mittel hierzu war das Geld. Für diesen Prozess sind zwei Daten von Belang: 1263 und 1310.

Zunächst zu der oben bereits genannten „Magna Charta" der Stadt Halle von 1263. Für 2.100 Mark Silber erkauften sich die *cives Hallenses* wichtige Rechte; sie mussten aber im Gegenzug den Erzbischof als Herrn der Brunnen anerkennen. Dies sieht man an der für die Stadt an sich erfreulichen Tatsache, dass der Bischof gelobte, keine weiteren Brunnen zu graben. Ein Erfolg für die Stadt war, dass der Erzbischof zugestand, dass Hallenser die *salinas*, die Siedehütten, mit allen Nutzungsrechten und Einkünften „frei" besitzen durften; damit gelangte ein Teil der ca. 100 Siedehütten – mit Ausnahme der bischöflichen Hütten und einiger kirchlicher und adliger Siedestätten – in das Eigentum städtischer Bürger. Bei diesem Eigentum der Bürger blieb es, auch wenn sich der Erzbischof 1478 einen Anteil von ca. einem Viertel der Koten zusprechen ließ. Vor allem aber bestätigte der Vergleich dasjenige Lehnswesen, das in Zusammenhang mit den Solebezügen stand: Diese „flüssigen" Lehen wurden als *feoda in puteis memoratis* bezeichnet. Er selbst, der Erzbischof, bezeichnete sich als *dominus feodorum*, als Herr der Lehnsgüter.

Die auf solche Weise vertraglich fixierten Lehnsbeziehungen bedeuteten in der Praxis, dass bei Antritt eines neuen Erzbischofs und im Todesfall des Lehnsnehmers, bei Tausch und Verkauf „Lehnware" für die erste Belehnung vom Erzbischof oder anderen Lehnsinhabern verlangt werden durfte und dass die Lehnsherren, die *domini feodorum*, beim Fehlen direkter Erben Soleanteile nach ihrer Wahl an andere vergeben konnten.

So finden sich im Urkundenbuch der Stadt Halle immer wieder solche Lehnsübertragungen, die deutlich machen, dass zum Ersten der Erzbischof tatsächlich die Lehnshoheit über die Brunnenanteile und über einige Kote beanspruchte und bei Resignation (Verzicht) bzw. Mannfall (Tod des Lehnsnehmers) die Lehen neu vergab und dass zum Zweiten die

Hallenser im Falle von Kinderlosigkeit bestrebt waren, dass ihre Anteile nach ihrem Tode ihren Ehefrauen zur Verfügung standen. Erst dann sollte der Erzbischof einen anderen damit belehnen. Das Interesse der Stadt Halle ging dahin, diese Lehnsbeziehungen für die Stadt günstiger zu gestalten, das heißt, die Lehen im Besitz der städtischen Familien zu halten. Wieder war es notorische Geldnot, welche den Erzbischof zwang, auf einen Teil seiner Vorrechte zu verzichten. Damit sind wir im Jahr 1310 angelangt: In diesem Jahr gab Erzbischof Burchard III. für 500 Mark Silber u. a. das Versprechen, in Zukunft Lehen „in samender hand" zu vergeben, was bedeutete, dass beim Fehlen von Söhnen andere Verwandte mit dem Talgut des Verstorbenen belehnt wurden. Der Erzbischof war nicht mehr berechtigt, die Güter einzuziehen. (Ein Beispiel für diese Regelung findet sich für 1367 im hallischen Urkundenbuch, als Erzbischof Albrecht von Sternberg Marquard von Ammendorf, Thime von Ochlitz und Hans Lange zu gesamter Hand mit Talgut und Koten belehnte.) Burchard verzichtete zudem 1310 auf das ihm durch die Lehnsbeziehungen zustehende Vormundschaftsrecht, das heißt die Verwaltung der Soleausläufte, solange die Erben noch unmündig waren. Dieses Amt übernahm nun der Rat.

Wie ein Damoklesschwert hing aber ein anderer Bestandteil der Lehnsbeziehungen über der Stadt: die „Lehnware". Diese Rekognitionszahlungen an den Erzbischof, d. h. die Anerkenntnis seiner Lehnsherrschaft über das Tal, waren in ihrer Höhe unbestimmt, deshalb war es das Ziel der Bürgerschaft, sie kalkulierbar zu machen. Seit der zweiten Hälfte des 14. Jahrhunderts kann folgende Praxis festgehalten werden: Der neue Erzbischof verzichtete auf diese Abgabe, die ihm von jedem Lehnsträger zustand, erhielt aber von der Stadt Halle ein Antrittsgeschenk, so etwa 1368, als Erzbischof Albrecht von Sternberg versprach, die Privilegien der Stadt Halle zu achten und die Bürger ohne besondere Abgaben mit Gütern zu belehnen. Auch Albrecht IV. von Querfurt sicherte 1383 die unentgeltliche Belehnung zu. Gleiches geschah 1446, als der neue Erzbischof Friedrich „ane gift und gabe" neu belehnte, und 1466, wobei Erzbischof Johannes allerdings 3.000 Gulden als Geschenk der Stadt erhielt. Auf diese 3.000 Gulden wird noch zurückzukommen sein. Für das Jahr 1428 ist in diesem Kontext ein weiterer Erfolg zu vermelden. Auch die Rekognitionsgebühren für die Erb- und Tauschfälle und Verkäufe wurden festgelegt: Im Frieden mit Erzbischof Günther wurden Höchstmengen für diesen Teil der Lehnware vorgesehen. Diese Regelung bestätigte Erzbischof Friedrich III. 1445.

Folgende Besonderheiten sind in Bezug auf die Beziehungen zum Stadtherrn für die Salzstadt Halle festzuhalten: Die ansonsten voll handlungsfähige, autonome Stadt konnte die Lehnsbeziehungen zum Stadtherren nicht durch einen Gewaltakt oder einen Kauf lösen, wenn auch vielfältige Veränderungen zugunsten der Stadt zu konstatieren sind, die auf die Kalkulierbarkeit und Exklusivität der Erwerbschancen hinausliefen.

Rechtliche und verfassungsgeschichtliche Auswirkungen

Bei Berg und Tal handelt es sich nicht um eine Doppelstadt, wie es die Begriffe suggerieren, sondern das Tal stellte sich als eigener Rechtsbezirk in Bezug auf Produktion, Betriebssicherheit, Friedenswahrung und Vertrieb des Salzes dar; die dort Tätigen unterlagen aber ansonsten dem Stadtrecht und den Gerichten des Berges. Für die Integration des Tales in das Stadtganze spricht zum einen die Pfarrstruktur, denn eine Pfarrkirche des Salzes gab es nicht. Pfänner, Salzwirker und Salzarbeiter waren über mehrere Pfarrgemeinden verteilt. Im Tal existierte nur die Kapelle zum Heiligen Grab. Zum Zweiten ist die Verteidigung zu nennen, denn ein eigenständiger Verteidigungsbezirk ist nicht nachzuweisen; Pfänner und Knechte waren vom Rannischen Tor bis zum Klaustor für die Stadtmauer zuständig. Spezifika der Salzstadt werden jedoch daran deutlich, dass a) in Bezug auf den Salzbezirk eigenes Recht geschaffen wurde und die entsprechenden Ämter eigenständig besetzt wurden und dass b) die grundlegenden Regelungen für den Salzbezirk von Seiten der Bürgerschaft im städtischen Recht, den Willküren, zu finden waren.

Zunächst ist auf die städtischen Willküren, Ergebnisse der genossenschaftlichen Einung, einzugehen. Die Willküren von ca. 1420, 1449 und 1462 halten neben den allgemeinen Regeln des Stadtfriedens, der Gewinnung des Bürgerrechts, der Beschickung des Rates und der überragenden Stellung des Burdings auch für die Salzproduktion wichtige Grundregeln fest. In ihnen manifestierte sich das grundlegende Interesse der Bürgerschaft, dass die Nutzung des weißen Goldes sowohl auf der Ebene der Siedeberechtigungen als auch beim Eigentum bzw. der Nutzung der Siedekoten ausschließlich städtischen Bürgern zukam. Kein hallischer Bürger sollte als „Strohmann" für Auswärtige Siederechte und Koten erwerben;

nur dem hallischen Bürger, der Grundeigentum in der Stadt besaß, kam das Siederecht zu, das in den Lehntafeln öffentlicher Kontrolle unterlag. Um 1420 heißt es: „Vnse herren habin gewilk'ort mit willen, wissen, und gantczer volbort allir orer mitburgere, reich vnd arm, die czu halle besessen seyn, das hinfort keyner örer burger sal pfannen kouffen vmb vsswendiger leute gelt, noch pfannen in lehen und schrift nemen von vsswendiger leute wegin bey funffzig marken silbers. ... Ouch willkorn wir, das der Rat hinfort nymande pfannen in die lehntaffeln sal schriebe lassen, er sei denne eyn besessin burger bynnen unser Stat eygent und beerbit." Ferner wurde im Sinne des Prinzips der Nahrung versucht, das sprudelnde weiße Gold durch Obergrenzen gerecht zu verteilen: Jeder durfte höchstens einen „Stuhl" an einem Born nutzen.

Im Talrecht von ca. 1315 bis 1320 findet sich als Grundsatz ebenfalls die Sicherung von Frieden und Eintracht. Botschaft war, „das dar kein krich abe wurde". Die Absicht, städtische Grundprinzipien auf das Tal zu übertragen, war nicht nur normativer Grundsatz, sondern durch Verpflichtungs- und Verbrüderungseide verankert. Demzufolge war das Friedewirken am Heiligabend die rituelle Demonstration der Politik städtischer Eintracht. Der Salzgraf als oberster Amtsträger des Tals versammelte die gesamte Belegschaft am Deutschen Born, las ihr Talordnung und Sondervorschriften vor und vereidigte sie darauf neu; es folgte ein festliches Mahl. In der Talordnung wurde die Produktion des Salzes geregelt, das als Geschenk Gottes gesehen wurde, der „eyn geber ys alles gutes". Die Amtsträger des Tals und ihre Kompetenzen finden sich ebenfalls in den Regelungen. Ebenso wurden die Arbeits- und Lohnverhältnisse geregelt. Letzteres findet sich auch in der Talordnung vom 26. Juli 1424, die geschaffen wurde von den Oberbornmeistern und Schöffen mit Einwilligung des Rates und der Pfännerschaft.

Oberste Amtsträger im Tal waren die drei Oberbornmeister, denen als Vertreter der Pfänner die gesamte Aufsicht oblag, sodann die Bornmeister für die alltägliche Verwaltung und dann die „Verschleger", welche für die Preisfestsetzung verantwortlich waren. Für die Rechtsprechung in allen Fragen war das von den acht Schöffen gebildete Talgericht zuständig, das dreimal im Jahr an verschiedenen Orten des Tals zusammenkam. Dieses Gericht besaß, wie oben beschrieben, ein eigenes Siegel. Da im Talrecht u. a. die Todesstrafe vorgesehen war, waren auch Hinrichtungsorte (Rad und Galgen) vorhanden. Gesetzt wurde das Talrecht analog zur Willkür genossenschaftlich. Es heißt in der Einleitung, dass es geschaffen sei von den Bornmeistern und Schöffen „tu eynem gemeyne vrome unser herren der penere ... un allen guden luden ryke un arm dy tu deme dale horen". Das Tal als gesonderter, mit eigenem Recht ausgestatteter Produktionsbezirk fand schon 1263 die erzbischöfliche Anerkennung, denn Recht sollte, so der Erzbischof, gemäß den Bestimmungen jenes Tals gesprochen werden. 1335 bestätigte Erzbischof Otto mit Zustimmung des Domkapitels, dass die hallischen Bürger in Angelegenheiten des Tals ausschließlich vor den Salzgrafen und die Schöffen im Tal „komen" und „berichten die sache nach dales rechte" sollen. Während also das Talrecht Teil städtischer Rechtssetzung war, blieb der Ursprung des Tals als Eigenbetrieb des Bischofs und seine grundherrliche Qualität in Gestalt des Salzgrafen präsent. 1145 erstmals erwähnt, war dieser zunächst Verwalter des Tals, Zolleinnehmer (Salzzoll, *teloneum salis*) und Vorsitzender des Talschöffenkollegs. Der Erzbischof setzte den Salzgrafen ein, und dessen Position als Stellvertreter des Grund- und Stadtherrn blieb akzeptiert, auch durch symbolische Akte: Am Schluss der Talordnung von 1386 ist der Dienst des Salzgrafen, ein feierliches Mahl, das jener den Pfännern am Himmelfahrtstag zu geben hatte, erwähnt.

Die Mitsprache der Stadt bei der Besetzung des Amtes musste das Ziel sein. Zunächst vergab der Bischof das Salzgrafenamt als Mannlehen, dann unter Günther II. (1403–1445) auf drei Jahre; seit Friedrich III. (1463) wurden alle Salzgrafen auf Lebenszeit bestellt. An dieser Besetzungskompetenz änderte sich nichts; aber in den Verhandlungen mit den Erzbischöfen und in den Willküren wurde festgelegt, dass das Amt des Salzgrafen mit Hallensern zu besetzen und der Amtsträger der Schosspflicht unterworfen sei. Als Mann des Erzbischofs dürfe er nicht in den Rat gelangen, so die Willkür um 1420. Die Hinrichtung des Salzgrafen Hans von Hedersleben 1412 nach einem Todesurteil der städtischen Gerichtsbarkeit zeigt, wie sehr die Auseinandersetzungen um das Amt eskalieren konnten. Endpunkt war dann der endgültige Übergang des Ernennungsrechts auf den Rat im Gefolge der Einnahme der Stadt 1479.

Halten wir fest: Die Gewinnung des Salzes zeigte die Fähigkeit der Stadt Halle auf, für das Sondergut Salz, Quelle des Wohlstandes und göttliches Geschenk, spezifisches Recht zu setzen. Zwischen Willkür und Talrecht gab es Wechselbeziehungen. An der Entstehung des Talrechts war der Erzbischof bis 1475 nicht beteiligt, vielmehr erkannte er das Talrecht an.

Die Pfännerschaft

An der sozialen Spitze der spätmittelalterlichen Salzstadt Halle standen, das ist immer wieder betont worden, die Pfänner. Sie waren diejenigen, welche als Einzige berechtigt waren, die Sole in ihren eigenen, gepachteten oder qua Lehen zur Verfügung stehenden Koten versieden zu lassen und den Pfännergewinst, das heißt den Gewinn, bezogen. Die Genese einer solchen Gruppe wird entlang der Zeitachse in den Urkunden deutlich. 1145 heißt es: *homines quoque, qui sal ibi conficiunt*. Aus diesen Bediensteten der Grundherren erwuchs in allen Salzstädten und so auch in Halle eine selbstbewusste Pfännerschaft, welche die Salzproduktion organisierte, den Vertrieb in ihrer Hand hatte sowie für die Pflege der Salinentechnik Verantwortung übernahm. Der erste bekannte Talgutbesitzer war der „Bürger" Rathma, ein Angehöriger der Ritterfamilie von Grashof, dessen „stuck talguths ... von dem ertzbischoffe zu lehen gehabt", 1238 an das Moritzstift überging (UBH, I, 231). Bekannt ist aus der frühen Zeit ausweislich der Urkunden auch die Familie der Richwine (Reichwein), die 1250 über ihre Solgüter mit dem Moritzstift eine Einigung abschloss.

Die Organisationsform der Pfänner ist typisch für die mittelalterliche Stadt – es war eine Innung, die aber einige Besonderheiten aufwies. 1276 wird das *corpus* oder die *consors* genannt; die Talordnung von vor 1386 spricht von den „herren der penere", 1424 heißt es die „Gewerken-Gemeinde", die „Herren Gewerke", Spittendorff spricht durchweg von der „Pfännerschaft".

Diese Pfännerschaft war eine Personalgenossenschaft. Die Mitgliedschaft beruhte auf einem in der Person beruhenden Recht, dem Siederecht, war also unabhängig vom Solebezug und vom Besitz/Eigentum des Siedekotes. Die Zahl der Pfänner wird im 15. Jahrhundert ca. 100 betragen haben. Demgegenüber gab es in Halle im Unterschied zu Lüneburg keine Genossenschaft der mit Sole Begüterten. Dies hatte seine Ursache darin, dass, wie oben beschrieben, die Lehnsanteile eben nicht zersplittert waren, sondern zumeist dem Erzbischof gehörten.

Die Verbindung dieser Siedeberechtigten unterlag in Halle wie bei den sechs übrigen Innungen der Stadt zunächst der Genehmigung durch den Stadtherrn. 1276 bestätigte Erzbischof Konrad II. die „innunghe" derjenigen, *qui in valle operantur et negotiantur* (die im Tal arbeiten und handeln). Wer aufgenommen werden wollte, der sollte dem Salzgrafen zwei Schillinge zahlen. Die Aufnahme (= Habilitierung) war also an die Abgabe an den Salzgrafen gebunden; doch in der Folgezeit löste sich die Innung ganz allmählich vom Erzbischof, was auch als ein Argument dafür zu sehen ist, dass er in diesem Fall nicht als Lehnsherr, sondern als Stadtherr auftrat. Das Talrecht (um 1315) spricht die Gebühren für die Innung noch dem Salzgrafen zu, setzte aber schon Abgaben für die Talarmen fest: „Wie das wergk winnen wil yn deme dale das sal man ome nicht er lyen wen an den dren Botdingen. Dye sal ouch dem greven gheuen dry schillinge penige vn deme botele tzwene penige." 1423 warf Erzbischof Günther dem Rat der Stadt vor, er habe die „innunge ader geselschaft dij pfenner" zugelassen und ihr sogar ein Banner gestattet „und haben das wider recht getan". Im Jahr 1439 einigten sich Pfänner und Rat auf eine neue Regelung der Aufnahmegebühr – eine Hälfte kam dem Rat zu, die andere Hälfte der Pfännerschaft. Die Willkür von 1462 behandelt ebenfalls die Aufnahme; neu geregelt wurde der Anteil des Rates, der „eyne buchse von dreyssik pfunden" erhalten sollte. In den Aufzeichnungen des Ratsmeisters Spittendorff findet sich ebenfalls der Zusammenhang von Rat und Pfännerschaft: „wer eyn pfenner werden wolde, der muste achtig gulden geben, der reichte man virczig dem rathe uffs rathausz, die anderen virzigk behalden sie, davon möchten sie Yn yren wibern und kyndern esszen machen nach lute der willkor" (S. 107). Zu sehen ist also, dass intern das rituelle Mahl Gemeinschaft (und Exklusivität) konstituierte; doch die Zahlungen an den Rat demonstrierten, dass die Pfännerschaft auch Angelegenheit der ganzen Bürgerschaft war.

Um den Charakter der Pfännerschaft genauer zu bestimmen, ist zunächst die Voraussetzung für die Mitgliedschaft zu prüfen. Das personale Recht der Siedegerechtigkeit besaßen nur die Mitglieder der Genossenschaft: die Pfänner. Diese organisierten den Siedebetrieb und den Verkauf des Salzes; sie erteilten den Salzmeistern und -arbeitern (Wirkern) entsprechende Weisungen. Die „Denkwürdigkeiten" des hallischen Pfänners Markus Spittendorff geben an vielen Stellen Einblick in diese individuelle Betriebs- und Geschäftsführung um 1500. Er berichtet vom Auf und Ab der Holzpreise, was Auswirkungen auf den Salzpreis hatte. Genau lässt Spittendorff den Leser an der Kostenkalkulation und der Festsetzung der Salzpreise teilnehmen: Kotpacht, Wirkerlohn, Kosten für Pfannen und Körbe werden referiert. Wiederholt ging Spittendorff zu seiner Siedehütte, um sich von der Arbeit des Siedemeisters zu überzeugen, obwohl die

Pfänner ansonsten „selber nicht in den Kothen sindt und zusehen". Die Sachkompetenz der Pfänner, aber auch ihre ungebrochene Spitzenstellung in der Stadt wird auch an Spittendorffs Schilderung der Folgen des Stadtkonflikts 1478 deutlich. Die „neuen", von Erzbischof Ernst eingesetzten Pfänner aus Innungen und Gemeinheit erhielten von den Inhabern von Solebezügen keine Siedeaufträge.

Die Pfänner huldigten aber nicht dem „Erwerbsprinzip" (Werner Sombart), sondern dem der Sicherung der Nahrung. Die Solemenge wies eine Obergrenze auf, und es gab die Bestimmung, dass höchstens eine Siedehütte pro Pfänner genutzt werden durfte. Solche Begrenzungen des Zugriffs auf das weiße Gold sicherten Reichtum für die Mehrzahl der Pfänner. Der ehemalige Ratsmeister Spittendorff händigte im März 1479 dem bischöflichen Beamten eine Vermögensaufstellung aus, in der ein Haus am Markt, zwei weitere Gebäude, die halbe Vorsole aus dem Meteritz-Brunnen und drei Pfannen aus dem Deutschen Born als Solegut sowie ein Kot im Eigentum im Wert von 300 Gulden aufgeführt waren. Aber: Spittendorff berichtet von armen Pfännern, die zwar sieden durften, aber ihre Sole und/oder Koten zu pachten hatten. Sobald nun das Holz teurer wurde, wie es in den 1470er Jahren der Fall war, sank bei festgelegten Salzpreisen ihr Gewinn dramatisch.

Mitglied der Pfännerschaft durfte nur werden, wer das hallische Bürgerrecht besaß, so die Willkür um 1420: „Ouch sal hinfort nymant pfannwercken, er sey ein Burger czu Halle beeygnet und beerbit." Der Vorstand war formal der Salzgraf, diese Eigenschaft verschwand aber im 15. Jahrhundert und wurde m. W. erst wieder in der Pfännerordnung von 1644 erwähnt; zu dieser Zeit wurde der Salzgraf jedoch vom Rat ernannt. Mitgliederversammlungen sind nachzuweisen, die nach Bedarf vom Salzgrafen oder von den Oberbornmeistern einberufen wurden. Ort war entweder das Tal (das dortige Talhaus – 1474 als Pfännerhof belegt), die große oder die kleine Dörntze im Rathaus oder das Haus eines Pfänners. Wie jede Innung besaß die Pfännerschaft ein eigenes Vermögen – ihre Truhe befand sich in der Sakristei von St. Mauritz –, Banner, Wappen und Siegel (s. u.). Im Gegensatz zur „normalen" Innung waren die interne Betriebs- und Geschäftsführung, der Siedeprozess sowie der Absatz keine Bereiche, die von der Gesamtheit kontrolliert bzw. vorgeschrieben wurden. Geregelt wurden die Bezugsmenge an Sole, der Preis, die Qualität und der Holzbezug.

Stadtwirtschaftspolitik und Stadtregiment des Patriziats

Um die Spezifika der Salzstadt zu vertiefen, ist auf die handelnden Organe und damit auf das Stadtregiment einzugehen. Im Gegensatz zu einer normalen Innung wies die Pfännerschaft keinen eigenen Ausschuss auf. Ein solcher ist erst 1644 nachzuweisen; in der westfälischen Salzstadt Werl ist hingegen Ende des 15. Jahrhunderts von den „Sechzehnern" die Rede. Ein solcher Ausschuss, der die Interessen gegenüber dem Stadtregiment zu vertreten hatte, war in Halle auch gar nicht nötig, denn die Pfänner handelten bis weit in das 15. Jahrhundert hinein im und durch den Rat – er war letztlich Ausdruck des gemeinsamen Wollens der Pfänner, ihrer Identitätsrepräsentation für die Stadt. Bis 1428, so ist sich die stadtgeschichtliche Forschung sicher, bestand die Mehrheit des Zwölferrates aus Pfännern, der erste Ratsmeister war immer ein Pfänner. Als um 1428 im Zuge der Stadtkonflikte zwischen Pfännern und Innungen/Gemeinheit die Vergrößerung des Rates von 12 auf 30 (später waren es 26), also die Schaffung eines engen und eines weiten Rates, beschlossen wurde, verlor die Pfännerschaft ihre Mehrheit. Julius Opel belegt aber in seiner Einleitung zu Spittendorffs Chronik, dass bis 1476 der erste Ratsmeister, sodann der dritte, vierte und fünfte Ratsherr Pfänner waren. Konstante der Ratsbeschickung blieb auch die Zuziehung der drei Oberbornmeister, so dass bis 1476 von den 30 Ratsmitgliedern sieben einflussreiche Positionen den Pfännern, weitere zwölf der Gemeinheit und elf den Innungsmeistern vorbehalten waren.

Im Selbstverständnis der Pfänner war diese Form der Herrschaft eines städtischen Patriziats legitime Herrschaft – städtisches Regiment hieß, dass das Wohl der Stadt mit dem Wohl der Pfänner identifiziert wurde. Dazu diente zunächst die Förderung des Salzabsatzes, denken wir an das Engagement in der Hanse. Dass der Rat tatsächlich vorrangig als Organ der Pfänner handelte, spiegelt sich bei der Umsetzung der in den Willkürregelungen zu findenden Betonung des exklusiven Siederechts für Hallenser. Deshalb wurde vom Rat Mitsprache bei der Lehnsvergabe verlangt, und zwar sowohl gegenüber dem Erzbischof als auch gegenüber anderen Inhabern von Lehnsgut. Am 14. Mai 1345 waren es die Ratsherren und die Bürger von Halle, die sich mit den Grafen von Mansfeld und Schraplau einigten, dass Letztere ihre einst vom Erzbischof erhaltenen Lehen ausschließlich an hallische Bürger als Afterlehen weiterreichten. Diese Belehnung sollte zu gesamter Hand erfolgen. Ferner durften die Schraplaus ihr

Lehen nur an Höher- und Gleichstehende veräußern, sonst hätte wohl die Gefahr bestanden, dass auswärtige Bürger Herren von Hallensern wurden. Ein großer Erfolg für die pfännerschaftliche Stadtwirtschaftspolitik war auch die Verpflichtung Erzbischofs Günther aus dem Jahre 1428, die Pfannen im Tal niemals ohne des Rates Willen zu übertragen („dat denn mit der von Halle guden Willen").

Auch im Alltag der Ratsarbeit galt es, die Soleanteile in Halle zu halten: 1429 wurde ein Nürnberger Bürger vom Erzbischof u. a. mit drei Pfannen aus dem Deutschen Born belehnt, doch vom Rat zum Verzicht gezwungen. Einige Zeit später starb der Bürger Kune Baldwin ohne Erben. Der Lehnsfall war also eingetreten. Erzbischof Günther von Schwarzburg belehnte seinen Bruder Heinrich von Schwarzburg mit Kunes 24 Pfannen Deutsch, 50 Pfannen Gutjahr und anderen Solebezügen, zudem erhielt Heinrich erledigte Güter der Familie Schraplau. 1439 kam es nach heftigen hallischen Protesten zu einem Kompromiss. Heinrich verzichtete auf das Schraplauer Erbe, erhielt aber die anderen Anteile, die Afterlehen wurden ihm aber von einer Kommission unter Beteiligung eines hallischen Bürgers vorgeschlagen. Ein weiteres Handlungsfeld der Ratspolitik in diesem Kontext war es, Verwandtschaft dazu zu bringen, sich zu gesamter Hand belehnen zu lassen, so 1344, als der Rat die Vettern von Freiberg zu einem solchen Schritt veranlasste.

Ein letztes gewichtiges Aktionsfeld zugunsten der Salznutzung für hallische Bürger war der Versuch, die Akkumulation von Solegut durch die Kirche, vor allem durch die Klöster, zu verhindern. Diese Politik ist als äußerst erfolgreich einzuschätzen, ganz im Unterschied etwa zu Lüneburg, wo sich 1442 die Prälaten als Pfannenherren weigerten, Zusatzleistungen an die Stadt zu zahlen, und der Prälatenkrieg seinen Anfang nahm. In Halle erwarben zumeist kirchliche Institutionen ihre Anteilsberechtigungen vor 1300, dabei ragte das Moritzkloster hervor. 1343 verpflichteten sich aber Propst und Konvent des Moritzklosters gegenüber den „Bürgern der Stadt Halle", niemals mehr als 36 Pfannen Deutsch, 12 Pfannen Gutjahr und 17 Pfannen Meteritz in Besitz zu halten. Sollte ihrem Gotteshaus mehr zufallen, „dat scolle wie vorkopen in den nesten viere weken darna und scollen des nicht behalden". Passiere dies nicht, dürften sich die Bürger aus den Pfannen des Klosters bedienen. Im gleichen Jahr ist auch die letzte Erwerbung der Zisterzienserinnen in Glaucha festzuhalten. Vorbild für die Selbstbeschränkung der Augustinerchorherren von St. Moritz dürfte die 1339 erfolgte Verpflichtung der Marienknechte sein, die anlässlich ihres Umzugs in die heutige Ulrichskirche gelobten, keine Erwerbungen in der Stadt zu tätigen. Noch 1461 wird dieses Aktionsfeld deutlich, als mit Unterstützung der Stadt Erzbischof Friedrich III. im Rahmen seiner Klosterreform Dominikaner und Franziskaner zur Abgabe ihrer Solerechte aufforderte und die Bettelmönche diese auch tatsächlich dem Rat übergaben.

Abschließend gilt es festzuhalten, dass für die Salzstadt Halle eine spezifische Wirtschaftspolitik deutlich wird. Die pfännerschaftlichen Belange wurden im Rat umgesetzt, aber nicht als Partikularinteressen, sondern als Ausdruck gesamtstädtischer Politik. Diese zeichnete sich insbesondere durch das Ziel aus, die Erwerbschancen für hallische Bürger zu sichern und zu mehren. Damit ist ein Punkt angesprochen, der im Rahmen dieses Buches nur angedeutet werden kann: Die Herrschaft einer sozial und ökonomisch privilegierten und abgeschotteten Gruppe in der Stadt beruhte nicht nur auf Geburt – nur Nachkommen (und Verwandten) von Pfännern sowie, nach entsprechender Habilitation, auswärtigen Patriziern kam das Siederecht zu –, sondern musste immer wieder durch Repräsentation und Zeremoniell bestätigt werden. Stand wurde mit der Geburt zugewiesen, Rang und Herrschaft aber galt es zu verteidigen. Genau dieses kulturelle Kapital wurde aber der Pfännerschaft in den 1470er Jahren von den Innungen und Gemeinheiten abgesprochen.

5. Soziale Gruppen in der Stadt

Zur Sozialgeschichte

Schätzungsweise 8.000 bis 10.000 Menschen lebten um 1500 im ummauerten Stadtareal, in den Siedlungen vor den Toren und in den bischöflichen Minderstädten Glaucha und Neumarkt. Bildung, Einkommen, Rechte und Lebenschancen dieser Menschen waren ungleich verteilt. Um diese Ungleichheit zu verdeutlichen, teilt man gemeinhin die Stadtgesellschaft drei Gruppen: in die Unter-, Mittel- und Oberschicht, deren wesentliches Moment bei aller sozialen und rechtlichen Differenzierung zunächst die ständische Lage ist. Für das 14. und 15. Jahrhundert könnte man die dreigeteilte Ständepyramide relativ schnell aufbauen. An der Spitze stand in Halle das Salzpatriziat, in der Mitte Innungs- und andere Handwerker/Krämer, beide Gruppen mit Bürgerrecht und ab 1427/28 auch gemeinsam im Rat, und unten die Nichtbürger – das Talvolk, Gesinde und Knechte sowie Arme und Bettler. Doch die Wirklichkeit war komplexer: Auch Innungsmeister hatten z. T. Sole gepachtet oder wurden vom Erzbischof belehnt, allerdings ohne Siederechte, und Talarbeiter, insbesondere die Wirker, besaßen das Bürgerrecht. Doch bevor wir uns der dreigeteilten Situation des 15. Jahrhunderts widmen, geht es zunächst um die Genese der einzelnen Gruppen.

Bei den ersten namentlich bekannten Bewohnern unserer Siedlungskomplexe handelte es sich um Dienstmannen (Ministeriale) des Erzbischofs – sie kamen vom Giebichenstein, dann aber wohnten sie auch im hallischen Areal. Aus ihnen oder mit ihnen entwickelte sich die erste soziale Führungsschicht der Stadt, die „Stadtadligen". In den Quellen werden einige *milites* (Ritter) und andere *nobiles* (Adlige) genannt – adlig nun nicht im Sinne von Herrschaft über andere, sondern aufgrund ihrer herausgehobenen, an Burgen erinnernden Wohnsitze, ihres großen Grundbesitzes und ihrer (ritterlichen) Dienste für Erzbischof oder Kaiser. Die Wohntürme – wir kennen solche noch aus Urlaubsreisen in die Toskana – deuten an, dass die Stadtbefestigung noch nicht ausreichte. Die Namen dieser Stadtadligen kann man noch heute an einigen Straßennamen bzw. markanten Punkten erkennen: Märkerstraße (Merkelin), Rüdenberg (Rufus, der Rothaarige) und Brunos Warte (Bruno). Die Wohnsitze waren identifizierbar. So heißt es beim Verkauf der Besitzung des Volrad von Glaucha an die Zisterzienserinnen (UBH, I, 213), dass sich dort ein Turm mit einem sich bis zur Saale erstreckenden Hof befinde: *vendidimus turrim cum adiacente curia in praedicta villa Glouch usque ad Salam.* Welche Stadtadligen sind für die Zeit um 1200 belegt? Das Moritzstift befand sich auf dem ehemaligen Sitz des Ritters Burchard. Die Kapelle St. Pauli lag auf dem Rittergut der Proves. Der Marschall Wichmann – ein Hofbediener also – gründete 1220 auf seinen Gütern das Johannishospital am Moritzstift. 1231 wurde das Zisterzienserinnenkloster St. Georg auf dem Rittersitz des Vollrad von Glaucha errichtet; das 1271 gegründete Dominikanerkloster auf der Domhöhe entstand auf dem Gelände der beiden dortigen Rittersitze. Der Hagedornhof war 1243 im Besitz des Burchard Hagedorn; 1280 wurde ein Teil Eigentum der Brüder Busse und Thiele. Ersterer, um 1320 Schöffe, erwarb die andere Hälfte käuflich dazu, 1339 wurde dieser Teil den Servitenmönchen übertragen. Brunos Warte erstreckte sich von der Rannischen Straße bis zur Gegend der Moritzkirche; sie wurde 1290 verkauft.

Diese Stadtadligen waren zunächst führend in der Stadt, so dass sie bei Rechtsgeschäften als Zeugen auftraten und als Schöffen bzw. Ratsherren des 13. Jahrhunderts belegt sind, so 1172 Rudolfus Palatinus, 1266 Herr Ekkehard bi sante Jakob, der offensichtlich den Groitzschen Hof übernommen hatte. Als fromme Stifter sorgten sie im 12. und 13. Jahrhundert für den Aufbau der Kirchen, denn ohne ihre Stiftungen wären Neuwerk, das Moritz-, das Dominikaner-, das Serviten- und das Zisterzienserinnenkloster gar nicht entstanden. Ferner wurden ihre großen Areale für die stadtbürgerliche Bebauung verwandt. Dies wird bei Brunos Warte besonders deutlich: Nach dem Tode des Schöffen Brun um ca. 1290 übertrugen seine Söhne ihr Eigen, das von der Rannischen Straße bis zur Gegend der Moritzkirche reichte, zuerst pfandweise und dann endgültig an Heise Karl. Von der Familie Karl wurde das ganze Gelände dann im Laufe der folgenden Jahrhunderte stückweise an die Bürger weiterverkauft. Es entwickelten sich 22 Häuser darauf.

Kaufleute und Händler werden in den Zeugenreihen oder aus anderen Urkunden am Namen erkenntlich. So trat 1266 Werner Overrike als Schöffe auf. Ein besonders schönes Zeugnis findet sich bei der Gründung des Zisterzienserinnenklosters 1231 (UBH, I, 209). Die Witwe Zacharia, eine Tochter Bertrams des Overriken (*fila Bertrami Predivitis*) vermachte den Nonnen den dritten Teil der Erträge aus den am (Neuen) Markt befindlichen Buden der Krämer (*de apothecis institutorum*). Da sich diese Buden zudem in der Nähe des Hauses der Kaufleute (*domus mercatorum*) befanden, werden in dieser Quelle zugleich die Kaufleute und Händler sichtbar, die ihr Geld am Markt verdienten. Dabei wird sich diese Gruppe allmählich ausdifferenziert haben. Ein Teil ging in der Pfännerschaft auf, ein zweiter Teil verblieb im Kaufleutestand; allerdings waren diese „reinen" Kaufleute nicht so zahlreich, denn eine reiche Kaufleutegilde, wie sie für andere Städte belegt ist, gab es in Halle nicht. Um 1500 scheinen allerdings die Gewandschneider und Seidenkrämer den Weg in den Kaufmannsstand gefunden zu haben. Pfännerschaft und Kaufmannstätigkeit schlossen sich nicht aus: 1250 nutzten etwa die Brüder Reichwein – der Name war kaufmännisches Programm –, die Koten und Pfannen. Auch Hans von Schenitz, vermeintliches Justizopfer von Kardinal Albrecht, war um 1500 Mitglied der Tuchmacherzunft und gleichzeitig Pfänner.

Über die Pfänner, welche die Spitzenposition in der sozialen Hierarchie der spätmittelalterlichen Stadt Halle einnahmen, ist oben bereits ausführlich berichtet worden. Deshalb ist nun auf die „Mitte" der Pyramide einzugehen: die mit dem Bürgerrecht ausgestatteten Handwerker. Dass es solche schon relativ früh in einer die Stadttopographie prägenden Anzahl gab, wird an einem Zeugnis aus dem Jahr 1182 deutlich, wo von der Straße der Schmiede berichtet wird. Das eigentliche Indiz, das die Handwerkerschaft in ihrer Bedeutung für die Stadt sichtbar werden lässt, ist die Entstehung von Innungen. Seit Dreyhaupt galt Erzbischof Wichmann als Stifter der sechs Innungen. Doch der Gründung im Jahre 1162 widerspricht zunächst die niederdeutsche Sprache der Stiftungsbriefe. Sodann sind in anderen Städten, die wirtschaftlich weiterentwickelt waren, Innungen nicht wesentlich früher gegründet worden (Köln 1147). Insofern kann man die hallischen Innungen als Entwicklungen des frühen 13. Jahrhunderts beschreiben, was sich ja auch durch die Nennung im Halle-Neumarkter Recht von 1235 bestätigt. Diese sechs Innungen (Bäcker, Fleischhauer, Kramer, Schmiede, Futterer, Schuster, später auch Leineweber/Tuchmacher) waren im 14. Jahrhundert zustimmungspflichtig, wenn es um städtische Verträge ging. Seit dem frühen 15. Jahrhundert hatten sie einen Anteil am Ratsregiment.

Anteilmäßig am wichtigsten für die dritte soziale Gruppe ist die Talarbeiterschaft. Geht man nur vom Begriff Arbeiterschaft aus, so wäre die abhängige Lohnarbeit das entscheidende Merkmal. Dieser moderne Klassenbegriff entspricht jedoch nicht der städtischen Gesellschaft des Spätmittelalters. Denn vielfältige außerökonomische Faktoren und Privilegien sicherten die Arbeiterexistenz im Tal ab; ja teilweise kann man das Talvolk mit Handwerkern vergleichen. Im Krankheitsfall wurden sie durch Zahlungen aus dem Tal unterstützt. Gleiches galt für die Witwen der Arbeiter.

Die Entlohnung erfolgte nach den Vorschriften des Talrechtes, die Talarbeiter bekamen in Zober (99,84 l) abgemessene Quantitäten Salzsole, die so genannte Gerenthe, die nach Arbeitsleistung differenziert waren. Diese Sole ließen sie versieden und verkauften sie dann, durften die Sole aber nicht an die Pfänner vorab verkaufen, da diese dadurch ihre Produktionsanteile erhöht hätten. Zusätzlich sah die Talordnung vom 26. Juli 1424 den Unterhalt der Talarmen, d. h. der Alten, vor. Sie sollten die so genannte Pfennigsole aus dem Deutschen Born erhalten, die „man geben soll armen Knechten und Leuten, die sich in dem Tal verarbeitet haben".

Und doch war die Arbeiterschaft sozial und rechtlich gespalten. Die im unmittelbaren Dienst- und Lohnverhältnis zu den Pfännern stehenden

(Siede-)Wirkmeister waren für den Siedebetrieb in den Koten und den Salzverkauf an die auswärtigen Salzgäste verantwortlich. Ihre gute Position wird etwa daran ersichtlich, dass sie den Pfännern Informationen gaben und ihren Lohn aushandeln konnten, bis hin zum Streik: 1474 weigerten sie sich zu sieden. Sie verlangten mehr Geld, aber nicht von den Pfännern, sondern von den Salzhändlern. Den Siedemeistern unterstellt waren die Siedeknechte. Über die Arbeitsbedingungen der Siedeknechte in den Koten berichtet eine Quelle des späten 15. Jahrhunderts. Der Humanist Paulus Niavis (Schneevogel), von 1481 bis 1486 Rektor einer hallischen Schule, verfasste als Lateinübung für seine Schüler die *Epistolae breves* (kurze Briefe). Darin gibt es einen Vater, der seinen Sohn die beste Ausbildung angedeihen lassen wollte, doch dieser zog es vor, nach Halle zu gehen, um sich unter die Hallonen (die später als Halloren bezeichneten Arbeiter im Tal) zu mischen. Als der Vater dies erfuhr, bat er den Sohn, die Lebensgewohnheiten der Hallonen zu beschreiben: Der Sohn antwortet:

Hallonum rogas conditiones. Nescio, qua forma eos depingam. Cognitionem suscipias. Sunt prope in infimo statu, nudi, subiecti, nigri, et cum eos videris, apparet quasi ethiopes vidisse. ... Ludo insudant, in cotis velut porci quiescunt.

„Du fragst nach den Bedingungen der Hallonen. Ich weiß nicht, in welcher Form ich sie beschreiben soll. Du sollst Kenntnis bekommen. Sie sind nahe am niedrigsten Stand, nackt, Untergebene, schwarz, und wenn du sie sehen würdest, erscheint es, als hättest du Äthiopier gesehen. Sie schwitzen beim Spiel; in den Koten ruhen sie sich wie Schweine aus."

Der Vater ist entsetzt, sind doch die Talarbeiter für ihn „aller Schmuck und Ehre" beraubt. Doch der Sohn beharrt auf dem Verbleib in Halle (Sommerlad, Hallonen).

Zu trennen von den Arbeitern im Kot waren diejenigen, deren Arbeit für alle Siedhütten und den Siedevorgang Voraussetzung war. Das waren zunächst die Beschäftigten an den vier Brunnen, das Hallvolk. Haspeler und Radtreter bewegten das Rad, um die Sole zu fördern. Die Störzer füllten die mit Sole versehenen Kübel in einen neben dem Born befindlichen Sammelbehälter. Die Zäpper füllten die Sole in die Solekübel, welche dann von zwei Sol- und Bornträgern an einem langen Baum zu den Koten getragen wurden. Dort wurde die Sole in anderen Behältern bis zur Versiedung zwischengelagert. Hinzu kamen Pfannenschmiede sowie all diejenigen, die für die Ordnung und Sauberkeit im Tal verantwortlich waren: Ausrufer

Kapitel II: Die Salzstadt des Spätmittelalters

Hallon(r)en bei der Salzgewinnung

und Osselnzieher (Aschenräumer). Ferner gab es Uffburer (Träger, die das Salz vom Kot an die Waage trugen) und den Uffweger (Wieger); der Läder trug das Salz in das Transportgefäß, der Stöpper zerklopfte die durch die Hitze in den Körben zusammengebackene Salzmasse und verstaute sie fest, indem er zwischen Leinwand und Ladung Stroh legte, Haselruten über die Ladung spannte und alles verzurrte.

Das Talvolk war den Weisungen des Talbeamten der Pfännerschaft unterstellt; bei Verstößen wurden sie vom Talgericht abgestraft. Die Arbeit war hart; das Schicksal der Alten war es, „abgearbeitet" (so die Formulierung 1424) zu sein. Die geregelte Versorgung war gefährdet, wenn Kaltlager gehalten wurde, wenn also wegen Überproduktion bzw. Absatzmangel keine Sole gezogen wurde oder wenn die Preise für Holz und andere Rohstoffe zu hoch waren. Als im März 1477 schon drei Wochen Kaltlager gehalten wurde, protestierte das Hallvolk auf dem Markt. Zehn oder zwölf von ihnen trugen einen Salzkorb an einer Stange und bettelten: „So gaben Ihnen die becker gemeiniglich 1 pahr semmeln oder 1 krengel in de den Korb, und gingen auch auf den Hering- und Vischmarkt, so ward Ihnen gleichwohl faste gegeben." Wohnsitze der Gesamtheit des Talvolkes waren der Trödel und Teile des Strohhofes außerhalb der Stadtmauer.

Randgruppen, Arme und Kranke

Durch die „Unehrlichkeit" ihres Berufs, durch Armut sowie durch Alter und Gebrechen fanden sich auch in Halle Menschen an der untersten Stufe der Stadtgesellschaft wieder. In der Willkür um 1420 wurde geschieden zwischen Bürgern, d. h. denjenigen, die mit Haus, Pfanne oder Handwerk in Halle angesessen waren, und „fahrenden Leuten, Spielleuten, Bartscherern, Badern und ihren Knechten". Da diese kein Bürgerrecht aufwiesen, durften sie keine Waffen, weder Messer noch Schwert, tragen. Erich Neuß führt einige Berufe an, wie sie typisch für Randgruppen in der Stadt waren: Küster, Türmer, Läuter, Totengräber, Dirnen (tätig im Tittenklapp), Spielleute (1300 Spielleutestraße). Als Wohnviertel dieser Stadtarmut stellt Neuß die Ränder der Stadtmauern, die Vorstädte am Stein- und Galgtor sowie den kleinen Petersberg fest. Gingen die Angehörigen dieser Berufe jeder auf seine Weise einem Erwerb nach, so war die Versorgung der Armen, Siechen und Kranken ein Problem, das die ganze Stadt berührte. Zwar erfahren wir wenig über diese in Not befindlichen Menschen, doch können wir aus den frommen Stiftungen umso mehr über den caritativen und sozialregulierenden Einsatz seitens der Bürgerschaft, der Pfänner und des Rats erfahren. Die Talordnung von 1424 legte die „Arme-Leute-Sole" fest. Der Erlös von wöchentlich 45 Zobern aus dem Deutschen und acht Zobern aus dem Gutjahrbrunnen sollte den Armen zugute kommen. Gewichtiger aber waren die Hospitäler, die eine polyfunktionale Einrichtung der Stadtbürgerschaft zur Bewältigung sozialer Probleme darstellten. 1220 wurde das Hospital an St. Moritz für die „armen leuthe" der Pfarrei bestimmt; das Siechenhospital St. Antonius im Norden vor den Toren der Stadt wird 1241 zum ersten Mal erwähnt. Auch das Hospital beim Ordenshaus St. Kunigunde, auf einer der Saaleinseln im Westen der Stadt gelegen, wird als Einrichtung für die Armen genannt. Als bedeutsam für die ganze Stadt erweist sich die Gründung des Hospitals St. Cyriacus 1341, dessen Gebäude sich am Klaustor befanden (heute Neue Residenz). Rat, Berg- und Talschöffen, Innungen und gemeine Bürgerschaft urkundeten bei der Gründung gemeinsam. Die nachfolgend von mir ins Hochdeutsche übertragene Stiftungsurkunde (UBH, II, 294) betont den multifunktionalen Charakter: „So haben wir gebaut ein Haus, das soll sein eine Herberge aller armen Leute, die siech und krank sind, die sich selbst nicht helfen können und auch all der armen Leute, die auf Kirchhöfen oder in den Gassen liegen. ... Dasselbe Haus soll auch sein eine Herberge aller elenden kranken Leute bei ihrer Notdurft." All diejenigen aber, die sich dem Ziel der Stadtbürger, die bettelnden Armen von den Straßen und Kirchhöfen zu entfernen, widersetzen, sollten aus der Stadt gewiesen werden. Die Verwaltung des Hospitals wie auch die seelsorgliche Betreuung der Insassen wurde städtischerseits geregelt. Der Schaffner und Dienstknechte/Dienstmägde wurden vom Rat eingestellt; das Hospital wurde vom Rat überwacht. Der Hospitalspriester war ebenfalls dem Rat unterstellt und nicht mehr der Pfarrkirche und damit dem Kloster Neuwerk. Dass dieser Impuls der städtischen Gremien auf dem Gebiet der Armen- und Krankenpflege nicht nur dem Gebot städtischer Sozialregulierung diente, sondern zugleich auch religiös motiviert war, wird aus der Bestimmung deutlich, dass mit der Stiftung des Hauses und seiner Präbenden (Versorgungsanteile) der Wunsch „zum Trost und zum Heile der Lebenden und der Toten" und zu einem „Seelgerät für die Stifter" verbunden war. Die Bewohner des Hauses hatten die Pflicht, für das Seelenheil der Stifter zu beten. Über festliches Essen und den Alltag der Hospitalinsassen erfahren wir aus der Stiftung des Hans von Waltheim von 1467: Ein Teil des Geldes sollte für die Kranken der Anstalt unbeschadet der ihnen regelmäßig zu reichenden Nahrung teils „zu sonderlichen Gerichten, als welche gebratene und gesottene Hühner, frisches Fleisch, frische (grüne) oder gesalzene Fische genannt sind, theils zu Rosinen, Feigen, Mandeln, auch Zucker und Confectiones zur Stärkung, theils zu außerordentlichen Bädern und den nachher zu reichenden Erquickungen, als Obst, Schäfchen-Kuchen und dergleichen, selbst zu Holz verbraucht werden. Was auch dann noch übrig bliebe, war zur Anschaffung von Kleidungsstücken, als Hemden, Pelzen, Nachthauben, Leinen und zur Feuerung für Erwärmung von Steinen und Kieselingen in kalten Tagen bestimmt und außerdem dem Pfarrer für vier Seelenmessen zwei, dem Küster ein neuer Groschen." (Zitiert nach der Zusammenfassung bei Eckstein, S. 16.)

Die Juden

Innerhalb der Stadtmauern, aber rechtlich, sozial und religiös von der Stadtgemeinde geschieden, lebten die Juden. Die Befunde des Friedhofs am Jägerberg deuten auf eine große Siedlung des 12./13. Jahrhunderts im Norden der ummauerten Stadt hin. Während der Salzhandel der Judenschaft durch die Konzentration auf das Tal und aufgrund der Etablierung der Pfännerschaft verloren ging, blieben andere Sparten des Handels weiterhin jüdisches Metier. Rechtlich waren sie Schutzbefohlene des Erzbischofs, der ja das königliche Judenregal im Zuge der Schenkungen des späten 10. Jahrhunderts erlangt hatte. Die Juden hatten dem Erzbischof einen Zins zu zahlen als Gegenleistung dafür, dass sie im Erzstift geduldet wurden. In Halle hatten sie deshalb 1184 als Zins für das von ihnen bewohnte Areal jährlich zwei Mark zu zahlen (UBH, I, 95). Die Juden unterstanden demzufolge der Gerichtsbarkeit der Erzbischöfe. 1312 wanderte nach einem Brand die Judenkolonie ab, das Gelände der Siedlung wurde 1314 vom Erzbischof an das Kloster Neuwerk verschenkt. In der Folgezeit gestattete er aber erneut die Ansiedlung; um 1348/50 wird es wie überall in Deutschland im Gefolge der Pest eine Vertreibung gegeben haben, denn 1351 erwarb die Stadt das Gelände des einstigen Judendorfes. Danach siedelten sich erneut Juden an.

Über die Juden als religiöse Gemeinschaft erfahren wir wenig. Um 1401 kauften „do joden" vom Kloster Neuwerk ein Grundstück für die Erweiterung ihres Friedhofes. Das Judendorf besaß eine Synagoge, die 1467 von der Stadt dem sächsischen Amtmann Nikolaus Pflugk verkauft wurde. Dass der Verkauf der Synagoge überhaupt möglich war, macht deutlich, dass vordem eine erneute Vertreibung der Juden stattgefunden hatte. Zwei solcher unrühmlicher Ereignisse sind nachzuweisen: Die erste Vertreibung erfolgte 1434 und war mit innerstädtischen Auseinandersetzungen zwischen Rat und Innungen/Gemeinheit verwoben. Juden hätten am Karfreitag des Jahres 1434 einen Toten zu ihrem Friedhof getragen, obwohl sie nach kirchlichen Vorschriften das dritte Gebot (die Ehrung des Feiertages) zu beachten hatten. Als einige Juden am nahe gelegenen Kirchhof der St.-Ulrichs-Kirche vorbeigingen, habe einer die dortige Marter Christi – ein Andachtsbild, das den gegeißelten Christus zeigt – angespuckt. Das sei gesehen und deshalb seien sie angeklagt worden. Nach Verhandlungen erfolgte die Ausweisung durch den Erzbischof, aber ohne Ausplünderung. Dieser Auszug scheint nur temporär gewesen zu sein, denn um 1450 bestand erneut eine Judensiedlung.

Das Ende der Judenschaft in Halle hatte mit innerkirchlichen Reformströmungen zu tun, die eine Vertiefung des Glaubens mit dem Aufruf zur Buße und der Abkehr vom sündigen Leben verbanden. In diesem Zusammenhang spielte die Ablehnung der jüdischen Geldgeschäfte eine große Rolle, denn die christlichen Handwerker und Händler wurden angegriffen, weil sie von den Juden Gelder und Güter annahmen, die „wucherisch" erworben worden waren. In Halle ging der Anstoß von Johannes Busch, dem gestrengen Propst des Klosters Neuwerk, der das Kloster an die Windesheimer Kongregation anschließen wollte, aus. Dieser hatte den Prediger Gerhard Dobler mit Bußpredigten beauftragt. Die ihr zugrundeliegende Argumentation verdeutlicht eine Predigt Doblers, die Johannes Busch in seinem „Liber de reformatione" in freier Form wiedergibt: „Du christlicher Schuster, Schneider, Verkäufer von Fleisch, Fisch oder irgendwelchen anderen Waren: Du siehst einen Juden auf dem Markt oder vor dem Eingang Deines Hauses stehen. Er will Deine Schuhe, Brote, Sandalen und ähnliches kaufen. Und zu ihm kommt eine Frau und sagt: ‚Guter Jude! Ihr habt mein Kleid oder meinen Mantel oder etwas ähnliches. Ich bin arm, ich kann ihn noch nicht zurücknehmen.' Und sie gibt ihm ein Pfund, während Du siehst und hörst, dass sie sagt: ‚Dies ist das Euch als Zins (Wucher) von mir versprochene Geld. Ihr sollt es nehmen, damit ich mein Kleid frei einlösen kann, wenn ich die von Euch geliehene Hauptsumme zurückgeben kann.' Dieses siehst und hörst Du als Christ. Und der Jude kauft mit jenem Geld von Dir Brote, Fleisch, Schuhe und ähnliches. Wenn Dir also der Zins (Wucher) sichtbar ist, musst Du, wenn Du erlöst werden willst, jenes Geld der Frau zurückgeben und nicht dem Juden, sonst wirst

Du mit jenem Geld in die Hölle fahren, weil es unrechtes Gut ist und das Eigentum an den Zinsen nicht auf den Wucher übergeht." Eventuellen Einwänden begegnet Gerhard Dobler mit dem Argument: „Ihr könntet sagen, wovon sollen die Juden leben, wenn sie nicht vom Wucher leben. Ihr müsst diese zu landwirtschaftlichen oder handwerklichen Arbeiten bringen, so dass sie im Garten graben, die Straßen reinigen, und zu ähnlicher Arbeit. Und für jenes Geld könnt ihr ihnen die notwendigen Dinge für ihr Leben und ihre Ernährung verkaufen." (Zit. Backhaus.)

Auch die franziskanische Reform der strikten Observanz zeitigte für die Juden katastrophale Folgen. In Halle forderte der berühmte italienische Bußprediger Capistrano im Oktober 1452 auf dem Marktplatz die massenhaft anwesenden Hallenser zu Umkehr und Buße auf. In diesem Zusammenhang hieß es bei Capistrano, dass die *cupiditas* (Habgier), eine der sieben Todsünden, sich vornehmlich in Geldgeschäften zeige. Folge war, dass der Rat der Stadt die Juden auswies. Dies bezeugte im Nachhinein der Rat im Rahmen des Heiligsprechungsprozesses für Capistrano, als er betonte, dass „das perfide Volk der Juden von Grund auf und vollständig von uns vertrieben" worden sei (*perfida hac Judaeorum gente ... penitus radicitusque a nobis avulsa*). Dies muss vor 1454 geschehen sein, wobei neben diesen Predigten sicherlich auch die allgemeine Unsicherheit der Zeit wegen der Hussitenkriege im Sächsischen und der Türkengefahr eine Rolle gespielt hat. Erst zu Beginn des 18. Jahrhunderts sollte es wieder eine jüdische Gemeinschaft in Halle geben.

6. Die Stadt Gottes: Kirche und Frömmigkeit

Die Darstellung zu den Juden in Halle hat schon eine, wenn auch dunkle Seite des Themas „Kirche und Frömmigkeit" anklingen lassen. Im Folgenden aber geht es um einige „helle" Aspekte des Zusammenhangs von christlichen Gemeinden und Stadt. Zunächst: Ohne das Christentum hätte es die Stadt des Mittelalters nicht gegeben, denn eine rechtlich egalitäre Stadtbürgergesellschaft benötigte als Voraussetzung die kultisch-religiöse Gleichheit (der Seelen) vor Gott. Das Verhältnis von kommunalen Einrichtungen und Kirche sagt viel über städtisches Leben aus, denn beide waren im Lebensraum Stadt nicht nur getrennte und damit konfliktträchtige Bereiche, sondern sie waren vielfach verflochten. Stadt und Kirche waren eine Einheit, denn die Stadt verstand sich immer als

Stadt Gottes, die den Auftrag hatte, gottgefällig zu sein und auf das Jenseits vorzubereiten – das edelstein- und mauerbewehrte himmlische Jerusalem der Offenbarung des Johannes spiegelte sich bei aller Unvollkommenheit in der „Sakralgemeinschaft" Stadt.

Die Stellung von Kloster Neuwerk und die Kommunalisierung kirchlicher Einrichtungen

Zunächst aber zu den potenziell konfliktträchtigen Bereichen. Das kirchliche *privilegium immunitatis* bedeutete, dass kirchlicher Besitz und die Kleriker von den städtischen Abgaben befreit waren. Durch Stiftungen wuchs der Besitz der „Toten Hand", so dass Vermögen und Steuern der Stadt entzogen wurden. Johannes von Nordhausen stiftete 1305 für die Dominikaner und Franziskaner eine Pfanne Deutsch, die *ab omni exactione et mala impugnatione est et erit perpetue libera et exempta* (von aller Besteuerung und schlechter Belastung vollständig frei und exemt ist und auch zukünftig sein wird). Dem städtischen Zugriff entzogen waren auch die Pfarrrechte, da von 1121 bis 1529 sämtliche Pfarrkirchen – mit Ausnahme der Moritzkirche – dem Kloster Neuwerk inkorporiert waren. Das bedeutete etwa, dass die Pfarrer an den Pfarrkirchen von Neuwerk und nicht vom Rat benannt wurden und z. T., wie bei Gertrauden belegt, Stiftsherren waren. Bei allen kirchlichen Aktivitäten seitens der Stadt musste der Konsens von Neuwerk eingeholt werden. So gab bei der Gründung des Cyriakus-Hospitals 1343 der Propst von Neuwerk seine Einwilligung, Kapelle und Kirchhof zu bauen. Er verzichtete auf die Inkorporation und überließ der Stadt das Präsentationsrecht für den Hospitalkleriker, behielt sich aber die Einführung in das Amt (die Investitur) vor. Den Priester für die Hospitalkapelle durften „burger" auswählen (wer ihnen „allerbehegligst ist"), damit er dort die „sieken bewahre mit den hilgen sacramenten".

Demgegenüber ist die Heilig-Kreuz-Kapelle, Teil des nach 1320 neu erbauten Rathauses, ein Beispiel für die Konflikte, die aus der überragenden Stellung Neuwerks resultierten. Die Stadt unterstellte die für den Gottesdienst der Ratsherren bestimmte Kapelle nicht dem Kloster Neuwerk, sondern bemühte sich um eigene Ausstattung und einen eigenen Kleriker. 1327 erreichte sie, dass zehn Bischöfe einen Ablass denjenigen verhießen, die in der Kapelle *in domo Hallensi* an Gottesdiensten teilnehmen, dort Gaben und Geschenke darbringen oder die Kapelle im Testament bedenken würden. Aus der päpstlichen Weisung des Jahres 1391 geht hervor, dass ein Propst von Neuwerk sich *absque rationalibi causa* (ohne vernünftigen Grund) geweigert habe, in der Kapelle Geistliche zur Verfügung zu stellen und Gottesdienste feiern zu lassen – und dies trotz der Stiftungen aus der Stadt. So wurde aufgrund der Intervention der hallischen Ratsherren der Propst von St. Moritz angewiesen, den Gottesdienst in der Kapelle auch gegen Neuwerk durchzusetzen.

Doch das Kirchenregiment von Kloster Neuwerk wurde gemindert durch die bürgerschaftliche Verwaltung der vielen Stiftungen und die Pflichtabgaben an die Pfarrkirche zum Unterhalt (Kirchenverwaltung = *fabrica*). Dafür bildete sich das Institut der Kirchenpfleger, der Rectores/Provisoren/Alterleute. Diese Bürger kontrollierten und beaufsichtigen all die Abgaben, zu denen die Gemeinde zum Unterhalt und zur Ausstattung des Gottesdienstes verpflichtet war; so bestimmten die Kirchenpfleger in den Parochien die materiellen Dinge mit. Für St. Marien und Gertrauden sind wahrscheinlich seit dem ersten Viertel des 13. Jahrhunderts Pfleger vorhanden. 1377 wird die Kirchenpflegschaft des Provisors Johannes als *administrationem ... bonorum eiusdem fabrice* (der Güter derselben Fabrik) bezeichnet (UBH, III/1, 1088). Besonders wichtig wird die Rolle der Pfleger in Bezug auf den Neubau der Kirchen gewesen sein. 1391 wurde im Zuge der Wiederweihe der Marienkirche ein 40-tägiger Ablass gewährt, den Pfarrer und Provisoren beim Erzbischof erbeten hatten (UBH, III/2, 1323); acht Jahre später waren es die Pfleger der Gertraudenkirche, die vom Erzbischof die Weihe der Kirche erbaten. Die bedeutende Rolle der Kirchenpfleger wird an einer für Halle ganz wichtigen Bürgerstiftung deutlich: dem Neubau der St.-Moritz-Kirche. Ilas Bartusch kann anhand der Inschrift am Strebepfeiler des Hauptchores und anhand schriftlicher Quellen belegen, dass einer der Stifter für den Bau des Chores der Pfänner Hamer Frunt war. Zusätzlich gaben ca. 15 weitere Stifter für die Erweiterung Kapitalien. Eine Inschrift betont neben dem Baubeginn 1388, dass als *rectores* Conrad von Einbeck und Peter von Morl eingesetzt worden seien – diese beiden waren also für die Baumaßnahmen verantwortlich. Von Einbeck fertigte bei dieser Gelegenheit die bekannten Skulpturen mit den Porträts der Stifter, die auf Konsolen im Chorbereich angebracht wurden, darunter eine neben dem Tabernakel, die Hamer (und nicht Conrad!) zeigt.

Darüber hinaus wurden Kirchenpfleger von den Stiftern der Altarstiftungen zur Beaufsichtigung und Verwaltung (Treuhandschaft) der eingesetzten Kapitalien eingesetzt, was natürlich dazu führte, dass die

Kapitel II: Die Salzstadt des Spätmittelalters

Innenansicht der Moritzkirche, Blick zur Kanzel und zum Hochaltar

Kirchenpfleger die nach ihrer Ansicht geeigneten Kleriker – und das waren Söhne der Stadt – für die Messstiftungen und Vikarien auswählten. Eine der zentralen Pfründen mit Zugriff der Stadt war die Predigerstelle an der Marienkirche, die Nikolaus Schildberg 1504 gestiftet hatte und für deren Verwaltung Rat, Testamentsrektor und Kirchväter zuständig waren.

So wurden die Rechte Neuwerks formal nicht geschmälert, aber bezüglich der Stellenbesetzung für die alltägliche Seelsorge gab es erhebliche Möglichkeiten der Mitgestaltung. Zwei Beispiele: 1384 präsentierte die Witwe des Peter Balduin, Richardis, dem Propst Bernhard von Kloster Neuwerk, *archidiacono banni Hallensis*, den *dominum Altbertum der Borch (als) presbyterum* für den von ihrem Mann gestifteten Altar der Heiligen Fabian und Sebastian in der Gertraudenkirche. Richardis konnte also den verbindlichen Vorschlag machen, dem Archidiakon blieb nur übrig, den hallischen Bürgersohn Albert zu bestätigen und in das geistliche Amt einzuführen (UBH, III/2, 1229). Der Ratsmeister Spittendorff berichtet anschaulich über die Tätigkeit der Alterleute, die Stellen an Kleriker vergaben, die aus Halle stammten: „Wisse, es beschah nach ostern im 76. jhare, das ein priester starb, genant her Nickell Quentyn, der was ein altariste zu S. Ulrich, er hatte auch ein hauss uff der barfusser kirchoffe; das lehn (= die Stelle, W. F.) hatten die alterleute zu S. Ulrich zu vorleyhen" (S. 207).

Die erwähnten Stiftungen, die Kirchenpflegschaft und die Gründung des Hospitals haben deutlich gemacht, dass es Rat und Bürgern gelang, viele Bereiche des kirchlichen Lebens städtisch zu überformen. Auch bei den Schulen setzte sich die Stadt gegen Neuwerk durch. Gab es zunächst Stiftschulen innerhalb der beiden großen Klöster, so ging im Jahre 1414 die Schulausbildung faktisch in die Hände der Bürgerschaft über. In diesem Jahr schlossen die vier Kirchenvorsteher von St. Marien und St. Gertrud mit dem Propst Benthin von Neuwerk eine Übereinkunft, nach der eine Pfarrschule gegründet werden durfte. Das Kloster verzichtete auf das Präsentationsrecht für den *Ludimagister*; dieser konnte seine sechs „Gesellen" frei wählen. Ferner verzichtete Neuwerk auf den Schulzins. Dafür war die Schule verpflichtet, mit je drei Lehrern und deren Schülern die Messen in St. Marien und St. Gertrauden durch Gesang zu bereichern. Ferner hatten diese an Prozessionen und Begräbnissen teilzunehmen. 1437 erfolgte eine analoge Regelung für die Ulrichsparochie. Der Kirchenvorsteher Sander Joch erreichte mit dem frommen Stifter für die Schule, Peter Subach, Meister der Kramer-Innung und zweiter Ratsmeister, vom Propst Nikolaus Spier von Neuwerk die Erlaubnis zur Gründung einer Schule unter den gleichen Bedingungen wie die von St. Marien und Gertrauden. Die Pfarrschulen standen hinfort unter Aufsicht der Kirchenvorsteher, doch auch der Rat besaß Rechte. 1479 etwa wies der Rat auswärtige Schüler aus; 1555 zog die Kämmerei das Schulgeld ein und sorgte für das Gehalt der Lehrer.

Sakralgemeinschaft Stadt

Kirchlichkeit ging aber nicht nur mit institutionellen Strukturen einher, sondern beruhte zuvörderst auf dem Streben nach der Hilfe Gottes und seiner Heiligen im Diesseits und für das Jenseits. Bürger und Einwohner sorgten sich um ihr Seelenheil und das ihrer Vorfahren, verlangten nach Sakramenten, wollten der Messe beiwohnen und das Wort Gottes hören. Deshalb durchzieht die hallische Stadtgeschichte die Stiftung von Altären und Kapellen. Bereits die Stadtadligen können als Stifter der Kapellen angeführt werden – auf Wiprecht von Groitzschs Stiftung der Jakobskapelle ist schon hingewiesen worden. Plastisch kann eine solche Stiftung an Busso vom Grashofe verdeutlicht werden, der 1310 die dem hl. Matthias und den 11.000 Rittern geweihte Kapelle am Graseweg errichten ließ. Dort konnten die Gläubigen 40 Tage Ablass erlangen. Die Dreikönigskapelle wurde 1360 auf dem Hof von Heiso Baldwin nahe am Markt errichtet. Es folgten Kapellenstiftungen reicher Bürger. 1476 wurde mit dem Bau der Maria-Magdalenen-Kapelle vor dem Klaustor begonnen, für die der Bürger Nikolaus Schildberg die Verantwortung trug. Aber auch Gemeinschaften errichteten Kapellen. Hier ist auf Pfännerschaft und Talvolk zu verweisen, denn um 1300 errichteten „die von der Halle" eine Heilig-Grab-Kapelle, die dem Moritzstift inkorporiert war (UBH, II, 613). Der Vikar des Erzbischofs von Magdeburg gestattete, dass in der Kapelle wie in anderen Kirchen der Stadt Messen gelesen werden durften. Ferner fungierte die Kapelle als Station bei der Fronleichnamsprozession (s. u.). Zunftaltäre sind für die Ulrichskirche und für die Kirche der Franziskaner (s. u.) nachzuweisen; möglicherweise besaßen die Pfänner in der Gertraudenkirche einen eigenen Altar. Bei den Bruderschaften ist zunächst auf die Kalandsbruderschaft – eine Vereinigung von Klerikern und Laien – an der Marienkirche, sodann an die Fronleichnamsbruderschaft zu erinnern. Noch kurz vor der Reformation wurden an der Ulrichskirche eine Annenbruderschaft und als Gesellenvereinigung die Marienbruderschaft der Salzwirker gegründet. 1514 folgte eine Bruderschaft der Bäcker im Kloster der Serviten, 1509 die Brüderschaft im Tal der Bornknechte über dem Gutjahrbrunnen.

Für die Seelsorge von ganz zentraler Bedeutung waren die Bettelorden. In Halle verstanden sich die Mönche der Dominikaner (vor 1271), der Franziskaner (seit ca. 1240, freundlicher Hinweis von Dr. Petra Weigel, Jena) und der Marienknechte/Serviten (in der Innenstadt seit 1343) als diejenigen, die durch Predigt, Beichte und Eucharistiespendung besonders intensiv Seelsorge betrieben. Die Unterstützung für die Ordensgründungen erfolgte aus der Stadt. Das Franziskanerkloster befand sich im Nordosten der Stadt (heute Löwengebäude/ Universitätsgelände). Dessen Kirche versinnbildlichte das Programm der Bettelorden: schmucklos, ein platter Chorabschluss, kein Gewölbe und nur ein Dachreiter statt eines Turmes. Daran schlossen sich der Kreuzgang und die übrigen Klostergebäude so an, dass ein Viereck gebildet wurde. An der Seite des Kreuzganges befand sich die Kanzel. Dem Kloster war noch eine Niederlassung von Schwestern der dritten Regel des Heiligen Franziskus angegliedert. Diese Semireligiosen lebten weder in Klausur noch bezogen sie aus frommen Stiftungen ihren Unterhalt, sondern, so die Visitation von 1561, „ernehren sich ihrer hende arbeit". Der Predigerorden der Dominikaner siedelte sich im westlichen Teil der Stadt an, am Domhügel, auf einer Anhöhe über der Saale an. Das 1283 erstmals genannte Klostergebäude erstreckte sich nördlich der Kirche. Noch heute ist ein Rest der Kreuzgangsmauer zu erkennen. Über die Klosterkirche, die dem Apostel Paulus geweiht war, wissen wir seit 1332. Wie andere Kirchen des Predigerordens zeichnet sich die Kirche durch ein gestrecktes, turmloses Langhaus aus, das im Falle Halles aus drei Schiffen bestand. Diese großzügige Hallenkirche könnte die Stadtpfarreien veranlasst haben, ihre Kirchen ebenfalls zu gotischen Hallen umzugestalten (freundlicher Hin-

Das Franziskanerkloster auf einer Gedenkmünze des Jahres 1765

weis von Achim Todenhöfer). Der dritte Bettelorden, die Marienknechte, kam erst über Umwege in die Stadt. Eine 1216 belegte Emeritenklause bei Giebichenstein wurde nach 1233 (Gründung des Bettelordens) von den Marienknechten übernommen. 1300 verlegten die Serviten die Klause, die inzwischen mit einer weiteren Klause aus Ammendorf vereint war, vor das Galgtor. 1339 zogen sie dann in die Stadt, wo an der Hagedornswarte ein freies Gelände vorhanden war. Dieser Umzug war mit umfangreichen Verhandlungen mit dem Rat verbunden. Ziel der Ratsherren war es, die Akkumulation von Stiftungsgütern zu verhindern – nicht alles sollte in die „Tote Hand" der Serviten fallen. So mussten sie im Gegenzug für die Erlaubnis, in die Stadt zu ziehen, versprechen, Obergrenzen beim Erwerb von Solgut einzuhalten und den Schoss (die Steuer) von einer Mark, der bisher auf dem Grundstück Hagedorns lag, weiter zu entrichten („so scollen wie allejar der stat eine marc tu schote gheven").

Allen drei Orden ist gemein, dass sie offen für alle sozialen Gruppen waren und den sozialen und politischen Ausgleich in der Stadt in den Predigten thematisierten. Die Hinwendung zu den weniger Begüterten zeigte sich bei Franziskanern und Dominikanern in der Wahl des Ortes. Beide Orden hatten ihre Klöster am Rande der Stadtmauer, wo ansonsten die Ärmeren lebten, gelegt. Die Klosterkirchen waren Orte auch der einfacheren Leute und der Zünfte, etwa im Stadtkonflikt 1478, als das Franziskanerkloster Zufluchtsort der gegen die Pfänner revoltierenden Innungen und Gemeinheiten wurde. In den gleichen kritischen Jahren war es der „doctor zu den neuen brüdern (Serviten, W. F.)", der „geprediget und auch faste gerurt die gebrechen in der stadt und auch etzlicher masse scharf" (Spittendorff, S. 170). Alle drei Orden setzten sich auf der anderen Seite nach der Niederlage der Pfänner 1478 beim Erzbischof Ernst für eine milde Strafe der vermeintlichen Aufrührer ein. Zur Anerkennung trug bei, dass viele der Mönche Söhne von Stadtbürgern waren. So finden sich in den Schöffenbüchern der Stadt Halle Erbschaftsregelungen für die Söhne: Im Herbst 1383 vermachte Volrad Kohl seiner „eheliken husvrowen katharinen und hern Hermanne, syme sone, die begheven is tu den Nigen bruderen (Serviten), alle syne varenden have" (UBH, III/1, 1222).

Der Wunsch nach kirchlicher Begleitung im Wochen- und Jahreslauf und bei den Lebenspassagen sowie nach dem Empfang der Sakramente einte die Stadtbevölkerung. Dafür waren Pfarrklerus und Mönche zuständig. Eine 1343 in mittelniederdeutscher Sprache verfasste Regelung macht diese Aufgaben in Bezug auf den Hospitalpriester deutlich. Dieser sollte „diese vorgnanten sieken mit den hilgen sacramenten, goddes lickname und mit der olunghe bewahre und on bicht hore und sie begrave." Bis zur Reformation stellte sich die Stadt als religiöse Einheit dar – die Suprematie des Klosters Neuwerk und die Auseinandersetzungen um die „Tote Hand" änderten nichts daran, dass sich Halle als Stadt sah, deren Wohlergehen von Gott und seinen Heiligen immer wieder erfleht werden musste, denn, so formuliert es die Talordnung von ca. 1315, „Gott ist ein Geber alles Guten". Zunächst war ein Antrieb die Sorge um das individuelle Seelenheil. Stiftungen sorgten dafür, dass nach dem Ableben des Stifters Altarpriester das Messopfer vollzogen, um von Christus, auch durch Fürbitte des Patrons, die Verringerung der Sündenschuld von Gott zu erbitten.

Eine Aufstellung der Stiftungen des oben schon als Wohltäter der Ulrichsschule genannten Peter Subach soll dies verdeutlichen. Der Kaufmann, Mitglied der Kramer-Innung, starb 1440, was seine Frau dazu veranlasste, folgende Stiftungen zu errichten: 50 Mark Silber, mit deren Zinsen an St. Ulrich alle Quatembertage (katholische Fastentage) Vigilien (Abendandachten) und Seelenmessen für ihre und ihres Gatten Familie verrichtet werden sollten, hundert Kreuzgroschen an das Kloster Neuwerk für Seelenmessen dreimal wöchentlich und vierteljährlich ein feierliches Leichenbegängnis, 60 alte Schock Groschen für St. Moritz für vierteljährliche Seelenmessen und Vigilien, hundert Schock alte Groschen den Dominikanern, 150 Schock alte Groschen für die Franziskaner und 10 Taler für die Zisterzienserinnen von Marienkammer in Glaucha für vier jährliche Messfeiern und Vigilien mit Glockenläuten (Hertzberg, I, 386 f.).

Zu den Stiftungen für das Seelenheil, für die das hallische Urkundenbuch bis 1403 viele Beispiele bietet, traten die Ablässe. Mit diesem Instrument vermochten es die Gläubigen, bei Vorhandensein von Reue und Empfang des Bußsakramentes, sich die Hoffnung auf einen zeitlichen Nachlass der Sündenstrafen und damit eine Verkürzung der Zeit im Fegefeuer zu verschaffen, wenn sie etwa die Kirchen und Kapellen an bestimmten Tagen zu Gottesdienst und Andacht besuchten und/oder Stiftungen für die Ausstattung gaben (Bauablass). So verhieß ein Ablass für die Hospitalkapelle 1381 einen Ablass von 40 Tagen und 1415 einen Ablass für all diejenigen, die zum Altarschmuck beitrugen. Bei der Ablassgewährung für die Gertraudenkirche 1314 wird die Verschränkung von Ablassverheißung und christlicher Sterbebegleitung deutlich: Diejenigen, die den Priester beim Gang mit dem Leib Christi zu den Kranken andächtig begleiteten (*quique presbytero deferenti corpus Christi ad infirmos devotam comitavam prestiterint*), konnten auf 40 Tage Nachlass ihrer zeitlichen Sündenstrafen hoffen (UBH, II, 538).

Dass Christus, der gekreuzigte und auferstandene Gottessohn, nicht nur während des Messopfers im Zentrum des Gebetes stand, wird an der Passionsfrömmigkeit deutlich: Dem von Pilatus' Schergen gegeißelten Christus galten Andacht und Gebet. Deutlich wird dies in den Plastiken Conrads von Einbeck, die ja, wie oben beschrieben, durch Spenden der Gläubigen der Moritzkirche finanziert wurden. Auch die Pietà – die trauernde Maria, mit ihrem gestorbenen Sohn im Arm – gehört in diesem Zusammenhang. Ich verweise auf das Vesperbild in der Moritzkirche. Zur Passionsfrömmigkeit trat die eucharistische Frömmigkeit, also die Gewissheit, dass man sich durch das Anschauen (Augenkommunion) der konsekrierten Hostie und durch die Kommunion Christi Gegenwart und Hilfe sichern konnte. Deshalb erschien die Ausstattung der Kirche mit Monstranz und Sakramentsnische ebenso wichtig wie der insbesondere nach 1450 einsetzende Kult am Fest Fronleichnam. Für Ersteres lässt sich die Ausstattung der Kirchen aufzeigen. Ein illustratives Beispiel ist eine Ablassverheißung für die Gertraudenkirche, deren Anlass die Errichtung eines gläsernen, dezent geschmückten Sakramentshauses nahe beim Hochaltar war, das der Aufbewahrung einer goldenen oder vergoldeten Monstranz diente, in welcher sich der „Leib des Herrn" befand. Wer diesen Ort mit Andacht aufsuchte, dem versprach man 40 Tage Ablass.

Auch verließen sich die Hallenser bei der Heilssuche auf die Schar der Heiligen, doch gab es für die Stadt keinen eigentlichen Stadtpatron, wie etwa Auctor für Braunschweig oder Reinoldus für Dortmund. Eigentlich hätte Alexander einen guten Stadtpatron abgeben können, waren seine Gebeine doch nach Neuwerk überführt worden und gaben so die Grundlage für einen Reliquienkult ab – doch sein Körper ruhte außerhalb der Stadt! (Erst im Gefolge der Reformen Kardinal Albrechts wurden seine Reliquien in das Neue Stift überführt, verloren sich aber in der Masse der Reliquienschätze.) Schon aus diesem Grunde geriet die Prozession am Festtag des Heiligen (10. Juli) nicht zu einem großen innerstädtischen Ereignis. Doch bei den anderen Prozessionen zeigte sich die ganze Stadt Halle als Sakralgemeinschaft: Zunächst ist die Stadtprozession am Markustag (25. April) zu erwähnen. Bei ihr wurden alle vier Pfarreien der Stadt durchzogen. Die Prozession begann in der Moritzpfarre. Klerus und Gemeinde zogen in einer theophorischen Prozession (d. h. unter Mitnahme des Allerheiligsten) zum Markt, wo sich die Gertrauden- und die Marienpfarre anschlossen. Dann ging man gemeinsam zur Ulrichspfarre, holte vor dem Ulrichstor die Laurentiuspfarre ab und nach einer Station am Kloster Neuwerk „zog man rings um die Stadt". An den vier „Ecken", d. h. an den Stadttoren, genauer an steinernen Betsäulen – eine befindet sich heute am Universitätsring –, wurde jeweils Station mit Lesung der Anfangspassage eines Evangeliums gehalten. Dann ging es wieder in die Stadt hinein, wo die Feier in der jeweiligen Pfarrkirche endete. Der Zweck der Bittprozession ist offensichtlich. Sie diente dazu, für die ganze Stadt den Schutz Gottes herabzuflehen. Dass die Prozession tatsächlich eine Angelegenheit der gesamten Stadt war, sieht man auch daran, dass der Rat den vier Pfarrern für das fromme Tun Anerkennung und Ehre erwies: jedem ein „Stubgen des besten Weins, den man Processßion-Wein zur Verehrung schickte". Die zweite große Stadtprozession war mit dem Salz verbunden. Am Fronleichnamstag, belegt seit den 1450er Jahren, wurde mit der Eucharistie die ganze Stadt durchzogen; alle Straßen waren mit Grün geschmückt. Offensichtlich gab es eine ausgefeilte Prozessionsordnung, denn alle Geistlichen der Stadt, der Rat und die Schöffen der beiden Gerichte hatten ebenso teilzunehmen wie die Zünfte und Handwerker. Um Christus zu ehren und ihn und seinen Vater anzubeten, befanden sich „auf gewissen Plätzen" Altäre, um die Messe zu lesen. Von der Bitte an Christus, der Stadt sein Heil zu schenken, schloss sich auch der Salzbezirk, das Tal, nicht aus: Aus einer Chronik wird deutlich, dass sich Talvolk und Pfänner darum bemühten, das enge und schmutzige Tal zu schmücken. Dass am Ende der Prozession der Rat dem Klerus wieder „Prozessionswein" verehrte, soll hier nur der Vollständigkeit halber erwähnt werden.

Beschreibung der Fronleichnamsprozession (nach Cresse, Annalen, Bd. I, S. 124 ff., zit. nach Opel, Spittendorff)

Uf den heiligen wahrleichnamstagk bestellen die vorsteher (des thals) umb die wege und brücken zu machen, do man pfleget mit gottes leichnam im thale zu gehen, und umb grass, das die unterbornmeister mit ihren knechten, auch mit den ambtknechten mit willen des raths pflegen zu hauen uf der wiesen und in der flosse an die Saalpforte zu bringen. Und uf den morgen, wen man umb den bornen gewest ist, so gehen die vorsteher mit den bornmeistern in der herren keller und morgenbroten darinne, das

87

dann die vorsteher durch ir einen bestellen, was sie von hunern, braten oder fleisch haben wollen. Und wan sie gegessen haben, so senden sie processionswein bei den amtknechten zum ersten unserm gnedigen herrn von Magdeburg, wan er mit procession helt, zwey stubichen welschen wein; ist er nicht zu der procession, so sendet man ihm nichts; dem probst zum Neuenwercke ein stobichen, dem propst zu St. Moriz zwei stobigen, dem pfarhern zu U. L. Frauen mit dem altaristen anderthalb stobichen, dem pfarner zu St. Gerdruden mit den altaristen anderthalb stobichen, dem pfarner zu St. Ulrich anderthalb stobichen, dem pfarner zu St. Moriz ein stobichen, zu den paulern ein stobichen, zu den barfussen vier stobichen, zu den brudern ein stobichen, dem pfarner zum Grasshofe ein halb stobichen, den spitalern zu St. Moriz ein stobichen, der sammenung zu St. Moriz ein stobichen, dem kuster und ist einer von den hern ein halb stobichen, dem schulmeister bey Virginis ein halb stobichen, dem schulmeister Mauritii ein halb stobichen, dem bornschreiber ein halb stubichen, den amtsknechten ein halb stubichen. Dieser aller sol welschwein sein: ist aber nicht, so sendet man franckenwein oder elsasser, je zwey stobichen vor eins oder ein stubichen vor ein halb stubichen. Darnach uf den freitag bezahlen die vorsteher dem unterbornmeister das kraut, blumen und meyen, das sie uber den born gehabt haben.

Feste und Feiern

Die Beschreibungen der Prozessionen lassen erkennen, dass Sakrales und Profanes sich nicht trennen lassen. Die kirchlichen Umgänge gehörten zu den Feiern und Festen, die Wochen- und Jahreslauf gliederten, aber auch das Leben der Stadt und des Einzelnen strukturierten: Am Sonntag war Arbeitsruhe im Tal, was sich an den Talordnungen nachweisen lässt; zahlreiche Heiligenfeiertage wurden in der Stadtgesellschaft besonders gefeiert, was sich an den Ablassurkunden zeigt. Diese Festtage der Heiligen führten nicht nur zum Besuch des Messopfers in der Kirche. Man ging auch nach Magdeburg, um sich des Ablasses am Festtag des hl. Mauritius zu versichern. Heiligentage gliederten die Zeit – die Chronik von Markus Spittendorff zeigt, dass der Ratsmeister sein Bild von Jahr und Woche nach diesen Heiligentagen ordnete. Am Kirchenjahr orientierten sich auch andere Feste. Die alljährliche Bewirtung der Pfänner für den Salzgrafen, die verbunden war mit einem großen Festgelage im Tal, fand am Festtag Christi Himmelfahrt, der große städtische Jahrmarkt in der Woche um den Festtag Mariä Geburt (8. September) statt. Dieser Jahrmarkt war eigentlich ein Kirchweihmarkt, denn er bezog sich auf die Marienkirche.

Taufen, Beerdigungen und Hochzeiten waren nicht nur individuelle Ereignisse; in ihrer Gestaltung gingen sie die ganze Stadt an. Der Rat als Obrigkeit normierte dabei zunehmend den Aufwand und das sittliche Verhalten. Während die Feiernden durch die Zahl der Einzuladenden, die Opulenz der Bewirtung und die Schar der Musikanten Rang und Ansehen zeigen wollten, sah der Rat darin Verschwendung, was keine Privatsache war, sondern den Wohlstand aller verringerte. Deshalb schränkte man in der Willkür um 1420 den Aufwand ein. Im 16. Jahrhundert waren es dann Mandate, mittels deren der Rat die Fest- und Trinkstubenkultur zu regulieren suchte:

Hochczeyt

Welch man in unser Stat hochczeit haben wil, der mag bitten und czu tische setzen und speysen, obend und morgen, Sechczehen manne und sechczehen frauwen und acht Jungfrauwen und nicht mehr, und darczu drey dyner, die der braut dynen, und sechs dyner, die czu tische dynen, ausgeslossen koche und kelner. Were ouch, das eyme seyner frunde drey addir viere ungebeten, dar er nicht von wuste, uff die czeit in seyn haufs qwemen, die solden om nicht czu far stehen. Were ouch, das eynes mannes addir frauwen gefinden addir kinder dahin qwemen, das solde on ouch czu farn steen. Was er abir mehr leute dorobir speysete, dar solde er vor itczlichen eine marg gebin. Ouch solde er dem koche noch dem kelner', noch nymande andirs brot, noch byer, noch keynerleye speyse von der hochczeit czu haus tragen lassin bei einer marg.

Vortancz.

Ouch sollen alle vortencze abe feyn bey funff marken, Welde abir die braut achte Jungfrauwen bei sich habin eynen tag vor dem hochczeit tage, das mochte sie thun.

Spelleute

Ouch sol nymant meh'r Spelleute habin czu der hochczeit, wenne czwe par, czwene pfyffere und eynen Basuner (Posaunisten) vor eyn par czu rechen, und drey fzeyten speler, was er der meh'r darobir hette, addir speyssete, der solde er vor eynen iczlichen eyne marg gebin.

(Willkür 1420, Förstemann, S. 85)

Auch im Tal gab es Festlichkeiten: Neben dem erwähnten Termin des Dienstes gegenüber dem Salzgrafen war die Rechnungslegung für die Steuern aus dem Tal wichtiger Anlass für die Pfänner, sich selbst und die Talbediensten zu bewirten. Hans Waltheim, ein führender Pfänner, berichtet darüber im November 1475: „Wann die bornmeister uber dem geschossze pflegen zu sitczen, szo liesszen sie bisweilen usz dem Dutzschen Bornnen 5 zuber sole und bornen geschege. Das gelt, das davon gefile, stegkten die bornmeyster in die buttele und liesszen davon wein und byer holen. Die bornmeyster musten ye auch ober deme geschossze tringken. ... Szo qweme es beweilen, das prelaten, probste und andere in tal qwemen und das salzwerg besehen, den pflege man auch zu schegken" (Spittendorff, S. 128).

7. Die 1430er und die 1470er Jahre: Stadtkonflikte und erstarkender Fürstenstaat

Die Begriffe Bürgergemeinschaft und Sakralgemeinschaft suggerieren städtische Eintracht. Tatsächlich war die Stadtgesellschaft sozial fragmentiert. Gemeinsame Werte und Normen, aber auch der disziplinarische Druck von oben erwiesen sich dann nicht mehr als einheitsstiftend, wenn die politische Herrschaft einer Gruppe von den anderen Stadtbürgern nicht mehr anerkannt und/oder wenn vermeintliche oder tatsächliche soziale Ungerechtigkeiten als zu drückend empfunden wurden. In Halle waren die Stadtkonflikte des 15. Jahrhunderts zuvörderst eine Auseinandersetzung um die Teilhabe an der Herrschaft. Ergebnisse des Konfliktes waren die (zeitweise) Verdrängung der Pfänner aus dem Stadtregiment und die Einnahme der Stadt durch Erzbischof Ernst 1478: Aus der freien Territorialstadt wurde die Residenzstadt als Teil des erstarkenden Territorialstaates.

Kardinal Albrecht und Erzbischof Ernst von Wettin als Stifter der Maria-Magdalenen-Kapelle der Moritzburg

Zwei historische Prozesse führten zu diesem Wendepunkt der hallischen Stadtgeschichte: Da waren auf der Seite der Erzbischöfe der Ausbau ihrer Landesherrschaft und ein neues Herrschaftsbewusstsein, das auf die Zurückdrängung städtischer Autonomie und auf fürstliche Gesetzgebungskompetenz abzielte. Im Erzstift Magdeburg verkörperten die Erzbischöfe Johannes von Pfalz-Bayern (1466–1475) und vor allem Ernst von Wettin (1476–1513), Sohn des sächsischen Kurfürsten Ernst von Sachsen das neue Herrschaftsverständnis. Zum anderen gab es in der Stadt eine Fortsetzung bzw. ein Wiederaufleben des Stadtkonflikts der 1420er und

1430er Jahre. Schon damals konnte die alte Formel, wie wir sie in der Talordnung von ca. 1315 und in der Willkür von um 1312 finden – die Regelungen dienten „to eime gemeinen vromen, beide, arm und rike" –, nicht mehr Konsens stiften.

Die sieben Innungen und die Gemeinheit (bestehend aus Meistern/ Bürgern aus den Stadtvierteln ohne Innungszugehörigkeit) hatten bereits 1427/28 einen Anteil an der politischen Macht errungen. Der vordem fast ausschließlich von Pfännern gestellte Rat wurde nun mit vier Pfännern und acht Vertretern der Innungen und Gemeinheit besetzt, hinzu trat der weitere Rat mit fünfzehn Vertretern aus Innungen und Gemeinheit sowie mit drei von den Pfännern gestellten Bornmeistern. Scheint es sich hier um einen friedlich erzielten Kompromiss um die Teilhabe an der Macht gehandelt zu haben, so eskalierte die Situation 1434 an einer der Sollbruchstellen zwischen Rat und Bürgerschaft, an der Vertretungsmacht, der Repräsentation. Denn statt die Stadt Magdeburg in ihrem Kampf gegen den ungeliebten Erzbischof Günther von Schwarzburg weiter zu unterstützen, ließ der Rat, wohl um die gegen Halle ausgesprochene Kirchenstrafe des Interdikts aufzuheben, auf dem Basler Konzil einen Separatfrieden mit dem Bischof schließen. Als dies in Halle bekannt wurde, war der Protest groß: denn „Ditzs teitigte (verhandelte) der rath von Halle alles hinder der gemeine und ane oren willen." Die Gemeinheit bestand gegenüber dem Rat auf Fortsetzung der Unterstützung Magdeburgs; es kam zu Ausweisungen, zu Hausarrest und zu Kerkerhaft der Ratsgegner. Dies wurde aus Sicht der Gemeinheit als Bruch der Willkür seitens des Rates gefasst. Das Wort „Zwietracht" in dem nachfolgenden Auszug aus der Seydenschwantz-Chronik (Spittendorff, S. XXXI–XXXIII) drückt diesen fundamentalen Bruch aus: „etliche stecketen sie in der dempnitz. Etliche, die legten sie in or husz und tatten on mancherley vordrisz, das ein teil vaste wider ore geschworne willkor was. Hirumb wart grosze zweytracht zewuschen deme rath und der gemeyne ..." Nach einer Schlichtung durch die Städte Magdeburg, Aschersleben, Halberstadt, Quedlinburg und Braunschweig kam es zu einer für Stadtkonflikte jener Zeit so typischen Installierung eines Kontrollgremiums. Dreißig Männer wurden „gesatzet deme rathe zu hulfe". Diese Männer sollten aus Innungen, Gemeinheit und Tal (= Pfännerschaft) stammen und dem gegenwärtigen Rat bei allen Entscheidungen „rathen". Bei der Wahl des nächsten Rates sollten die so genannten „Dreißig" gehört werden. Diese Regelung sei getroffen worden für „eintracht, fride und unszer stadt bestes". Auch in der Folgezeit sollte dieses Kontrollorgan gehört werden; ergänzt wurde es aus den „partien", d. h. aus den drei Gruppen nach dem Proporz des Jahres 1434. In den nächsten Jahrzehnten hören wir nichts von den „Dreißig"; erst im Laufe des Konflikts 1477 taucht ein ähnliches Organ, aber als Vertreter der Gemeinheit, kurz auf.

Nachdem dieser Konflikt, der im Übrigen zu einer Erneuerung des Bündnisses mit Magdeburg gegen Erzbischof Günther führte, beseitigt worden war, scheint sich bis in die 1470er Jahre ein Modus Vivendi herausgebildet zu haben, was die Besetzung der Ratsstellen betrifft. Für die politische Stabilität war auch wichtig, dass schon in der Willkür der 1420er Jahre und in deren Fortsetzungen Regelungen getroffen wurden, die den Innungen und Gemeinheiten mehr Mitsprache in Salzdingen ermöglichten – immerhin besaßen auch Innungsmeister mitunter Sole, allerdings kein Siederecht. So wurde etwa eine der drei Bornmeisterpositionen, die bislang ausschließlich den Pfännern vorbehalten waren, den Gemeinheiten und den Innungen zugesprochen. Zudem besagte die Willkür explizit, dass die Wahl der Bornmeister durch die Pfänner nur nach einer Bestätigung durch die Meister der Innungen und Gemeinheit gültig war.

Nach einer Zeit des inneren Stadtfriedens eskalierte die Situation in den 1470er Jahren. Der Pfänner Markus Spittendorff berichtet in seinen noch heute lesenswerten Aufzeichnungen, wie sich die sozialen Spannungen verschärften. Die bisher unangefochtene soziale und politische Spitzenstellung der Pfänner wurde zunehmend angezweifelt, und, folgt man Spittendorff, dabei schreckten Innungs- und Gemeinheitsmeister auch vor Lügen und Schikanen nicht zurück, um die Pfänner aus dem Rat zu verdrängen und sie finanziell zu ruinieren. Die Vorwürfe, gegen die sich die Pfänner seit 1475 zur Wehr setzen mussten, lauteten u. a.: Unterschlagungen im Tal, zu geringe Steuerzahlungen an die Stadt (Talschoss), zu teure Festlichkeiten im Rahmen der Talverwaltung, Eigenmächtigkeiten bei der Preisfestsetzung des Salzes und Anhäufung eines Vermögens in der „Pfännerlade".

Entscheidend aber ist: Während vordem die Pfänner als Verfechter des Wohles der ganzen Stadt gegolten hatten – immerhin waren sie die Hauptverantwortlichen für den Siedebetrieb und den Salzabsatz –, wurden sie nun von Innungsmeistern und den anderen Bürgern als Gruppe angesehen, die ausschließlich ihren eigenen Vorteil im Auge hatte. Hans Laub, ein Innungsmeister, brachte diesen Ansehensverlust, der auch das

Ende der „konsensgestützten Herrschaft" (Meier/Schreiner) des Salzpatriziats bedeutete, im Januar 1475 im Namen der Innungen und Gemeinheit zum Ausdruck, als er „offenbehrlich vor allem volck (sagte), sie wolten die pfenner nicht mehr vor herren haben, sie hetten lange genungk regiert und herren gewesen; sie wolten ihr nicht mehr zu regieren und zu herren haben, sie gedechten und wolten auch regieren" (Spittendorff, S. 41). Und dieser Ansehensverlust betraf nicht nur die Bürger selbst; besonders die vom Patriziat beanspruchte soziale Distinktion gegenüber den ärmeren Gruppen der Stadt scheint nicht mehr gegolten zu haben: „in diesen vorgeschrieben leuften war es wunderlich mit uns pfennern: ein jederman tranck sein bier mit uns: die bornknechte im tal frageten nach bornmeistern und schöppen nichts; ..., sie wolten sich befragen und belernen bey iren herrn uff dem rathause; da lieffen sie dan hin, bornmeister und schöppen musten das leiden, so trieben die uff dieselbige zeit viel wunders" (Spittendorff, S. 170 f.).

Ein weiteres Argument für dieses neue Denken *in* der Stadt ist die zustimmende Reaktion auf einen Vorwurf, den der Kanzler des im Januar 1476 zum Erzbischof gewählten, damals erst elfjährigen Ernst von Wettin, Dr. Johannes von Weißenbach, den Pfännern im November gleichen Jahres machte: „Unser gnediger Herr (Ernst von Wettin, W. F.) was nicht geneyget, die erste lehn umbsonst zu thun ... Auch hette man ein solch gelt (d. h. das Antrittsgeschenk, W. F.) vormals genommen von dem gemeinen gutte, das wolte seine gnade so nicht haben, das der arme dem reichen sein gutt solte in die lehen schicken, das were gar unbillich." Weißenbach betonte folglich, die bisherige Praxis, dass die gesamte Stadt dem neuen Erzbischof zur Huldigung ein Geschenk überreichte, sei letztlich als Selbstbedienung der Pfänner zu Lasten der gesamten Bürgerschaft aufzufassen. Er erinnerte damit an das kostbare Antrittsgeschenk, das 1466 Johannes von Pfalz-Bayern von der Stadt erhalten hatte, um die kostenlose Neubelehnung mit Talgut zu erlangen. Dass die Hallenser dieses Geschenk nun ebenfalls als Ausdruck von Partikularinteressen wahrnahmen, zeigt, dass die Pfännerschaft nicht mehr als Repräsentantin des städtischen Gemeinwohls galt. Ähnlich ist auch ein weiteres Vorkommnis zu deuten: 1474 beanspruchte der Rat im Gegensatz zu den Talordnungen die Festsetzung der Salzpreise, wobei die vier Vertreter der Pfänner im Rat und die drei Oberbornmeister „abtreten" sollten, d. h. die Ratsherren aus Innungen und Gemeinheiten maßen sich die Kompetenz in Salzdingen an. Die Gegner der Pfänner beriefen sich darauf, dass vor 13 Jahren die Futterer „abzutreten" hatten, als der Rat sie nötigte, die Pechsiedereien aus dem Inneren der Stadt zu entfernen. Damit wird deutlich, dass die Salzpatrizier von einem Teil des Rates nur noch als Teilgruppe der Stadt gesehen wurden. Demgegenüber betonten die Pfänner, dass der Rat, wenn er sie ausschloss, nicht mehr für die ganze Stadt sprach.

Es blieb nicht bei Diskriminierungen und Steuerfestsetzungen ohne städtischen Konsens; zunächst wurden die Pfänner sukzessive aus den Spitzenämtern des Rates entfernt, nachdem schon 1475 kein Pfänner mehr in die Köre, das Wahlgremium, gelangt war. 1477 brach der neue Rat mit der Tradition, am Sonnabend vor dem ersten Fastensonntag zu wählen. Als neuer Wahltag wurde der 22. Februar, Petri Stuhlfeier, festgesetzt. Doch bei diesem Einschnitt in die gelebte Stadtverfassung blieb es nicht. Einige Pfänner wurden 1477 sogar in Haft genommen: Den Talbornmeistern wurde vorgeworfen, sie hätten vier Pfannen nicht versteuert. Da sie dies nicht gestehen wollten, wurden die vier „frommen (angesehenen) manne uff den thorm neben der wage, da die privilegia uffe sindt" eingesperrt. Vergünstigungen wurden ihnen nicht gewährt – die Angehörigen durften kein Bettzeug ins Stadtgefängnis bringen und die Fenster des Turmes wurden geschlossen. Bei ihrer Entlassung trugen die vier Pfänner lange Bärte, was wegen der Ehrverletzung den Rat noch verhasster bei den Pfännern machte. Ebenso beschämend empfanden die Pfänner den Versuch ihrer Gegner, die überkommene Hervorhebung beim Ritual der Huldigung zu verhindern bzw. lächerlich zu machen. So forderte der Rat, dass bei der Huldigung des neuen Erzbischofs Ernst am 4. November 1476 die Pfänner nicht mehr separat in der Gertraudenkirche huldigen sollten, was ein Zeichen ihrer patrizischen Sonderstellung war, sondern: „Der rath wolde auch haben, das die pfenner alle vor das rathaus solten kommen und treten bey die gemeinheit und da huldunge thun, aber die vom tale wolden des nicht" (Spittendorff, S. 224). Da sich auch die Räte des Erzbischofs für eine Beibehaltung der Huldigung aussprachen, kam es im Chor der Gertraudenkirche zum Eklat. Nachdem die Pfänner auf die Zusicherung des erzbischöflichen Marschalls („mein gnediger Herr wil euch lassen bey altem herkommen") die Finger erhoben hatten und „huldeten", drängten die Mitglieder des Rats in den Chor, wo sie nicht hingehörten: „Das ist nie mehr gehort", entrüstet sich Spittendorff. Es kam zu einem Gedränge und Durcheinander, weil offensichtlich im Schlepptau des Rats auch Meister hineinwollten, da der Rat „itzlichen bey einer marck (Strafe, W. F.) Geboten, das sie alle zu den pfennern in die kirche gehen solten etc."

Nach diesem unerhörten Vorfall schien ein Ausgleich unmöglich zu sein, nicht zuletzt deshalb, weil eine dritte Partei im Spiel war, die aus dem Stadtkonflikt Nutzen zog. Denn der entscheidende Anstoß zur Entmachtung der Pfänner kam von außen. Es war das neue Herrschaftsverständnis der Erzbischöfe, das darauf abzielte, die „autonomen" Städte in den Territorialstaat einzugliedern. So wird von Erzbischof Johannes Folgendes berichtet: *Nam fertur dixisse tunc praesul Johannes, se Deo prospicio effecturum, ut Hallenses sicut Calveneses et alterius cuiuslibet oppidi incolae optemperarent et obedirent principi.* („Man sagt, dass der Bischof Johannes gesagt habe, dass er mit Gottes Unterstützung es bewerkstelligen werde, dass die Hallenser wie die Calber und anderer Städte und Einwohner dem Fürsten (d. i. Johannes) zu Willen sein und gehorchen werden." Zit. nach Freydank, Pfännerschaft, S. 142, Anm. 3: Meißensche Chronik.)

Speziell den Pfännern wurde dieser Herrschaftsanspruch schon zu Beginn des innerstädtischen Konflikts deutlich. Erzbischof Johannes betonte ihnen gegenüber, ihm gebühre, „ordtnung zu machen uber die regierunge des tals", da er ein „furste und ein herre seiner freyen lehngutter" sei. So wurde denn auch die neue Talordnung im November 1475 in seinem Namen erlassen, wenn auch der Rat – bezeichnenderweise nicht die Pfännerschaft – an der Abfassung beteiligt war. Die Talordnung war nicht mehr gewillkürtes Recht einer Genossenschaft für einen Sonderbezirk wie noch um 1310 und 1424, sondern Johannes leitete die Regelungen aus seiner Herrschaftsbefugnis ab. Das Geschenk Ottos von 961 gebühre dem Erzbischof, und die Talordnung sei zum „gemeynes nutzen" des Erzstifts und „unszer stat halle" erlassen worden. In der den Pfännern mitgeteilten Ordnung stellte der Erzbischof zudem heraus, dass er und seine Nachkommen sich vorbehielten, bei Bedarf mit „gantze und fulle macht", aber auch mit „rathe und folbort, unszer leiben getruwen, des ersamen raths unszer stat halle" Veränderungen und „neue satzungen und ordenungen um des gemeynen nutz[ens] von Stadt und Stift" zu schaffen.

Der Erzbischof Johannes und auch seine Nachfolger Ernst und Albrecht beanspruchten, wenn es um das Salz in der Stadt ging, zum einen also die Kompetenz zur Setzung von Ordnungen, die mit dem alten Recht nichts mehr zu tun hatten. Andererseits dachten sie durchaus noch in den Bahnen spätmittelalterlicher Fürsten. Johannes begründete, wie oben beschrieben, seinen Anspruch gegenüber den Pfännern mit den Worten, Herr seiner Lehngüter zu sein. Und ebenso handelte Ernst, der die unklare Praxis in Bezug auf die „Lehnware" bei Antritt eines Erzbischofs ausnutzte. Die vielen Vorwürfe, die er geltend machte, kreisen um diese Abgabe sowie um die städtische Salzsteuer. Ernst sah zumindest Ersteres als Bruch der Lehnstreue, als Felonie: „die sich ungehorsamlich hetten gehalten kegen das capitell und seine vorfaren, der wolte sein gnaden nicht belehen", so der Kanzler Weißenbach. Der Treuebruch passte gut zum Wunsch der erzbischöflichen Räte, die Herrschaft über die Stadt Halle zu erringen.

Die militärische Niederwerfung der Stadt wurde durch einen „Verrat" ermöglicht, denn ein Teil der Innungen und Gemeinheit setzte auf die Karte des Erzbischofs, um die Pfänner endgültig zu entmachten. Ein letzter Einungsversuch in der Stadt, unterstützt durch Gesandte der benachbarten Städte und unter Einbeziehung der überkommenen Konfliktregelungsmechanismen, ist für den September 1478 überliefert. Auf die offensichtlich maßlosen Forderungen der erzbischöflichen Räte suchte am 16. September 1478 ein Teil der Gemeinheitsmeister aus den Moritz-, Gertrauden- und Unser-Lieben-Frauen-Vierteln „mit ihrem Anhang" das Gespräch auf dem Ratshaus mit den Pfännern, deren vier Ratsherren und Bornmeister dort waren. „Aber die Sanct Ulrichs Pfarre, die blebe gantz aussen." Auch die Vertreter der Innungen waren gespalten – ein Teil ging auf das Rathaus, der andere aber folgte der Mehrheit des Rates, der sich mit einem Teil der Gemeinheitsmeister, darunter die der Ulrichspfarre, unter Führung des Ratsmeisters und Schusters Jacob Weissack im Franziskanerkloster versammelt hatte. Ein erster Schlichtungsversuch der Magdeburger scheiterte – laut Spittendorff beabsichtigte Weisssack diese Vermittlung auch gar nicht (S. 387) –, so dass sich beide Seiten bewaffneten. Die Pfänner ließen das Talvolk gegen das Kloster aufmarschieren und vom Petersberg (heute Oper) eine „Steinbuchse" (= Kanone) auf das unten liegende Kloster richteten. Erst am 18. September einigte man sich; jede Gruppe legte ihre Waffen ab und zog sich zurück, nicht aber Jacob Weissack und seine Anhänger im Rat, die, folgt man der parteiischen Sicht von Spittendorff, am Samstag, 19. September, auf die Burg Giebichenstein fuhren, um das weitere Vorgehen mit den Räten des Erzbischofs zu besprechen. Am Sonntag, dem 20. September, als nach dem Kirchgang, „das volck sitzet und isset, und wissen anders nicht, es sey in guttem friede", öffneten Jacob Weissack und seine Anhänger den Truppen des Erzbischofs, die am Neumarkt gewartet hatten, das Ulrichstor. Nach einer kurzen Schießerei gaben die Pfänner auf. Der junge Ernst von Wettin zog mit seinem Gefolge in die besiegte Stadt ein: „Uffn montagk Sanct Mattheus tagk (21. September) kurtz vor 12 oder darnach, da zog mein herre mit macht herein und name das rathaus ein. ... Wir pfenner und auch etzliche auss innungen und gemeinheit stunden vor Baltzer Alenburgs hause und sahen gar jemmerlich, wie die dinge zugingen" (Spittendorff, S. 392). Die Stadt Halle war militärisch erobert – die Epoche der Freien Territorialstadt Halle, die vom Salzpatriziat regiert wurde, war beendet.

Kapitel III

DIE RESIDENZ- UND SALZSTADT (1503-1680)

1. Der Verlust der städtischen Autonomie und die zeitweise Entmachtung der Pfänner

Drakonische Strafen

Dass den Pfännern „jemmerlich" beim Einzug ihres „Herrn" zu Mute war, wird an den Ängsten vor dem gelegen haben, was da kommen sollte. Zu Recht: Es folgten Bestrafung und Entmachtung des Salzpatriziats. Zunächst wurden seine Vertreter mit strengem Hausarrest bestraft, dem eine Inhaftierung von 200 „burgern" in Gefängnissen des Stifts folgte. Spittendorff beschreibt anschaulich, wie er – ein alter Mann – im Verlies der Burg von Calbe bei grimmiger Kälte auszuharren hatte. Der erzbischöfliche Rat Apel von Tettau befahl zudem, dass alle Pfänner aus dem Rat entfernt werden sollten; dies galt auch für die Bornmeister – der überkommene Verfassungskompromiss wurde durch Machtspruch von außen beseitigt.

Für den 5. Oktober 1478 wurden die Pfänner zu einem Landtag in Groß-Salze zitiert, um sich hier vor „Fürsten, Herren und Städten" des Stifts wegen Treuebruch und Aufruhr zu verantworten. Nach weiteren Verhandlungen im Oktober in Calbe und in Halle kam es zu drakonischen Bestrafungen der Pfänner, festgelegt im Rezess vom Kloster Neuwerk vom 9. Januar 1479. Danach wurden die hallischen Pfänner aufgrund des vermeintlichen Ungehorsams gegen den Erzbischof und wegen Aufruhr zur Abgabe des vierten Teils ihrer Solebezüge und Siedehütten an den Erzbischof sowie zur Einziehung des fünften Teils ihres Vermögens verurteilt. Letzteres wurde zum Bau der Moritzburg genutzt; Ersteres, also die Rückgabe von Lehnsgütern (384 Pfannen Deutsch, 252 Pfannen Gutjahr, 340 Pfannen Meteritz und 25 Pfannen Hackeborn sowie 17 Koten) diente auch der Befriedigung der Parteigänger des Erzbischofs in der Stadt. 102 der Pfänner verloren ihre Solegüter; neun von ihnen wurden aus der Stadt gewiesen, die schon vordem Geflüchteten kehrten nicht zurück. Auch unser Gewährsmann Spittendorff sollte gehen, durfte aber auf Vermittlung des erzbischöflichen Hofs bleiben, allerdings ein Jahr lang nicht sieden.

Die *homines novi* drangen in die Salzgewinnung ein. Im entsprechenden Register heißt es: „100 Leute, die seindt in der pfenner kothe und gütter geweißete ane gerichte und recht." Und diese neue Elite demütigte die alte: Die ca. 100 Pfänner und ihr Anhang durften nach Halle zurückkehren, mussten aber vor dem Rathaus erscheinen, wo sie in Gruppen von 10 bis 12 Mann in die große Döntze eingelassen wurden, wo sie Mann für Mann den Rat um Verzeihung zu bitten hatten.

Diese Begünstigung der Gegner der Pfänner bedeutete zwar, dass bezüglich der Herrschaft der Stadt ein Elitentausch stattgefunden hatte, doch der neue Rat verlor auch die Handlungsfreiheit nach innen und nach außen. Die über Jahrhunderte gewonnene und immer wieder von den Erzbischöfen im Zeremoniell der Huldigung bestätigte Autonomie ging verloren; Halle wurde in den werdenden Territorialstaat des Erzbischofs eingegliedert und diente hinfort als Residenz. Zum Vergleich sei darauf hingewiesen, dass die Stadt Magdeburg 1497 ihre Autonomierechte behaupten konnte.

In der von den erzbischöflichen Räten ausgearbeiteten Regimentsordnung vom 18. März 1479 wurde zunächst betont, dass aufgrund der von den Pfännern ausgegangenen Zwietracht das Eingreifen des Erzbischofs notwendig gewesen sei. Das „Regiment in der gedachten Stadt Halle setzet, ordnet und schickte" der Erzbischof in folgenden Punkten, die der Rat, die Meister der Innungen und die gemeinen Bürger „mit diesem Brief" für „uns" und „unsern Nachkomen" anerkannten und mit dem Stadtsiegel bestätigten. Zunächst wurde den neuen Ratsherren in ihrem Amtseid abverlangt, die Ordnungen, die der Erzbischof für Halle gemacht habe, zu „halden" (Dreyhaupt, II, S. 304 ff.). Wie in Landstädten um diese Zeit üblich, behielt sich der Erzbischof eine Genehmigung der Ratsherren vor – er konnte also im Konflikt missliebige („nicht bequeme, sondern zu widder" stehende) Kandidaten den Zugang zum Rat verwehren – ein Instrument, das in der Reformationszeit von Kardinal Albrecht genutzt wurde. Der Rat willigte auch ein, seine Unabhängigkeit nach außen aufzugeben. Die Stadt durfte in „keynerlei Bündnis" treten, denn dadurch sei sie „in große schuld unrath und schaden" gekommen. Die Stadt wurde sodann auf den „Schutz und Schirm des Erzbischofs" verwiesen, wie es ja in der Huldigung betont wurde. All dies hatte mittelfristig zur Folge, dass die Stadt aus der Hanse ausschied. 1518 wurde die Stadt auf dem Hansetag in Lübeck als „abgedankt und abgeschnitten" bezeichnet. Die Regimentsordnung sollte jedem neuen Rat vorgelesen werden, und jeder Ratsherr hatte in seinem Amtseid die Einhaltung der erzbischöflichen Ordnung zu bestätigen.

Auch beim Zustandekommen der neuen Willkür zeigt sich das Ende der Autonomiestadt: Die Willküren des 14. und frühen 15. Jahrhunderts waren in der Stadt im Rahmen des Burdings bzw. per Verkündigung vor der Bürgerschaft in Kraft gesetzt worden. Anders 1480: Spittendorff berichtet, dass der Stadtschreiber zu den Stadtbürgern gesagt habe, „sie solten auff das rathaus kommen, da wolte man ihn eine willkihre lesen". Bei der Verkündigung am Sonnabend nach Invocavit (26. Februar) stellten die neuen Ratsmeister aber vor der Bürgerschaft fest, dass diese neue Willkür vom Rat „mit willen" des Erzbischofs gemacht worden sei. Und in der Tat: Diese Willkür war kein Dokument städtischer Einung, vielmehr war eine übergeordnete Herrschaftsinstanz, der Landesherr, bei der Abfassung einbezogen. 1482 wurde die Willkür erneut fixiert. Er, Erzbischof Ernst, heißt es an deren Anfang, habe diese Willkür, die der Rat ihm und den Räten „überantwortet" habe, „fleißig" übersehen. Er werde sie „setzen, ordnen und schicken auch in krafft" (Dreyhaupt II, S. 310 ff.). Die Willkür von 1482 wiederholt in vielen Punkten frühere Regelungen, allerdings wird dem Rat aufgetragen, nichts „widder unsern gnedigen Herrn" zu beschließen. Nur mit „wissen und volwort des gnedigsten Herrn von magdeburgk" dürfe es zu Veränderungen kommen. Auch für das Tal beanspruchten die Räte im Namen des Erzbischofs die Kompetenz, alle Angelegenheiten in Ordnungen zu regeln. Die neue Talordnung von 1482 wurde zeitgleich mit der Willkür erlassen; 1516 folgte durch Kardinal Albrecht eine weitere Talordnung. Doch kam Ernst dem Rat auch entgegen. Dieser erhielt für das Amt des Salzgrafen das Nominationsrecht, wählte jedoch Beamte des Erzbischofs.

Eine Relativierung

Doch neben dem Erzbischof, der als Landesherr in Bezug auf Ratsaufsicht und Rechtsetzungskompetenz gestärkt wurde, gewann auch der Rat, und zwar als Obrigkeit gegenüber der Bürgerschaft und gegenüber den Einwohnern, an Kompetenzen. Der Erzbischof erkannte den Rat nach wie vor als Organ der Bürger an, ja er stärkte diesen, indem er ihn befugte, die regulären Steuern *ohne* Zustimmung der Bürgerschaft einzunehmen. Bisher seien bei der Verkündigung der Steuern vor dem Volk „viel Irrenitze" entstanden. Nur bei Erhöhungen seien die Bürger zu hören. Wenn man zudem berücksichtigt, dass in der Regimentsordnung von 1479 die „sunderliche Innung" der Pfänner aufgehoben wurde und die Pfänner auf die Handwerker- bzw. Kramer-Innung bzw. auf die Gemeinheit verwiesen wurden, wird deutlich, dass die Pfänner ihre beherrschende Stellung in der Stadt verloren hatten. Dies hatte auch zur Folge, dass die Pfänner bei allen Huldigungen der Folgezeit, etwa 1513 gegenüber dem neuen Erzbischof Albrecht, nicht mehr separat huldigten.

Auf der anderen Seite zeigt der sozialgeschichtliche Blick in das frühe 16. Jahrhundert, dass die Entmachtung der patrizischen Führungsschicht Episode blieb. Die Pfänner verschwanden zwar zunächst aus dem Rat, doch spätestens in den 1520er Jahren finden wir die alten Pfännergeschlechter erneut vertreten. Bereits Spittendorff macht deutlich, dass zwar ein Teil der alten Pfänner der Stadt verwiesen wurde, doch die anderen konnten, nachdem sie sich vom fünften Teil ihres Vermögens getrennt und den vierten Teil ihres Lehngutes abgegeben hatten, allmählich wieder den Siedebetrieb organisieren. Die Gegner der Pfänner fürchteten zu Recht um ihre wirtschaftliche Beute, denn obwohl 1479 102 neue Pfänner eingesetzt worden waren, hieß dies noch lange nicht, dass sie das Siedemonopol innehatten. Apel von Tettau, erster Rat des Erzbischofs, verkündete den „alten Pfännern und den gefangenen, wer pfannen und gutt hette", der könne ab Weihnachten 1479 sieden oder bestellen (= verpachten), an wen er wolle. Da erschraken die „neuen pfenner sere". Am 18. Dezember fand sich ein Aufruf des Erzbischofs an der Kirche Unser Lieben Frauen und am Rathaus – offensichtlich konnte ein Großteil der Bürgerschaft lesen –, dass Pächter von Sole sich auf dem Rathaus einschreiben konnten, um diese Pfannen versieden zu lassen. Es zeigte sich, dass die alten Pfänner und nicht die neuen von einem Großteil der „leute" mit „guth" bedacht wurden: „ich habe es dem alten pfenner zugesagt, ich wils ime auch gestehen", und das obwohl der Rat im Vorfeld diesen Empfängern von Sole die „neuen Pfänner" zur Verpachtung (und damit zur Versiedung) empfahl. Entscheidend für die allmähliche Restitution der Pfänner war zudem, dass sie wieder über den Siedebetrieb, offensichtlich mit Unterstützung des Erzbischofs, disponieren konnten. So erreichten die Witwen einiger Pfänner, welche die Sole mit bischöflicher Genehmigung als Leibzucht nutzten, dass nicht der Rat, sondern sie selbst die Güter „ihren freunden thun" (das heißt verpachten) konnten. Der Erzbischof stützte die alten Pfänner auch dadurch, dass er in der Regimentsordnung von 1479 nur Hallenser als Lehnsnehmer festhalten ließ, feste Sätze für die „Lehnware" fixierte und seinem Rat Johannes von Meißen, der fünf Pfannen Deutsch aus der Strafe der Pfänner erhielt, nach Intervention des Rates anwies, diese nur an hallische Bürger zu verpachten.

Somit hatten zwar viele der Pfänner Solegut verloren, und das exklusive Siederecht war durch die neuen Pfänner durchbrochen worden, doch, so wird deutlich, alte Beziehungen und Expertenwissen ließen die Pfänner unverzichtbar werden. Dafür spricht auch ein Ratsbeschluss von 1503, der den weniger reichen Pfännern den Garaus machte. Jeder, der sich als Pfänner habilitieren wollte, hatte 100 Gulden aufzuweisen und für seinen Hausbesitz einen Gulden Steuer pro Jahr zu erbringen (Freydank, Pfännerschaft, S. 8). Hinter diesen normativen Vorgaben verbirgt sich ein sozialgeschichtlich bedeutender Prozess: Manfred Straube kann durch die Analyse von Pfännerverzeichnissen nachweisen, dass zu Beginn des 16. Jahrhunderts die Bevorzugung der Sieger von 1478 ihr Ende gefunden hatte. So gingen aus der Niederwerfung der Stadt drei Gewinner hervor: Der Erzbischof, der Rat, der nicht nur Empfänger delegierter Herrschaftsrechte war, sondern seinen Charakter als städtische Obrigkeit ausbauen konnte, und das Salzpatriziat, welches die Verluste der Katastrophe von 1478 kompensieren konnte *und* das durch den Zuzug von Gebildeteten und Künstlern an kultureller und ökonomischer Potenz gewann. Damit ist der Faktor erwähnt, welcher die Stadt Halle sozial, wirtschaftlich, kulturell und stadttopographisch bis 1680 prägen sollte: die Residenz.

2. Die Residenz: Topographie und sozialgeschichtliche Implikationen

Die Moritzburg

Eine Stadt als Residenzstadt zu charakterisieren bedeutet, dass man der Residenz einen städteprägenden Charakter zuweist. Die fürstlichen Herrscher des Hochmittelalters und des frühen Spätmittelalters besaßen noch keine dauerhafte Hofhaltung, ihre Verwaltung war klein – man war unterwegs, zog von Burg zu Burg. Erst im Verlaufe des 14. und 15. Jahr-

Kapitel III: Die Residenz- und Salzstadt (1503-1680)

Schauseite der Moritzburg. Detail aus „Hall in Sachsen gegen Abend", Kupferstich von Casper Merian, 1653

hunderts weiteten sich Hof und Verwaltung aus: „Wenn ein Herrscher seine Reisen innerhalb des Landes einschränkt, er an einem Ort eine dauerhafte Hofhaltung einrichtet, seine Zentralbehörden an diesem Platz seßhaft werden und auch dieser baulich ausgestaltet wird, kann man davon ausgehen, daß der Übergang von der Reise- zur Residenzherrschaft vollzogen ist." (Scholz, S. 27). Der Herrscher verlangte an seinem bevorzugten Aufenthaltsort Küche und Kleidung, ärztliche Pflege, Unterhaltung und Bildung für Personal und Kinder, Platz für die Dienerschaft, eine Kirche für sich und die Hofgesellschaft sowie Räume und Personal für die Verwaltung. Bedenkenswert ist, dass das erzbischöfliche Ratsgremium um 1500 aus ca. sechs bis sieben Personen bestand, zu denen auch der Kanzler gehörte. Daneben existierte die erzbischöfliche Kammer (Finanzverwaltung), an deren Spitze ein Kammermeister stand.

Der Magdeburger Erzbischof war nicht nur an seiner Bischofskirche zu finden. Vor der Eroberung Halles waren Calbe, Giebichenstein, Zinna und Wolmirstedt weitere Aufenthaltsorte. Warum aber erschien Halle als Residenz für Erzbischof Ernst so attraktiv? Es lag nahe zu den wettinischen Verwandten und aufgrund der militärischen Niederlage der Saalestadt konnte ein willfähriges Ratsregiment erwartet werden. Gründe werden auch gewesen sein, dass im Unterschied zu Magdeburg das Domkapitel in Halle keinen Einfluss besaß und dass die Adelslandschaft im Süden des Erzstifts nicht so ausgeprägt war. Mit dem Giebichenstein außerhalb der Stadt befand sich eine Feste in der Nähe, die als Waffenkammer des Erzstifts und als Versorgungseinrichtung zu nutzen war. So ist es nachzuvollziehen, dass der Magdeburger Erzbischof sich entschloss – ähnlich wie der Bischof von Konstanz in Meersburg, der von Straßburg in Zabern und der von Augsburg in Dillingen –, eine Residenz außerhalb der Domstadt aufzubauen. Die erzbischöflichen Räte schrieben in der Regimentsordnung den hallischen Bürgervertretern vor, dass der Erzbischof in der Stadt „ein sloß oder eine Vestunge" bauen durfte. Damit war der 1263 erkaufte Verzicht des Erzbischofs auf eine Zwingburg in der Stadt hinfällig. Die Finanzierung rührte, wie oben beschrieben, von der Bestrafung der Pfänner her: 4.000 Gulden der jährlichen Nutzung und Renten, die aus der Verpachtung derjenigen Koten und Güter herrührten, die er von den Pfännern erhalten, die „i[h]m ungehorsam und widerwertig waren". Hinzu kam der vierte Teil vom Talschoss.

Nach der Fertigstellung der Residenz 1503 wohnte Ernst häufig in Halle, von 1509 bis zu seinem Tode 1513 residierte er dauerhaft. Auch sein Nachfolger Albrecht, Herr mehrerer Bistümer, residierte, wenn er im Erzstift Magdeburg weilte, zumeist in Halle.

Nach ersten Baumaßnahmen im April 1479 am Martinsberg – hierzu wurde die Stadtmauer durchbrochen, um bequemere Verbindungen aus der Stadt herzustellen – und am Petersberg erwies sich für den Burgenbau das verlassene Gelände des einstigen Judengettos (am Nordwestrand der Stadt, aber innerhalb der Mauern) als optimal. Die Bauarbeiten begannen im Jahr 1484 und fanden im Mai 1503 mit dem Einzug des Erzbischofs ihr Ende. Für die Arbeiten war der Hofrat Hans von Packwitz verantwortlich, der im Übrigen 1512 das Bürgerrecht von Halle erwarb. Allein 152 Steinmetzzeichen bezeugen, wie hoch der Aufwand war. 1502 erfolgte die Aufmauerung der Ostseite der Burg; für 1503 ist der Baubeginn der Burgkapelle an der Nordseite der Burg festzuhalten. Dort, an der dreischiffigen gotischen Hallenkirche ist auch zu sehen, woher die 150.000 Gulden stammen, welche die Arbeiten verschlangen: Das Wappen der Kirche zeigt neben der Darstellung der Kirchenpatronin, der hl. Maria Magdalena, Salzkörbe – das weiße Gold diente in Form der Abgaben der Pfänner und des vierten Teils des Talschosses dem Bau der Burg. Für 1504 ist die Benennung belegt: *Arx Sancti Mauritii*, Burg des hl. Mauritius, des Bistumspatrons, dessen Abbild das Tor derselben noch heute schmückt.

Kapitel III: Die Residenz- und Salzstadt (1503-1680)

Die Moritzburg war keine Höhenburg wie der Giebichenstein: Angelegt oberhalb des östlichen Saalearmes, des heutigen Mühlgrabens, besteht sie aus vier Rundtürmen an den Ecken eines unregelmäßigen Rechtecks (Maße 72 x 85 m). Der ursprüngliche Hauptzugang im Norden, zum Giebichenstein hin, ist noch heute in Umrissen zu erkennen. Der Ostzugang (heute Haupteingang) ermöglichte es dem Erzbischof, in die Stadt zu gehen, ohne ein Stadttor passiert zu haben. Die Moritzburg ist, das macht die Betrachtung noch heute deutlich, ein Bau des Übergangs zwischen Zwingburg und repräsentativem Schlossgebäude für den Herrscher und seinen Hof. Im Westflügel zur Saale befand sich die viergeschossige Schauseite mit zwei großen Sälen. Die beiden gewölbten Untergeschosse des Westflügels dienten der Burgmannschaft als Behausung; die dortigen Türme enthielten Schießscharten, die oberen Geschosse Wohnungen. Im Nordflügel befand sich die Kapelle, darunter in einem Gewölbe das Archiv. Die Ost- und Südseite zur Stadt waren als Wehranlage gedacht und zeigen, dass zunächst mit Aufruhr in der Stadt gerechnet wurde. Die Verteidigungsanlage außerhalb der Burg bestand aus einem Trockengraben an drei Seiten (10 m tief und 25 m breit) und einem Saalearm. In der Zeit Albrechts erfolgte 1533 ein Ausbau der Befestigung. Wegen dieser Verstärkungen wurden einige Häuser am Rodenberg, dem heutigen Schlossberg, abgerissen. Damit wird schon deutlich, dass bereits die ersten Maßnahmen zur Etablierung der Residenz Folgen für die Stadttopographie zeitigten.

Residenz und sakrales Zentrum

Bei dem Erbauer bzw. den Bewohnern der Moritzburg handelte es sich um Bischöfe, d. h. zum weltlichen Herrscheramt trat die Sorge um das Seelenheil der Untertanen. Dies spiegelte sich auch in der Residenz. Schon für die Maria-Magdalenenkapelle hatte Erzbischof Ernst ein Kollegiatstift mit 25 Pfründen vorgesehen; eine Reliquiensammlung sollte die „Heiligkeit" des Ortes erhöhen. Vorbild für Ernst war das Wittenberger Allerheiligenstift mit dem dortigen Reliquienschatz seines Bruders, des Kurfürsten Friedrich. Ernsts Nachfolger, Albrecht von Brandenburg, der zudem Erzbischof von Mainz wurde, setzte ab 1513 alles daran, dass Halle die Domstadt Magdeburg als geistliches Zentrum des Erzbistums ablöste. Dies hatte auch gravierende Folgen für das städtische Pfarrsystem: 1519/20 erfolgte mit päpstlicher Genehmigung die Gründung des Neuen Stiftes des hl. Mauritius und der hl. Maria Magdalena *ad Sudarium Domini* (zum Schweißtuch des Herrn), einer Einrichtung, in der eine Klerikergemeinschaft neuen Typs das Chorgebet zu verrichten hatte. Gleichzeitig sollte diese fromme Gemeinschaft die von Albrecht systematisch zusammengetragene und erweiterte Reliquiensammlung – das spätere „Hallesche Heiltum" – betreuen und die Seelsorge für die Pilger übernehmen. Für die 53 vorgesehenen Klerikerstellen waren umfangreiche finanzielle und logistische Vorbereitungen zu treffen. Als Standort war zunächst die Moritzkirche vorgesehen; dann entschied sich Albrecht für das Dominikanerkloster und die damit verbundene Kirche des Predigerordens, die in der Folgezeit aufgestockt und einen charakteristischen Kranz von 28 aus Backstein gemauerten Renaissancegiebeln über den gotischen Fenstern erhielt, hinter denen sich Zwerchhäuser befanden. So entstand, maßgeblich erbaut vom Steinmetz Bastian Binder, ein Kirchengebäude, das in eigentümlicher Weise die Gotik des Spätmittelalters mit der Renaissance verband. Die Innenausstattung war damals nächst der Domkirche in Magdeburg die prächtigste im Erzstift. Neben dem Hauptaltar mit der berühmten Erasmus-Mauritius-Tafel des Matthias Grünewald – heute Alte Pinakothek in München – waren 18 Nebenaltäre, z. T. mit wertvollen Bildnissen, etwa des Cranachschülers Simon Pranck, vorhanden; an der Nordostecke befand sich die Allerheiligenkapelle, wahrscheinlicher Standort des „Halleschen Heiltums". Ein Lettner trennte Klerikerchor mit Chorgestühl vom Hauptschiff, das an den Pfeilern die noch heute zu sehenden großartigen Apostelfiguren von Peter Schroh enthält. Im Chor war die Grablege für Erzbischof Albrecht vorgesehen, doch diese wurde nicht genutzt, da Albrecht 1541 ins Erzstift Mainz zog, besser: flüchtete. Ein Gang auf der Stadtmauer verband die Kirche mit der Moritzburg. 1535 wurde auf dem Vorplatz ein Turm erbaut, der aber 1541 wieder abgerissen wurde.

Als Kleriker waren zum einen die Augustinerchorherren der Stadt vorgesehen. Bereits 1520 zogen die Chorherren des Moritzklosters in das Neue Stift, auch um den Dominikanern Platz zu machen. Aus den Chorherren wurden Weltgeistliche. Zum anderen wurden auswärtige Kleriker für das Stift gewonnen. Unterhalb dieser Stiftsherren gab es dann eine Gruppe von 16 Vikaren, die z. T. vom Rat der Stadt Halle präsentiert werden sollten. Damit stellt sich die Frage nach den Auswirkungen des Stifts für die Stadt.

Zunächst ist auf das Ende des hallischen Archidiakonats von Kloster Neuwerk hinzuweisen. Erinnern wir uns: Dieses Kloster war struktureller Widerpart der Stadt gewesen, ihm waren drei der vier Pfarrkirchen inkorporiert, es hatte die Patronatsrechte, die Schulhoheit sowie in der Stadt den Mühlenbann und die geistliche Jurisdiktion ausgeübt. Noch 1524 stritten die Neuwerker Augustinerchorherren mit dem Rat, weil ein Kaplan des Klosters vom Stadtknecht ins Rathaus gefordert und dort in das Stadtgefängnis geworfen worden war; eine „ungesetzliche und unerhörte Gewalt wider alle Privilegia", so die Neuwerker. Das Neue Stift jedoch schränkte die überkommenen Rechte von Neuwerk ein. Deshalb sehen wir den Rat der Stadt mit Albrecht Vereinbarungen zu beiderlei Nutzen schließen. Der Zuschuss von 8.000 Talern, den die Stadt dem neuen Stift am 14. Juli 1520 zu gewähren versprach, führte zu handfesten Vorteilen, die wir aus der vergleichenden Städtegeschichte des Spätmittelalters kennen. Die Stadt erhielt das Präsentationsrecht für die sechzehn geplanten Vikarien, von denen sie acht mit „Burgern und iren Kindern" besetzten durfte. Ferner bestätigte Albrecht, dass die neue Einrichtung dem städtischen Gewerbewesen keine Konkurrenz machen werde. So durften die Stiftsangehörigen weder brauen noch ausschenken, keine Häuser erwerben und kein Getreide verkaufen (Vertrag in Dreyhaupt, I, S. 888–891). 1525 kam dann das Ende des mittelalterlichen Kirchenwesens in Halle. In diesem Jahr übertrug das Kloster Neuwerk dem Neuen Stift die Archidiakonatsrechte in der Stadt und im Saalkreis sowie die Patronatsrechte an den hallischen Pfarrkirchen (Abtretung in Dreyhaupt, I, S. 733–735). Wenig später wurde das Kloster Neuwerk nach einer über vierhundertjährigen Geschichte durch Kardinal Albrecht aufgelöst; diejenigen Chorherren, die sich nicht der Reformation angeschlossen hatten, zogen in das Neue Stift. Auch die Reliquienschätze, darunter der Leib des Klosterpatrons Alexander, wurden in die Reliquiensammlung des Heiltums überführt. Vor diesem Hintergrund wird es nachvollziehbar, dass der Rat am 26. Juli 1529 erklärte, dass er die Stiftskirche als oberste Kirche der Stadt halten werde (Dreyhaupt, I, S. 910 f.). Sie sei „eyne Muter und oberst Heuptkirche aller Kirchen und Closter zu Halle". Dieser Wechsel wurde positiv bewertet. Denn die Pfarrer der drei Kirchen sollten zwar Mitprälaten und Kanoniker des Stifts sein, aber für die Seelsorge weiterhin zur Verfügung stehen. Ferner gelobten die Ratsherren, dass sie „nach todtlichen Abgangk unser begrebnus bey derselben haben" würden. In diesem Zusammenhang erhielt der Rat von Albrecht die Genehmigung, die beiden Kirchen am Markt zusammenzulegen – ein Wunsch, der schon 1528 vom Rat vorgebracht wurde –, und die Schulen zu vereinen! Dies war die Geburtsstunde der heutigen Marktkirche. Somit war die Kirche des Neuen Stifts, die umgebaute Dominikanerkirche, sakraler Mittelpunkt der Residenz und der Bürgerstadt, allerdings nur für die wenigen Jahre bis zur Annahme der Reformation 1541.

Für Bürgerstadt und Residenzbezirk im Nordwesten um Dom und Moritzburg sind weitere wichtige Veränderungen aufzuzeigen. Westlich und südwestlich der Stiftskirche befanden sich an der Stelle des heutigen Predigerhauses und des Alten Schulhauses die Stadtwohnung des Erzbischofs und der Amtssitz des Propstes. 1531 begannen südlich des Neuen Stifts die Bauarbeiten für ein Zentralgebäude (die Neue Residenz), das als bischöflicher Stadtpalast dienen sollte und damit die Abkehr von der nicht mehr zeitgemäßen Zwingburg Moritzburg signalisierte. Bei diesem „Neuen Gebäude", seit 1533 von Andreas Günter projektiert, handelt es sich um ein unregelmäßiges Rechteck, gelegen zwischen Stiftskirche, Domgasse, Klaustor und Saale. Heute nicht mehr vorhanden ist die Schauseite zur Saale hin; Abbildungen zeigen eine lange Reihe von dreistöckigen Zwerchhäusern (1788 abgetragen) und vier vorgesetzte Erker. Demgegenüber war die zur Stadt gewandte Ostseite mit Ausnahme des Portals völlig schmucklos. Im Innenhof befindet sich eine Arkadenreihe; mit Rundgiebeln ähnlich denen der Stiftskirche war der Nordflügel versehen. Im Osten befand sich eine Kapelle. Zwei Gänge verbanden diese Neue Residenz mit der Stiftskirche. Ein Bad, ein Garten und ein Labyrinth sollten die Wohnqualität steigern, wobei Albrecht wichtig war, dass dieser Bereich neugierigen Blicken verborgen blieb. Die Stadt verpflichtete sich, „die Fenster auf diesem Tor (Klaustor, W. F.) [zu] vermauern und zumachen, damit man nicht in unser gnädigsten Herren Behausung, Hof oder Garten davon nicht sehen moge."

Das Bauwerk wurde um 1540 fertig gestellt, aber von Erzbischof Albrecht nicht mehr bezogen. Es diente seinen Nachfolgern als Kanzlei, allerdings bezog der letzte von diesen, der Administrator August von Sachsen-Weißenfels, die „Neue Residenz". Weitere Baumaßnahmen im Residenzbezirk waren in der Zeit des Kardinals Albrecht die seit 1536 erfolgte Verstärkung der Befestigungswerke am Jägerberg und innerhalb der Stadtmauern der Marstall, östlich der Moritzburg (heute Friedemann-Bach-Platz) gelegen. Das spätere Ballhaus wurde 1734 abgerissen.

Diese Maßnahmen des Kardinals fanden mit Zustimmung der Stadt statt; die oben erwähnte Stiftung des Rates für das Neue Stift macht deutlich, dass in den 1520er und 1530er Jahren vieles im Konsens, ja auf

Gegenseitigkeit hin erfolgte. Am wichtigsten ist die Übereinkunft, die Albrecht mit der Stadt bezüglich des Baus des „Neuen Gebäudes" traf. Dem projektierten Bauwerk südlich des Neuen Stifts stand das Hospital St. Cyriakus im Wege. Deshalb bekannten am 28. Juli 1529 „Ratmannen, Meister der Innungen und Gemeinheit der Stadt Halle", dass sie bereit waren, das Hospital abzureißen, den Platz dem Kardinal zur Verfügung zu stellen („geben wir frei eigenthumblich den ganzen Raum des Hospitals und werden das ganze auf unsere Kosten abbrechen") und das Hospital in dem Gebäude und der Kapelle des leer stehenden Johannishospitals des Moritzklosters wieder einzurichten.

Was war der Grund für dieses Entgegenkommen? Albrecht bot der Stadt einen lukrativen Tausch an: Die Stadt erhielt aus der Verfügungsmasse des aufgelösten Klosters Neuwerk die am Klaustor gelegene Neumühle sowie die Walkmühle, deshalb übergab man „sonderlich zu untertheniger Danksagung für die Mühlen" das Hospital. Bei dieser Gelegenheit wurde ein weiterer Punkt geregelt, der ebenfalls der Zustimmung des Erzbischofs als Ordinarius (geistliche Obrigkeit) bedurfte: Die Errichtung eines Kirchhofs auf dem Martinsberg, „dahin die gemeine Burger und Einwohner zu Halle sollen und mugen begraben werden". Damit war die Basis für den Stadtgottesacker gelegt.

So wird deutlich, dass die Stadt, vertreten durch Rat, Innungen und Gemeinheit, an vielen Punkten Kardinal Albrecht die hilfreiche Hand bot. Die Kooperation war zu beiderseitigem Vorteil, alte Konfliktpunkte mit dem Kloster Neuwerk gehörten der Vergangenheit an. Die Stadt hatte sich verändert: In ihren Mauern war im Nordwesten, vom Jägerberg bis zum Klaustor, ein Residenzbereich entstanden, der nur durch die nun in städtischen Besitz übergegangene Neumühle unterbrochen wurde. Ob sich dieser Wandel zur Residenzstadt auch in der Sozialstruktur der Stadt widerspiegelt, soll der folgende Abschnitt klären.

Residenz und Stadtgesellschaft

1554, es war die Zeit des Erzbischofs Sigismund von Brandenburg, zählten Hofstaat und Verwaltung 130 Personen (und 70 Pferde); in der Zeit Albrechts, so Michael Scholz, wird die Hofgesellschaft vielleicht ca. 340 Personen umfasst haben. Räte und andere Amtsträger, aber auch Künstler besaßen Häuser in der Stadt. Der Stadtpalast (Kühler Brunnen) des Hans von Schenitz ist hierfür nur der bekannteste Ausdruck. Viele

Höflinge erwarben hallisches Bürgerrecht, und auch die Heirat mit einer Pfännertochter war möglich. Umgekehrt war es für das Salzpatriziat der Stadt attraktiv, seine Söhne in Diensten des Erzbischofs unterzubringen und die Töchter mit Männern des Hofes zu verheirateten.

Die Familie des Hans von Schenitz ist für die Wechselbezüge zwischen Hof und Stadt das berühmteste Beispiel. 1481 erwarb der Vater von Hans, Martin von Schenitz, ein Leipziger Kaufmann, das hallische Bürgerrecht, verheiratete sich in zweiter Ehe mit Katharina Drachstedt, Tochter eines ehrwürdigen Pfännergeschlechts. Der Blick in die Genealogie der Schenitzens macht aber noch einen zweiten Wandlungsprozess deutlich, denn Gelehrtentum und Pfännerschaft verschmolzen und machten sich auch in der Stadtverwaltung bemerkbar. Der Onkel von Hans, Johann, zog ebenfalls nach Halle. Dieser, ein Jurist, wurde Syndikus der Stadt Halle und heiratete mit Cordula Prellwitz eine Pfännertochter. Sein juristisch ausgerichtetes Studium veranschaulicht, dass für die Spitzen der Stadtgesellschaft die erzbischöfliche Verwaltung und der Hof von Interesse waren, so dass aus der Stadt der Weg in Hof und Verwaltungsdienst der Erzbischöfe gesucht wurde; Loyalitäten zu Albrecht werden so gewachsen sein.

Der erste Kanzler Albrechts war der Pfännersohn Dr. Laurentius Zoch, 1514 bis 1524 im Amt. Dr. Philipp Drachstedt steht ebenfalls für den Weg aus der Stadt zum Hof, denn er war 1535 bis 1540 erzbischöflicher Rat von Haus aus. Auch Dr. Heinrich Ebershausen, bis 1528 Syndikus der Stadt Halle und in den 1530er Jahren gelehrter Rat, changierte zwischen Stadt und Residenz. Dr. Christoph Türk, seit 1524 Kanzler, kaufte sich 1527 ein Haus in Halle; er erhielt als Dienstlehen Sole, für deren Versiedung er die Dienste der Pfänner in Anspruch nehmen musste.

Natürlich zählten auch Hofbedienstete zu dieser neuen Gruppe. Hier kann auf die Ärzte, Musiker und Künstler hingewiesen werden. Der Seidensticker Hans Plock, gebürtig aus Mainz, zog zusammen mit seinem Bruder Peter, einem Goldschmied, von Mainz, wo er schon in Diensten Albrechts stand, nach Halle, beide erwarben 1525 das Bürgerrecht. Plocks Perlenstickereien – zu sehen auf Grünwalds Erasmus-Mauritius-Tafel – und sein Perlenaltar für das Neue Stift sind berühmte Zeugnisse seiner Kunstfertigkeit. Doch nicht nur über Heirat und Generationenfolge verbanden sich Hof und Salz: Finanziell profitierten die Mitglieder der Hofgesellschaft ungemein von der Salzsiederei. Obwohl von der Willkür nicht gedeckt, bedachten die Erzbischöfe Hofpersonal mit den profitablen

Solebezügen – die Zeiten regelmäßiger, auskömmlicher Gehälter waren noch nicht angebrochen. So wurden 1522 aus dem Deutschen Born dem Leibarzt des Erzbischofs 16 Pfannen zugeschrieben, dem Barbier und Chirurg zehn Pfannen, dem Kammermeister zwei Pfannen; 1523 erhielten der Kammerschreiber drei und der Kammerdiener sechs Pfannen. Für die Versiedung dieser Sole aber waren die Pfänner zuständig.

3. Die aufgeschobene Reformation: Kommunales Ereignis, Ratspolitik und bischöfliche Repression

Einschnitt jeder Stadtgeschichte ist die Reformation. Der Blick in die vergleichende Stadt- und Reformationsgeschichtsschreibung lässt schnell erkennen, dass die Einführung des lutherischen Bekenntnisses in Halle anders verlief als in den Reichsstädten Oberdeutschlands oder auch in Magdeburg. Ist für diese Städte oft eine Reformation im Eiltempo – in Magdeburg war mit Ausnahme des Doms die Reformation 1524/25 abgeschlossen – zu beobachten, so fallen für Halle die späte Einführung (1541) und die langsame Festigung (ab 1546) ins Auge. Dort, wo katholische Herrscher ihre Residenz, Hofhaltung und Verwaltung aufbauten, taten sich für die frühe evangelische Bewegung Schwierigkeiten auf. Halle war Residenzstadt Kardinal Albrechts, und dieser tat alles, um die Ausbreitung der neuen Lehre in seiner Stadt zu verhindern. Auf der einen Seite versuchte er, mit dem neuen Stift eine Einrichtung aufzubauen, die innerhalb des überkommenen Katholizismus Reformen anstrebte, auf der anderen Seite ging er dort, wo er die weltliche Macht ausüben konnte – und das war in Halle, jedoch nicht in Magdeburg der Fall – massiv gegen Anhänger der neuen Lehre vor. Um die Reformation im Halle des Kardinals Albrecht zu beleuchten, lauten die Leitfragen: Warum konnte sich die Reformation in Halle „nur" verspätet durchsetzen? Was waren die institutionellen Folgen der verspäteten Reformation?

Klerus und Antiklerikalismus

Ein Blick in die hallische Stadtgeschichte von 1517 bis 1541 zeigt, dass unter Pfarrklerus und Mönchtum die frühe evangelische Bewegung und das dezidierte Luthertum nur wenige Anhänger fanden: Während in Magdeburg die Augustinereremiten und Teile des Pfarrklerus schon an der Abfassung der an den Rat adressierten Reformationsartikel von 1524 beteiligt waren, ergibt sich für Halle ein anderes Bild: Die reformatorische Predigt, die zum Handeln aufforderte, die Abschaffung der Messe, die Propagierung des Gemeinen Kastens oder die Spendung des Abendmahls unter beiderlei Gestalt sind – bis auf eine Ausnahme (s. u) – für die Pfarrkirchen nicht nachzuweisen! Zwar berichten die hallischen Stadtgeschichten von einigen reformatorisch gesonnenen Predigern, doch ihr Wirken zeitigte keine langfristigen Folgen. Als Märtyrer der hallischen Reformation gilt der Prediger am Neuen Stift, Georg Winkler, der von 1523 bis zu seiner Ermordung bei Aschaffenburg im Mai 1527 evangelisch, d. h. Schriftprinzip und allgemeines Priestertum, predigte. Auch spendete er den Hofbeamten die Kommunion unter beiderlei Gestalt. Doch eine Verbindung von Predigt und bürgerlichem Aufruhr ist nicht festzuhalten. In dieser Phase tolerierte Albrecht auch solche neuen Predigten, solange sie nicht mit Kirchenkritik einhergingen. Gerne wird in der Literatur auch auf Thomas Müntzers Wirken im glauchischen Zisterzienserinnenkloster verwiesen, doch zog er schon 1523 aus der Stadt. Berühmte Reformatoren waren in der folgenden Zeit nicht in der Stadt tätig, und Luther, der im Juni 1524 in Magdeburg die Reformation mit in gemäßigte Bahnen zurückgeführt hatte, predigte in Halle erstmals am 5. August 1545! Vordem hatte er sich vorrangig mit den Aktivitäten Albrechts, etwa dem Heiltum oder dem vermeintlichen Justizmord an Hans von Schenitz, beschäftigt. Seine Trostschrift an die Hallenser nach der Ermordung Winklers richtete sich auch und vor allem gegen Albrecht. Die Pfarrer der vier Pfarrkirchen blieben bis 1541 katholisch, ja der altgläubige Pfarrer Dr. Metz und der katholische Pfarrer von St. Ulrich, Sauer, sind bis zum Wittenberger Vertrag 1546 nachzuweisen!

Entscheidend sind auch die intellektuellen Speerspitzen: War es in Köln die Universität, so in Halle das von Kardinal Albrecht 1520 gegründete Neue Stift, das, sieht man von Winkler ab, tendenziell altgläubig blieb. Der Propst des Neuen Stifts, Vehe, bot sowohl als Prediger als auch als Verfechter moderater Veränderungen im Sinne humanistischer Kirchenreform, etwa der Aufnahme der Volkssprache, den Ideen Luthers Paroli.

Fragt man nach den anderen religiösen Zentren der Stadt, so ist festzuhalten, dass die Bettelordensklöster der Dominikaner und Franziskaner bis 1561 Bastionen der Altgläubigkeit blieben; von ihnen gingen keine Impulse aus. Diejenigen der Mönche und Stiftsherren, die mit der Kritik Luthers an außerweltlicher Askese und stellvertretendem Gebet konform gingen, wirkten nicht in Kloster und Stadt weiter, sondern zogen aus.

1523 floh der lutherisch gesonnene Propst Nikolaus Demuth aus dem Stift Neuwerk, 1526 traten weitere sechs seiner Mitbrüder aus dem Augustinerchorherrenstift aus. Schon 1525 beklagten Propst und Konvent, dass „etzliche unnsers Closters personen ... zu leichtfertigen Leben unnd Ablegung geburlichs Gehorsams" durch „Irthumb, Uffrur" angeregt worden seien. Das Stift wurde dann 1530 von Albrecht geschlossen.

Die Reformationsforschung hat auch der Kritik am Klerus und an überkommenen katholischen Frömmigkeitsformen eine große Bedeutung für den Beginn der Reformation zugewiesen. Störung der Predigt, karnevaleske Karikatur des Gegners, verbale und gewalttätige Übergriffe sowie Spottlieder und -verse sind einige der Manifestationen, die für die „heiße" Phase der Reformation nachzuweisen sind. Vor diesem Hintergrund fällt für die Saalestadt sofort das Hallesche Heiltum ins Auge, jener Schatz von Reliquien, dessen Weisung 39 Millionen Jahre Ablass verhieß. Zwar ist es richtig, dass nach den ersten großen Heiltumsweisungen zu Beginn der 1520er Jahre eine solch dezidiert katholische Manifestation in der Öffentlichkeit unterblieb, doch war dies den Angriffen Luthers und nicht etwa denen aus der Stadt geschuldet. In der Stadt hören wir nichts von Protesten; sie wird von der Weisung profitiert haben. Immerhin fand diese zeitgleich mit dem großen Jahrmarkt am Fest Mariä Geburt statt. Ferner gab es in Halle weder Bilder- und Klosterstürme noch tätliche Angriffe auf den Klerus, ganz im Unterschied zu Magdeburg, wo es am Festtag Mariä Himmelfahrt des Jahres 1524 zum Sturm auf den Dom und zur Zerstörung von Bildern kam. Ob die in der Stadt verkauften Flugschriften tatsächlich den Klerus verächtlich machten, muss offen bleiben. Viele Schriften werden es nicht gewesen sein, denn Halle war kein Druckort. Immerhin warf Kanzler Türk 1531 dem Rat vor, in der Stadt den Verkauf „leichtfertiger" Schriften und schändlicher Gemälde zu dulden, worunter sich u. a. eines befand, das Papst und Kardinal als reißende Wölfe darstellte.

Statt vom Antiklerikalismus zu sprechen, müssen wir seit den späten 1520er Jahren eine allmähliche, schleichende Abkehr von einzelnen Elementen des alten Glaubens konstatieren, etwa wenn es um Messstiftungen, gute Werke und stellvertretendes Gebet der Mönche ging. Auf dieses allmähliche Verdunsten des Katholischen deutet die Verkaufsurkunde des Servitenklosters hin. In ihr beklagten sich 1527 die Neuen Brüder, dass ihnen der Unterhalt des Klosters unmöglich gemacht werde, da Schenkungen und Almosen ausgeblieben seien. Aufgrund dieser Notlage habe

Die aufgeschobene Reformation

Die Kirche St. Ulrich ging aus dem vormaligen Servitenkloster hervor

man sich entschlossen, das Kloster an Albrecht zu verkaufen, der dann den Mönchen erlaubte, im Mönchshabit des Ordens und ohne Heiratsabsichten in der Diözese Magdeburg Pfarrstellen einzunehmen. In den frühen 1530er Jahren wird zudem deutlich, dass offensichtlich ein Teil der Bürgerschaft lutherisch geworden war, denn man „lief" in benachbarte Gemeinden – Bennstedt, Brehna und Eisleben – „aus", um dort das Abendmahl unter beiden Gestalten zu empfangen.

Halten wir fest: Einen dezidierten Antiklerikalismus gab es in Halle ebenso wenig wie eine frühe Trägergruppe der Reformation innerhalb der Geistlichkeit. Deshalb nun zur Rolle von „Volk", „Bürgerschaft" und Rat.

Das Volk

Das so genannte Volk, d. h. die niedrigsten sozialen Schichten der städtischen Gesellschaft, wird gelegentlich als Antreiber der Reformation gesehen; ja dieses Ereignis ist bisweilen als Klassenauseinandersetzung stilisiert worden. Doch eine „radikale Reformation", die auf den Sturz des Ratsregiments abzielte, gab es in Halle nicht.

Die entscheidende Gruppe, die in Halle als „Volk" aufgefasst werden kann, ist das Talvolk, d. h. jene ca. 600 bis 800 Personen umfassende Arbeiterschaft, die in den Siedekoten und an den Brunnen im Tal durch ihrer Hände Arbeit Geld und Solebezüge erwarb. Doch alles in allem: Aus dem Tal kamen keinerlei Impulse, obwohl das Talvolk immer für bewaffnete Auseinandersetzung gut war. Wir hören bis 1541 nur von dem Tumult eines Teils des Halloren vor der Moritzburg im Dezember 1523. Dieser Aufruhr scheint auch gegen den Rat gerichtet gewesen zu sein, weist aber keine explizit reformatorischen Bezüge auf. Ansonsten sind lediglich anekdotenhafte Begebenheiten zu vermelden, die das Hallvolk mit der Reformation in Zusammenhang bringen. Es ging um die Rüge einzelner Pfarrer, aber nicht um eine Vermischung von religiöser und sozialer Bewegung. 1541 fiel ein Salzwirker in Ungnade, weil er dem katholischen Pfarrer der Marienkirche, von dem wir noch hören werden, einen Strohkranz aufs Haupt gesetzt hatte. Die Dominikanermönche zogen nach der Schließung des Neuen Stiftes mit Vergnügen wieder zurück in ihre Kirche, weil an der Moritzkirche der Spott der Talarbeiter zu groß war. Entscheidend dafür, dass im Unterschied etwa zu Magdeburg das Volk nicht in Erscheinung trat, ist der Einklang von Talarbeiterschaft und Pfännerschaft. Dies war im Rahmen des Stadtkonflikts 1478 deutlich geworden, als das Hallvolk die Pfänner gegen Innungen und Gemeinheiten mit Waffengewalt verteidigte. Solange also die Pfänner katholisch blieben bzw. taktisch zur Ruhe gemahnten, fiel das Hallvolk als Speerspitze der sozialen *und* reformatorischen Bewegung aus.

Die Bürgerschaft: Patriziat und Führungsschichten, Innungen und Gemeinheit

Oben ist bereits beschrieben worden, dass es handfeste materielle Gründe für die sozialen Spitzengruppen der Stadt – Pfänner, Kaufleute, Juristen und Hofbediente – gab, Loyalität gegenüber dem Erzbischof zu zeigen. Demgegenüber fällt es für Halle schwer, die Mittelschicht, organisiert in Innungen und Gemeinheit, zu bestimmen. Hinzu kommt, dass die hallische Gemeinheit nach 1478 auch Inhaber von Solegut umfasste. Den Handlungs- und Organisationsrahmen gaben dabei die vier Kirchspiele der Stadt ab. In den 1520er und 1530er Jahren gab es mit einer Ausnahme keine Aktivitäten: Im April und Mai 1525 richteten die Pfarren an Kardinal Albrecht, der in der Moritzburg weilte, Artikel, die das religiöse Leben betrafen. Die Pfarre Unser Lieben Frauen forderte, „das diesse gemeine der stadt Halle zusampt allen iren inwohnern nicht furder ader wider das gebott gottes und alle biblischen lere belestiget ader gedrungen were". Ferner ging es um das Pfarrwahlrecht, „christlich schulen" und die Kommunion „in beider Gestalt". Die Ulrichspfarre verlangte zudem einen Gemeinen Kasten, d. h. die Zusammenlegung und Kontrolle aller kirchlichen Stiftungen. Diese Punkte waren verknüpft mit sozialen Forderungen, etwa dass die reichen Pfänner nicht mehr brauen durften. Entscheidend ist nun, dass der Ansprechpartner der Forderungen und des Protestes Kardinal Albrecht und eben nicht der Rat war! Dieses beruhte auf einem geschickten Schachzug Albrechts, denn er ließ die „gemeine beider pfarren" von St. Gertrud und Unser Lieben Frauen auf dem Kirchhof zusammenkommen, beteuerte zunächst, dass er trotz der Bedrohung durch die Bauernheere in Halle bleiben werde, und ließ Kanzler Dr. Laurentius Zoch, Sohn eines Pfänners, empfehlen, dass Innungen und Gemeinheit sich beraten sollten. Nach dem Erhalt der religiösen Forderungen spielte Albrecht auf Zeit und konnte nach der Niederlage der Bauern bei Frankenhausen ablehnend reagieren und einige der Aufrührer von 1523, aber auch der Wortführer von 1525 verhören und z. T. bestrafen.

In der Folgezeit verloren Innungen und Gemeinheit die Fähigkeit zum gemeinsamen Handeln. Dies war aber nicht nur der Repression Albrechts geschuldet. Vielmehr bestand in Halle ein außerordentlich flexibler Rahmen für die Teilhabe von Innungen und Gemeinheit am politischen Geschehen, so dass potenzielle Forderungen direkt in den Rat einflossen. Denn die Meister der Innungen und die Bürger, die nicht Mitglied der Innungen waren und sich in Form der vier, später drei Kirchspiele als Gemeinheit organisierten, waren seit den sozialen Auseinandersetzungen in den 1420/30er und 1470er Jahren am Rat beteiligt. Zum Zwölferrat, dem ja auch Innungsmeister und Gemeinheitsbürger angehörten, kamen aus den vier Vierteln je zwei Vertreter und aus den sechs Innungen je ein Meister hinzu, um bei „merklichen Sachen" gehört zu werden. Und die nachfolgend skizzierten Übereinkünfte mit Albrecht waren dann auch von Innungen und Gemeinheit gestützt. Erst allmählich wurde dann der Rat, d. h. auch der weite Rat, mit lutherischen Ratsherren besetzt, das bedeutet, Innungen und Gemeinheit konnten so Mitsprache in religiösen Streitfragen ausüben. So scheinen bei der Kooptation 1533 sechs von 26 und 1534 17 von 26 Ratsherren Lutheraner gewesen zu sein. Doch Albrecht verwies einige von ihnen aus der Stadt!

Was in den Köpfen der Bürger vorging, die sich trotz des persönlichen Risikos zur Lehre Luthers bekannten, kann im Einzelnen nicht beschrieben werden; viele der frommen Gedanken und Hoffnungen bleiben dem

Wappen des Seidenstickers Hans Plock mit Überschrift und Besitzvermerk

Historiker verborgen. Aber es gibt Indizien, wie einzelne Bürger sich zum evangelischen Gedanken und dann Luthers Theologie zuwandten. Oben erwähnte ich den Seidensticker Hans Plock, der Albrecht von Mainz nach Halle gefolgt war. Im kürzlich erschienenen Sammelband zu den Büchern und Kostbarkeiten der Marienbibliothek findet sich auch ein Verweis auf eine Bibel von 1478, die sich in seinem Besitz befand. Über Plocks Wappen findet sich handschriftlich der Wahlspruch der frühen evangelischen Bewegung, von Kurfürst Johann von Sachsen 1526 auf dem Reichstag zu Speyer genutzt: GOTTES WORT BLEIBT EWIGK // WER I(h)M GLAVBT WIRT SELIGK (Jesaja 40, 8; 1 Petrus 1, 25). Und in Plocks Luther-Bibel können noch heute die eigenhändig beschriebenen Blätter nachgelesen werden, in denen sich Plock über Zentralaussagen des Alten und des Neuen Testaments im lutherschen Sinne vergewisserte. Für das Ringen um den rechten Glauben kann auf Seiten der Altgläubigen Ratsmeister Caspar Querhammer herangezogen werden: In Schriften setzte er sich mit Luther auseinander, so etwa im „Bekenntnis meines Glaubens", zudem ist er als Schöpfer von deutschen Kirchenliedern bekannt geworden.

Der Rat

Unabhängig von dem Eingreifen des Erzbischofs ist die Frage zu stellen, warum der Rat bis 1541 keinerlei Initiative zur Einführung der

Reformation unternahm. Die ältere Forschung zur Reformation in den Reichsstädten konstatiert für den Rat das Bemühen, die spätmittelalterliche Sakralgemeinschaft zu erneuern oder erst zu vollenden. Wendet man das Argument auf die Residenzstadt eines Hochstiftes an, so wird im Falle Halles deutlich, dass der Einsatz des Rates in der ersten Phase geradezu von dem Bemühen gekennzeichnet ist, die Sakralgemeinschaft zu optimieren, d. h. kirchliche Privilegien zu mindern und Patronate zu kommunalisieren. Oben ist bereits auf die zahlreichen Übereinkünfte hingewiesen worden, die der Rat zum Nutzen der Stadt mit Kardinal Albrecht einging. Auf der Habenseite standen das Präsentationsrecht für die Vikarien des Neuen Stifts, das Ende des Patronatsrechts von Kloster Neuwerk, die erzbischöfliche Genehmigung der Vereinigung der Marien- und der Gertraudenkirche, der Übergang der Mühle am Klaustor an die Stadt, der Untergang der Schulhoheit, die Verlegung der Friedhöfe außerhalb der Stadt. Wohl auch deshalb versprach der Rat 1529: „mit gantzen Ernste unsers hochsten Vermogens darober halten, das in den Pfarrkirchen alle gotliche Amte und Ceremonien mit singen, lesen, circuiren und andern, alles nach alter loblicher, christlicher Ordnung unnachlessig gehalten" werden; er bekannte sich also zum Katholizismus!

Der Beginn der Reformation

Bis 1541 wurden Wünsche von Seiten der Stadtbürger, den lutherischen Gottesdienst einzuführen und das Abendmahl unter beiderlei Gestalt zu empfangen, an den Rat nicht herangetragen. Es gab keine breite religiöse und keine soziale Bewegung, die *öffentlich* auf den Wandel der Kirche hinarbeitete. Der Rat selbst stand unter dem Druck des Kardinals, der immer wieder Demonstrationen der Rechtgläubigkeit, etwa die Kommunion unter einer Gestalt, verlangte. Erst im Frühjahr 1541, als Kardinal Albrecht seine Residenzstadt Halle und das Stift Magdeburg für immer verließ, änderte sich die Situation. Jetzt sehen wir ein Institut auf den Plan gerufen, das die diffusen Wünsche des Bürgerschaft bündelte. Diese Einrichtung ist der aus der vergleichenden Stadtgeschichte des Spätmittelalters und der Reformationsforschung wohl bekannte Ausschuss.

Mit der Zusage des Rates auf dem Landtag zu Calbe 1541, sich an der Schuldendeckung Albrechts mit 22.000 Gulden zu beteiligen, war der Bürgerschaft das Faustpfand in die Hand gegeben worden, um den Rat zur lutherischen Reformation zu zwingen – es geschah also genau das, was in Magdeburg als Zusammengehen von Rat und Bürgerschaft schon 1524 gefasst werden kann. In Halle musste der Rat entsprechend der Willküren die Bürger über die Geldsorgen informieren, worauf die Bürger um ein „Gespräch" baten, was dazu führte, dass in Verbindung mit den Gemeinheitsmeistern des weiten Rates ein Ausschuss gebildet wurde, dem je acht Vertreter der vier Pfarreien angehörten – wohl eine Erinnerung an die Achtmannen, die im Spätmittelalter (und auch danach) für die gemeindliche Verwaltung des Kirchenvermögens (= Kirchenfabrik) zuständig waren.

Unter den 32 Vertretern – später ist von 30 die Rede – befanden sich Bürger verschiedener sozialen Gruppen: Handwerksmeister und Patrizier, selbst ehemalige Ratsmeister. Die Vertretungsmacht des Ausschusses war durch Schwur begründet; die Bürgerschaft hatte ihm den Befehl gegeben, keine Kompromisse zu machen, und die Mitglieder hatten zu versprechen, „hart und fest bei dem wort gottes [zu] stehen". Der Ausschuss sollte den Rat dazu bringen, lutherische Prediger und Schulmeister einzusetzen, nur dann war die Bürgerschaft bereit, die Steuerlasten zu tragen.

Das hinhaltende Taktieren des Rates gegenüber diesen Forderungen macht das Dilemma der Rastherren deutlich. Dem nun im Erzstift Mainz weilenden Erzbischof und seinem in Halle für ihn handelnden Statthalter Johann Albrecht von Brandenburg-Ansbach sollte bei allen Maßnahmen deutlich werden, dass das Vorgehen des Rates nicht gegen sie als die weltliche Obrigkeit gerichtet sei; die Angst vor Repression, die ja aufgrund der Missachtung erzbischöflicher Weisung nicht abwegig war und im Übrigen vor dem Hintergrund der Regimentsordnung von 1479 und der Vereinbarungen von 1529 zu sehen ist, war berechtigt. Der Rat ermahnte den Ausschuss, er solle „doch nicht so geschwinde mit dem kopf herdurchgehen". Und nur nach der Rückversicherung, dass, wenn der Rat sich das Missfallen des Kardinals und des Statthalters zuzöge, die „Gemeine ihm einen beistand tun" würde, stimmte er einer Deputation zu, die nach Leipzig geschickt wurde, um Prediger nach Halle zu holen. Ihr gehörten vier Vertreter an, zwei vom Rat, zwei vom Ausschuss. Die beiden Deputierten des Rates waren katholisch, bei den beiden Lutheranern des Ausschusses handelte es sich um ehemalige Ratsherren (Delius, S. 144–147).

Auch die nach einigen Verwirrungen dann stattfindende Installation von Justus Jonas zeigt, dass der Rat in mehrfacher Hinsicht Rücksicht auf den Kardinal nahm. Zum Ersten: Jonas wurde aufgetragen, zunächst für „zwei Monate oder länger" für den Predigtdienst zu bleiben, d. h. die Kommunion unter beiderlei Gestalt noch nicht zu spenden. So predigte

Jonas am Karfreitag, 15. April 1541, erstmals in der Marienkirche; erst am 28. April erfolgte auf seine Initiative das erste Mal die Spendung des Abendmahls auf neue Weise. Zum Zweiten wird die Rücksichtnahme auf den Kardinal an der Position von Jonas offensichtlich. Er wurde nicht auf die Pfarrstelle der Marienkirche berufen – diese hatte nach wie vor der Katholik Dr. Matthias Metz inne –, sondern auf die dortige Predigerstelle (!), eine Pfründe, die Nikolaus Schildberg 1504 gestiftet hatte und für deren Verwaltung Rat, Testamentsrektor und Kirchväter zuständig waren. Es waren dann der katholische Caspar Querhammer, der als Kirchvater der Marienkirche, Testamentsrektor und Ratsmeister zugleich tätig wurde, sowie die Ratsherren bzw. Kirchväter Kurbauch, Ockel und Sauermann, die Jonas formal für das Amt benannten. Nichts wurde radikal verändert, alles verlief in Bahnen, die den Konflikt verhindern sollten. Der Freude der lutherisch gesonnenen Bürger und Einwohner taten diese Kompromisse keinen Abbruch. Als Jonas „vor einer großen Menge", die er noch nie so zahlreich in einer Stadt gesehen hatte, predigte, „falteten die Menschen die Hände zum Gebet und riefen Gott ihren Dank zu". „Unter Tränen beteten Alte, Männer, Mütter; sie alle waren fromm und dürsteten sehr nach dem Wort Gottes" (Übersetzung). Dem in Regensburg weilenden Kardinal, der Halle ja auf ewig den Rücken gekehrt hatte, bedeutete man wenige Tage später, dass er allen Ständen des Stifts das Evangelium gestattet habe und die Stadt Halle ihm, dem Erzbischof und Kurfürst, „so viel gethan hätte und noch thäte, als irgend eine Stadt im ganzen Reiche bei ihrem Fürsten und Herrn thäte, und wollten auch solches hinfort thun nach ihrem besten Vermögen."

Damit wird deutlich, dass die Einführung von lutherischer Predigt und des Abendmahls unter beiderlei Gestalt aus dem Zusammengehen von lutherischem Ausschuss und gemischt-religiösem Rat erwuchs. Der Rat wusste um die religiöse Mehrheit in der Stadt, hatte also um des Stadtfriedens willen die religiöse Veränderung durchzuführen. Er vermied alles, was auf Konflikt mit dem Landesherrn hinauslief. An dieser Grundtendenz sollte sich auch in den Jahren von 1541 bis 1565 nichts ändern.

Langsame Festigung

Für Halle ist die Reformation der kleinen Schritte entscheidend, diese wurde zudem unterbrochen durch die Besetzung durch Herzog Moritz von Sachsen im Gefolge des Schmalkaldischen Krieges. Erst als der Landesherr in Gestalt des Erzbischofs Sigismund sich 1561 offen zum Luthertum bekannte, fand die Reformation ihren Abschluss, allerdings mit dem entscheidenden Unterschied zur Fürstenreformation, dass der Erzbischof kein landesherrliches Kirchenregiment mehr aufbauen konnte. Betrachten wir zunächst die Strukturen und Ereignisse nach dem Kommen von Jonas.

Zwar war die Mehrheit der Stadt für das Luthertum, doch hingen Ratsmeister, weitere Ratsherren, Pfarrer sowie die Bettelorden weiterhin dem katholischen Glauben an. Der Rat wurde ab 1541 nicht nur vom Ausschuss angetrieben, der bis 1546 nachzuweisen ist, sondern auch und besonders von den lutherischen Prädikanten. Deshalb zunächst zu Justus Jonas. Dieser setzte zunächst auf Überzeugungsarbeit, also auf das Wort. Gegenüber der weltlichen Obrigkeit verhielt man sich gemäß der Auslegung Luthers in Bezug auf die berühmte Passage im Römerbrief 13: Seid untertan Eurer Obrigkeit. Jonas mahnte in seinen Predigten zum Gehorsam gegenüber Rat, Kardinal und Statthalter.

Jonas schmerzte aber auch die nach wie vor starke Fraktion der Altgläubigen. Am 15. Januar 1542 forderte der Reformator, gestützt auf den Ausschuss, in einem Gutachten den Rat auf, die Klöster abzuschaffen. Seit fast einem Jahr hätten die beiden Klöster mit ihrem „Baals Dienst", „falschen lehren, gottlosen Ceremonien und predigen dieser Warheit Gottes wiederstrebt ..." Ein „christlicher magistrat" habe als Obrigkeit die Aufgabe, diesen „falschen Gottesdienst ... abzuthun" und die Klöster zu schließen. Dazu sei der Rat befugt, da er einst den Klöstern Grund und Boden bereitgestellt habe. Zudem seien die Klöster dem Bischof nicht unterstellt. Doch noch 1546 musste er feststellen, dass die Mönche gegen ihn handelten. Sein Brief an Veit Dietrich macht deutlich, dass in Halle eine heftige theologische Auseinandersetzung tobte: „Der Satan hasst unsere Kirche von Halle, und er ist uns sehr verdrießlich durch die franziskanischen Monster und die die alten Beginenweiber, jene nächtlichen Huren der Mönche" (Übersetzung).

Neben den Mönchen zogen sich insbesondere der katholische Pfarrer von Unser Lieben Frauen, Dr. Metz, und Ratsmeister Querhammer die Feindschaft von Jonas zu: 1544, 1550, 1553 und 1556 nahm Letzterer die Stelle des Ratsmeisters ein. Jonas forderte 1545 vom Rat, Querhammer wegen dessen dezidiert katholischem Bekenntnis, das er auch in „gottlosen gifftigen Büchern" wider Martin Luther geäußert habe, festzusetzen. Wiederholt erwartete er auch vom Rat, Dr. Metz aus der Stadt zu entfernen, weil der katholische Geistliche mit „stinckend gotteslästerlichen Maul mit der Cloak und Gallrede" gegen ihn und seine Mitpfarrer gehetzt habe.

Erneut stellt sich die Frage nach dem Verhalten des Stadtrates. Dieser kam 1546 zu dem Fazit, dass Unruhe in der Stadt herrsche: Die *ministri verbi* (= lutherischen Prediger) seien aus „göttlichem Eifer und zelo dei wider solch halsstarrig Wesen, Schänden und Lästern übel zufrieden". Er, der Rat, setze sich zwar für „Friede, Ruhe und Einigkeit mit höchstem Fleiss" ein, aber dazu bedürfe es der Fortführung der Reformation. Doch andererseits wusste man, dass die Erzbischöfe, die in der Stadt residierten, nicht verprellt werden durften. Gegenüber dem Ausschuss und Justus Jonas spielte man deshalb auf Zeit und kam ihren Forderungen nur schrittweise und unter Einschaltung vieler Kompromisse nach.

Bezeichnenderweise weigerte sich der Rat 1542 in einer „Conferenz zwischen Rat und Ausschuss" nach hitziger Debatte, die Klöster aufzulösen. Diese unterstünden dem Erzbischof, was Jonas ja bezweifelt hatte. Es sei ratsam, „den Landesfürsten ohne Noth nicht weiter zu reizen". Entscheidender dann das zweite Argument: „Daß wann bey einer neugepflantzten Kirche etwas gemach und säuberlich verfahren würde, viel Dinge von sich selbst fallen, und die Religion dadurch mehr gefördert als gehindert werden würde." Da die meisten Hallenser sich zu der evangelischen Lehre bekennen würden, sei eine Schließung gar nicht notwendig. Die politische Klugheit und die Überzeugung, das neue Bekenntnis werde sich schon durchsetzen, führten also dazu, dass die Katholiken nicht völlig aus der neu konstituierten Sakralgemeinschaft Stadt ausgeschlossen wurden. Vertreter des alten Glaubens wie Caspar Querhammer, Gregor Ockel und Wenzel Kurbauch, allesamt hochangesehen, saßen nach wie vor im Rat.

Der Rat verbot den Bürgern lediglich den Besuch der Klöster, wohl wissend, dass dies dem Wirken der Mönche kaum Einhalt bot. Auch Justus Jonas erfuhr am eigenen Leibe die Politik der kleinen Schritte. Erst nach dreijähriger Wartezeit, in der seine Predigerstelle nur verlängert wurde, festigte der Rat seine Position. Am 11. Dezember 1544 wurde er vom Rat, Meistern der Innungen und Gemeinheit, also dem 26er Rat, „zu einem ordentlichen perpetuierlichen Seelsorger und Superattendenten" bestallt und ihm 300 Gulden aus der Stadtkasse versprochen. Damit stützte der Rat das lutherische Kirchenwesen, denn Jonas' gleichzeitige Ernennung zum Superintendenten brachte es mit sich, dass ihm sowohl die beiden anderen Pfarrer unterstellt wurden und dass zugleich das „rechtschaffen Gebet, auch Gleichförmigkeit der Lehre und äusserliche Ceremonien" unter seine Aufsicht gerieten. In diesem Zusammenhang ist auf die vergleichsweise späte Einführung einer Kirchenordnung im Frühjahr 1543 hinzuweisen. Ferner erfolgte die Einnahme des Moritzklosters und der Moritzkirche für den lutherischen Gottesdienst erst anderthalb Jahre später – Ende August 1542, nach der Ankunft von Jonas –, doch wurde sie dadurch abgesichert, dass am 6. November 1542 Kurfürst Johann Friedrich von Sachsen gegen eine jährliche Zahlung von 1.000 Gulden einen Schutzbrief ausstellte.

Der Vermittlung dieses Kurfürsten war es auch zu verdanken, dass die vorletzte Station der Institutionalisierung der Reformation erreicht wurde. Mit dem Wittenberger Vertrag vom 20. April 1546 konnte der Rat eine günstige Situation ausnutzen, denn die anstehende Huldigung gegenüber dem neuen Erzbischof Johann Albrecht bot die Chance, die Religionsfrage mit aufs Tapet zu bringen. Um den Treueid der Stadt Halle zu erreichen, versprach der neue Fürst die „Religion", die „itzunder in iren pfarkirchen, in unnd ausserhalb der Stadt Halle gehalten, ... unvorhindertt, unbeschwerdt und unbetrubt [zu] lassen". Ferner sagte Johann Albrecht zu, den katholischen „Pfarrherrn" von Unser Lieben Frauen von seinem Amt zu entfernen, und billigte den vom Rat mit dem katholischen Pfarrer von St. Ulrich getroffenen Vergleich, so dass auch dieser die Pfarre verlassen musste. Für den Fall der Klosterauflösung gestand der neue Landesherr dem Rat zu, Grund und Gebäude in städtischen Besitz zu überführen. Günstige Voraussetzungen für ein gefestigtes Kirchenwesen schuf die Zusage, dass der Rat alle geistlichen Lehen auch besetzen durfte bzw. sich mit deren Inhaber vergleichen konnte. Damit gestattete der Erzbischof implizit auch, dass der Rat die Patronatsrechte für Unser Lieben Frauen und St. Ulrich ausüben konnte.

Erneut stellen wir fest, dass im Konsens mit dem Landesherrn eine weitere Etappe der Reformation gelang – die hallische Reformation war damit kein Kampf um städtische Autonomien, sondern ist als Politik des Rates aufzufassen, die Sakralgemeinschaft Stadt bei Duldung Andersgläubiger herzustellen. Diesem Ziel hatten sich auch die neue lutherische Pfarrgeistlichkeit unterzuordnen.

Den Abschluss dieser langsamen Reformation bildet die Umwandlung des Franziskanerklosters in ein städtisches Gymnasium im Jahr 1561. Auch diese erfolgte nicht durch einen Gewaltakt; vielmehr verbot der lutherische Erzbischof Sigismund den Klöstern der Stadt den öffentlichen Gottesdienst und die Aufnahme neuer Brüder. Die bischöfliche (!), nicht städtische Erfassung von 1561 vermerkt: „Den munchen ist mit ernste auferlegt und gebotten, das sie ohne sonderlichen vorbewust und bewilligung unsers gnedigsten hern, des ertzbischoffs, keine personen mehr ins closter einnehmen, auch von den inventirten stucken garnichts entwenden sollen." Aufgrund der Fürsprache des erzbischöflichen Rates Paul Prätorius kam der Erzbischof am überkommenen Festtag Mariä Geburt 1564 der Bitte des Rates nach, der Stadt das Kloster für ein Stadtgymnasium zu überlassen. Die letzten vier Mönche wurden auf Kosten der Stadt nach Halberstadt zum dortigen Franziskanerkloster gefahren. Aus dem Ort heftigster katholischer Gegenwehr, angefeindet von den lutherischen Prädikanten, wurde eine Stätte, in welcher der Bildungsimpetus der Reformation seinen Ausdruck fand.

4. Die Stadt nach dem Weggang von Kardinal Albrecht – ein Überblick *(Andrea Thiele)*

Im Jahre 1541 hatte Kardinal Albrecht in Folge der Reformation Halle verlassen und seinen Sitz in sein zweites Erzbistum Mainz verlagert. Nach dem Tode des Kardinals im Jahre 1545 folgte auf dem magdeburgischen Bischofsstuhl dessen 1499 geborener Vetter, Johann Albrecht von Brandenburg-Ansbach, der hier bereits seit 1541 die Statthalterschaft geführt hatte. Bis zum Ausbruch des Dreißigjährigen Krieges residierten nun nacheinander fünf aus dem Hause Brandenburg stammende Bischöfe und Administratoren auf der Moritzburg in Halle. Zu ihrer tatsächlichen Präsenz in Halle, ihrer Hofhaltung sowie der von ihnen geführten Regierung ist noch immer wenig bekannt. Die Anwesenheit des fürstlichen Hofes und fürstlicher Amtsträger stellte sicherlich einen wichtigen Faktor für den Wohlstand der Stadt dar, war jedoch nicht dessen eigentlicher Motor. Dies war weiterhin das Salz, von dem Bürger und Bischöfe gleichermaßen abhängig waren.

Die erhaltenen baulichen Zeugnisse und wenigen verbliebenen Ausstattungsstücke vermitteln einen Eindruck davon, wie sehr die zunächst von Kardinal Albrecht eingeführte und vom Hof verwendete Renaissancebauweise die mittelalterliche Stadt überformt, zur Verbesserung städtischer Bauten wie der Neugestaltung des Rathauses und der Ratswaage geführt und auch eine große Zahl repräsentativer Bürgerhäuser hervorgebracht hatte. Dies wiederum lässt Rückschlüsse auf das Selbstbewusstsein und den Wohlhabenheit der Bürgerschaft zu. Der Marktplatz, die Märkerstraße, die Straße Hinter dem Rathaus oder die Brüderstraße stellten die vornehmsten Straßen der Bürgerstadt dar. Ob auf Einladung der Erzbischöfe und späteren Administratoren oder in Folge von Kriegsverläufen – Halle bot in der zweiten Hälfte des 16. Jahrhunderts und im beginnenden 17. Jahrhundert den repräsentativen Hintergrund für Besuche von Kurfürsten und Königen. Besonders hervorzuheben ist hier Kaiser Karl V., der 1547 im „Neuen Gebäude", der späteren Residenz, Quartier nahm. In unregelmäßigen Abständen fanden in Halle anlässlich dynastischer Ereignisse wie den Taufen der Administratorenkinder große, vorrangig höfische Feste statt, bei denen auch die fürstliche Verwandtschaft anwesend war.

Durchsetzung der Reformation

Nach dem Tode des katholischen Erzbischofs Johann Albrecht 1550, der in der Magdalenkapelle der Moritzburg seine letzte Ruhestätte fand, wurden nacheinander zwei Söhne des brandenburgischen Kurfürsten Joachim II. (1505–1571) durch das magdeburgische Domkapitel zum Bischof postuliert. Dies war zunächst der 1530 geborene und jung verstorbene, in Halberstadt begrabene Markgraf Friedrich IV. von Brandenburg (1551–1552). Er hatte erst mit einjähriger Verzögerung die Bestätigung des Papstes erhalten. Auf den Halbbruder folgte Markgraf Sigismund von Brandenburg (1552–1566), der jedoch erst 1554 in Halle einzog. Sigismund trat im Jahre 1561 offiziell zur evangelischen Religion über. Damit hatte sich die Reformation im Erzstift Magdeburg durchgesetzt. Im gleichen Jahr veranlasste Sigismund auch die erste Kirchenvisitation des Erzstifts.

Erzbischof Sigismund folgte 1567 der erste bereits zum Zeitpunkt seiner Wahl evangelische Administrator. Dies war der 1546 geborene, ab 1598 als brandenburgischer Kurfürst regierende Joachim Friedrich von Brandenburg. Anders als seine Amtsvorgänger auf dem magdeburgischen Bischofsstuhl war er seit 1570 verheiratet, und zwar mit Catharina, der Tochter des Markgrafen Hans von Brandenburg-Küstrin. Im Jahr seines Amtsantritts ließ er auch den seit zwanzig Jahren verschlossenen Dom in Magdeburg wieder öffnen und hier den lutherischen Gottesdienst einführen. Dreyhaupt berichtet, im Jahre 1574 habe sich König Heinrich III. von Frankreich auf der Rückreise von Polen „mit 3000 Pferden und 300 Mauleseln" in Halle aufgehalten. Heinrich III. sei begrüßt worden, „in das neue gebäude (die jetzige Residenz, A. T.) begleitet, allwo er einlogiret, des andern Tages auf der Moritzburg herrlich tractiret worden, und den 11. Januar seine Reise weiter fortgesetzt". Der Administrator aber habe wegen der „Pariser Blut-Hochzeit", der Bartholomäusnacht, bei welcher 1574 20.000 französische Hugenotten ermordet worden waren, dem König sein „großes Missvergnügen" mitgeteilt.

In Halle war im Jahre 1572 der erste Sohn Joachim Friedrichs, der spätere Kurfürst Johann Sigismund, geboren worden. Als Joachim Friedrich im Jahre 1598 das Amt des Kurfürsten erhielt, wählte das magdeburgische Domkapitel im gleichen Jahr seinen 1587 in Wolmirstedt geborenen, siebten Sohn, Markgraf Christian Wilhelm von Brandenburg, zum Administrator des Erzstifts. Dieser regierte bis zu seinem einundzwanzigsten Lebensjahr unter der Vormundschaft des Domkapitels, welches dadurch eine erhebliche Machtposition besaß. Der eigentliche Amtsantritt Christian Wilhelms im Jahre 1608 fiel fast mit dem Tode seines Vaters zusammen, so dass er „wegen der tieffen Trauer in aller Stille nur mit ein paar Kutzschen über den Neumarckt von hinten zu auf die Moritzburg" zufuhr. Dennoch wurden nach Dreyhaupt „nach seiner Ankunft einige große Stücken auf dem Schloßwalle losgebrandt, und dadurch dessen Ankunfft dem Volcke kund gemacht."

Gescheiterte Rekatholisierung

Im dritten Jahrzehnt des 17. Jahrhunderts hatte der Dreißigjährige Krieg auch den niedersächsischen Reichskreis ergriffen. Das Gebiet des Erzstifts Magdeburg war etwa ab 1623, Halle seit 1624 direkt von Kriegshandlungen betroffen. Um die Leitung des Erzstifts konkurrierten verschiedene Interessenten, namentlich die Kurfürsten von Brandenburg und Sachsen. Auch Kaiser Ferdinand II. verfolgte eigene Ziele, hinzu kamen die „ausländischen" Kriegsparteien. War der magdeburgische Bischofsstuhl, wie zuvor beschrieben, seit über hundert Jahren fest in der Hand der Brandenburger gewesen, so bestimmte das Domkapitel aus politischen Erwägungen heraus und nach langen Verhandlungen August von Sachsen, den 1614 geborenen, zweiten Sohn des seit 1611 regierenden sächsischen Kurfürsten Johann Georg I., zum Erzbischof. Ein Argument mag hier wiederum die Minderjährigkeit des Herzogs gewesen sein.

Der Administrator Christian Wilhelm hatte zunächst versucht, eine neutrale Haltung einzunehmen, war dann aber 1625 vom dänischen König Christian IV. zum Generalleutnant ernannt worden. Da die kaiserlichen

Truppen die Erzstifte Magdeburg und Halberstadt 1625 besetzt hatten, musste Christian Wilhelm fliehen. Diese Gelegenheit nutzte das Domkapitel, um Herzog August zum Koadjutor zu bestimmen und 1628 – nach Absetzung des Brandenburgers – schließlich zum Erzbischof zu wählen. Christian Wilhelm kehrte jedoch um 1630 nach Magdeburg zurück und versuchte auch noch einmal, Halle mit militärischen Mitteln zu gewinnen. Jedoch konnte er das Territorium nicht mehr zurückerlangen, sondern wurde in einer „Kompromisslösung" mit den Einkünften aus den Ämtern Loburg und Zinna versorgt. Er starb erst im Jahre 1665 im Kloster Zinna.

Noch nach der Postulation Augusts von Sachsen durch das Domkapitel ließ Kaiser Ferdinand II. im Jahre 1627 seinen 1613 geborenen Sohn, Erzherzog Leopold Wilhelm von Österreich, zum Erzbischof von Magdeburg wählen und setzte 1630 auch die Huldigung der Stände durch. 1629 war das kaiserliche Restitutionsedikt ergangen, demzufolge das seit 1552 säkularisierte Kirchengut rückerstattet werden sollte und auch die Wahl des sächsischen Herzogs ungültig gewesen sei. Mit den Absichten des Kaisers und der geplanten Rekatholisierung des Erzstifts war so gut wie niemand einverstanden, auch nicht die Stadt Halle, deren Rat anlässlich der Huldigung eine umfassende „Apologia" veröffentlichte.

Tatsächlich verhinderte der Kriegsverlauf die vom Kaiser beabsichtigte Rekatholisierung, vielmehr geriet das Erzstift nun unter schwedischen Einfluss. Durch König Gustav Adolf, der nach 1631 das Territorium kontrollierte und dem auch Halle zu huldigen hatte, wurde Fürst Ludwig von Anhalt-Köthen (1579–1650) als Statthalter eingesetzt. Dieser führte das Erzstift bis 1635. In dem zwischen den Kaiserlichen und Sachsen geschlossenen Prager Frieden 1635 wurde der Magdeburger Bischofsstuhl auf Lebenszeit Herzog August von Sachsen zugesprochen. Der Westfälische Frieden von 1648 legte endlich fest, dass das Erzstift nach dessen Tod an Kur-Brandenburg fallen sollte.

5. Symbiosen: Bürgerschaft und Residenz in der zweiten Hälfte des 16. Jahrhunderts

Das neu formierte Salzpatriziat

Das anfangs des Kapitels III beschriebene Wiedererstarken der Pfännerschaft beruhte nicht zuletzt darauf, dass das hallische Salz auch im 16. und frühen 17. Jahrhundert seinen großen Absatzbereich halten konnte. Michael Hecht betont, dass eine schnelle Reoligarchisierung stattfand. Dieses bedeutet nicht, dass die alten Familien des 15. Jahrhunderts nach wie vor den Ton angaben. Zwar lassen sich einige der bedeutenden Pfännerfamilien des späten 15. Jahrhunderts auch für das 16. Jahrhundert nachweisen (Bötticher, Drachstedt, Greve, Katsch und Seber), doch entscheidend ist, dass sich ein Teil der alten Pfänner mit den neuen Aufsteigern des Jahres 1478 verband und dass die Pfänner sich offen dafür zeigten, auswärtige Patrizier durch Heirat in ihren Kreis aufzunehmen und damit am Siedemonopol zu beteiligen. Auch die Mitglieder der erzbischöflichen Hofgesellschaft konnten aufgrund von Belehnung mit Sole oder durch Heiratsbeziehungen in das Patriziat gelangen – das Salzpatriziat war gegenüber Gleichrangigen offen, während der Aufstieg in diesen Stand fast unmöglich war; man kann somit von einer neuen Elite in der Stadt sprechen! So war die Pfännerschaft auch nicht, wie es die Talordnungen und die Pfännerordnung von 1644 vorsahen, ausschließlich den Söhnen und Enkeln der Pfänner vorbehalten. Gleichwohl: Die Zahl der Siedeberechtigten, der eigentlichen Pfänner, verblieb zunächst bei ca. 100, entsprechend der Anzahl der Koten. Im 17. und 18. Jahrhundert kam es vor, dass sich zwei Pfänner ein Siedehaus teilten. So ist es erklärlich, dass die Zahl der Pfänner anstieg. Michael Hecht hat für das Jahr 1680 immerhin 143 Pfänner nachweisen können. Bedingung für die Zugehörigkeit war der Besitz von Solgut als erzbischöfliches Lehen, das in der „Lehntafel" eingetragen war, ferner das Eigentum oder die Pacht eines Kotes sowie ein gewisses Vermögen. Pfänner war nur derjenige, der, so die hallische Pfännerordnung von 1644, „keine andere geringe Nahrung daneben" betrieb, er durfte nicht „zu der gemeinsten Classe der Bürger und Handwerker gehören" (Förster 1793, zit. nach Hecht, S. 99), und in die hallische Pfännerstube gingen nur die, die „zu gehen gebüret und erleubet" sind, so die Pfännerstuben-Ordnung von 1650. Dieses neu formierte, nach unten abgeschottete Patriziat nahm im 16. und auch im 17. Jahrhundert im Rat erneut die beherrschende Stellung ein. Michael Hecht hat im Rahmen seiner Studien zur hallischen Stadtgeschichte nachweisen können, dass im Jahr 1530 immerhin 41 % aller Ratsherren Pfänner waren, 1580 lag dieser Anteil bei 44 % und 1630 sogar bei 62 %. Zudem besetzten die Pfänner auch die wichtigsten Positionen im Rat. So ist es nicht verwunderlich, dass der Rat sich erneut um die Sicherung der Salzproduktion kümmerte. Als erster Beleg ist die Holzversorgung zu nennen. Halle benötigte zu Beginn des 16. Jahrhunderts 100.000 Festmeter Holz. Im Jahre 1582 schloss der

Rat nach langen Verhandlungen einen Floßkontrakt mit dem albertinischen Sachsen und sicherte so bis weit in das 17. Jahrhundert die Holzversorgung der Saline. Im Gegenzug versprach der Kurfürst den Hallensern „soviel möglich nur hallisches Saltz" einzuführen (1662).

Auch in der Instruktion für die Ratsmeister (1555) finden sich die engen Verbindungen von Rat und Pfännerschaft: Zwölfmal im Jahr kamen sie zusammen, etwa zur Rechnungslegung, zur Vereidigung der Talbeamten, zur Abrechnung der Pachtsumme für den Erzbischof, zur Abnahme des Talschosses, aber auch zu den großen Festessen der Pfänner.

Diese Verschränkung von politischer und ökonomischer Spitzenstellung in der Stadt lässt analog zum Spätmittelalter die Frage aufkommen, wie in der Stadtgesellschaft Konsens, d. h. Legitimitätsglauben, in Bezug auf die Herrschaftsausübung einer auf Basis der Salzgewinnung reich gewordenen geburtsständischen Gruppe entstehen konnte? Diese Frage kann mit Argumenten der historischen Kulturwissenschaft beantwortet werden: ostentative Zurschaustellung der Berechtigung von Herrschaft, sprich die Repräsentation des Ranges in Sachkultur und Zeremoniell. Mittels sozialer Zeichensysteme wurde also das weiße Gold in symbolisches Kapital umgemünzt.

Die ritterliche Lebensführung, die Betonung der Anciennität, d. h. der uralten Abkunft, des Geschlechts und der besonderen Leistungen für die Stadt wurden der Stadtbürgerschaft und den Einwohnern zunächst im Kirchengebäude gezeigt. Hier ist auf das 1575 gegenüber der Kanzel, dem Ort der Auslegung des Gotteswortes, errichtete Ratsgestühl der Marienkirche hinzuweisen. Auch mit dem Profanbau lässt sich argumentieren. Beim 1558 vom hallischen Baumeister Nickel Hoffmann umgebauten und vergrößerten Talamt handelte es sich um einen schlichten Querbau, der durch zwei Zwerchgiebel, in die frontgliedernde Erker hineinliefen, hervorgehoben war. Das (erhaltene) Innere des Hauses weist demgegenüber eine aufwändige Gestaltung auf. Das Gerichtszimmer von 1594 ist mit Erkernische und brauner Holztäfelung versehen und wirkt „würdig-zurückhaltend" (Mrusek). In ihm wurde Gericht in Talangelegenheiten gehalten; die Gerichtskompetenz wurde durch ein Ölbild mit dem Jüngsten Gericht und durch die Inschriften *Fides* (Glaube) und *Iustitia* (Gerechtigkeit) deutlich gemacht. Doch war das Talamt wie schon sein Vorgängerbau auch Ort exklusiver Geselligkeit. Schönermark weiß vom Hörensagen, dass noch im 18. Jahrhundert die reichen Pfännerfamilien „ceremmoniöse an fein gedeckten Tischen den dampfenden Mocca tranken" (S. 412). Ort dieser Zusammenkünfte war das

Das Talamt (vor 1882)

"festlich-prunkende" (Mrusek) Hochzeitszimmer von 1607. Es ist mit aufwändigen Portalarchitekturen, einer wertvollen Kassettendecke und mit gemalten Allegorien der vier Jahreszeiten und der fünf Sinne versehen. Ferner finden sich, wie in der Renaissance üblich, Verweise auf die antike Mythologie. So diente das Talamt der sichtbaren Demonstration eigener Gerichtsbarkeit, der abgeschotteten Geselligkeit, aber auch der Selbstvergewisserung, dass Bildung und Kultur konstitutiv für das Patriziat werden.

Auch im Ritual wurde Rang demonstriert, konstituiert und bestätigt. Das Lehntafelhalten im Ratssaal und das Friedewirken im Tal gehörten ebenso zu den großen Ereignissen der Stadt wie die Hochzeiten der Pfänner. Die erzbischöfliche Hochzeitsordnung von 1559 erlaubte den Pfännern, gleichberechtigt mit den erzbischöflichen Räten 60 Gäste zu bewirten, andere Stadtbewohner hingegen mussten sich mit weniger Aufwand bescheiden. Im Ritual konnte auch die Bedeutung für den städtischen Wohlstand und damit für die ganze Stadtgesellschaft mit Attributen des Salzgewerbes herausgestellt werden. In Halle zogen 1616 die Pfänner beim Festzug anlässlich der Tauffeierlichkeiten für die Tochter des Administrators Christian Wilhelm mit den Attributen Salzschaufeln, -körben und -hacken im Miniaturformat durch die Stadt. Selbst ein qualmender Siedekot wurde dem Administrator, dem Hofstaat und den Zuschauern vorgeführt. (Beschreibung bei Freydank, Pfännerschaft, S. 86–88). Es heißt dann in der Erläuterung des Pfännerzuges: „Ritters Personen (= Pfänner, W. F.) sich nicht schemn/den Auffzug anzustelln." Obwohl selbst nicht an der Siedepfanne stehend, zeigten die hallischen Pfänner durch typische Attribute ihre organisatorische Zuständigkeit für die Produktion des weißen Goldes – sie distanzierten sich nicht von der Produktion, sondern demonstrierten ihren eigenen Reichtum, ihren Stand und die Wichtigkeit ihres Gewerbes für die Stadt. Dies machte einen erheblichen Teil ihrer Legitimität und Ranggeltung aus.

Kapitel III: Die Residenz- und Salzstadt (1503-1680)

Modell eines Siedekots beim Festzug anlässlich der Taufe der Tochter des Administrators Christian Wilhelm 1616

Der Rat als Obrigkeit

Der pfännerschaftlich bestimmte Rat brachte seine obrigkeitliche Funktion in einer verstärkten Mandatstätigkeit zum Ausdruck. Zwar hatten der Erzbischof bzw. der Administrator einige der ordnungssetzenden Kompetenzen an sich gezogen (etwa: Talordnung 1516, Hochzeitsordnung 1559, Pfännerordnung 1644, Polizeiordnung 1649) und sich zudem im Residenzbezirk ein dem Rat und der städtischen Gerichtsbarkeit entzogenes Areal geschaffen, doch in vielen anderen Belangen regulierte und verordnete der Rat aus eigener Kompetenz, die zudem dadurch gestützt wurde, dass aufgrund eines Abkommens mit dem Domkapitel die erzbischöfliche Befugnis, missliebige Ratsherren zu entlassen, 1599 eine gewisse Einschränkung erfuhr. Diese gewachsene Kompetenz sollte sich erst mit dem Übergang an Brandenburg 1680 ändern.

Als Beispiel für diese Politik des patrizischen Rates möchte ich an dieser Stelle zwei Bereiche angeben: die Regulierung der Wirtshauskultur und – damit verbunden – die Bierproduktion. Für den Zeitraum von 1534 bis 1634 kann Christina Müller 17 Ordnungen bzw. Mandate nachweisen, in denen der Rat der Stadt Halle Alkoholexzesse im Bier- und Weinkeller der Stadt und in anderen Trinkstuben zu bekämpfen suchte und gleichzeitig einen Verhaltenskodex für standesspezifische Geselligkeit definierte.

Mandat das tzechem im bierkeller vnd vff der treppen belangende (*Liber Mandatorum* [Buch der Mandate], folio 146 f.).

Wir Rathmanne [etc.] Thun Kunth allen vnd itzlichen vnsern Burgern vnd Einwonern
Nach dem sich etzliche vngewonliche Zechen eine zeither Jn dem Bierkeller vnd vff den treppen zu sitzen Zugetragen, Daraus vilerley rede vnd vnordenung eruolget, welchs vns Dem Rathe aus vilen vrsachen nicht leidlich[en]. ..., wir vorbiten auch allen vnd Jdern Burgern, Einwonern vnd andern, so Jn vnser Stadt Zu handeln vnd Zu schaffen haben, Das sie weder vff vnserm wein oder Bierkeller noch sonste[n] Jn Jrgent eim Schenckhause van walpurgis an bis vff Bartholamei nicht lenger bis Zu Zehen, vnd von Bartalomei bis vff Walpurgis Zu neun schlegen vff die nacht sitzen oder Zechen sollen, Dem Schencken wirth vnd gast Jdern bey einer marck vnnachlesslich Zubezalen vnd Zu geben. Vnd do sich auch nach beschlossnen Keller Jemands vber geburliche obangetzeigte vnd vermelte Zeit vffm wein oder Bierkeller begreiffen liesse, gegen denselben wallen wir vns mit gefencknis vnd Jn andere wege Zuuorfahren, vorbehalten haben, Darnach sich ein Jeder tzu richten. Des Zu vrkunde haben wir tzu ende Dises mandats vnser Stadt Secret (Siegel, W. F.) wissentlich aufdruck lassen Gescheen vnd gegeben Zu Halle Donerstags nach den heilig[en] ostern Anno etc. 1554

Ähnliche Regelungen, die sich um die „Sperrstunde" rankten, finden sich auch in der umfangreichen, 35 Artikel umfassenden Trinkstubenordnung von 1568. In dieser Ordnung setzte der Rat zunächst fest, dass die Trinkstube (= Pfännerstube) den Pfännern und Ratsherren, der Ratskeller den einfachen Bürgern vorbehalten war. Gesinde und Frauen hatten keinen Zutritt. In den Gaststätten sollte es gesittet zugehen: Verboten wurden Gotteslästerung und religiöse Disputationen, das Waffentragen, das „Rauffen", das Zutrinken (jeder hatte bei diesem Brauch so viel nachzutrinken, wie der Vorhergehende zu sich genommen hatte) und die „große unnd stedte Saufferey". Zudem wurde die Art und Weise der Musik reglementiert. Der Rat fühlte sich also gegenüber Gott und wegen des so genannten Gemeinen Nutzens, d. h. des Allgemeinwohls, für das Verhalten in den Wirtshäusern verantwortlich; aus dieser Verantwortung leitete er seine Herrschaft ab. Dies wird auch daran deutlich, dass er sich um die Zahlungsmoral kümmerte; das Anschreiben der Gäste sollte verhindert werden, denn verschuldete Bürger minderten ebenso wie das dauernde Zechen das Gesamtwohl der Stadt.

Auch die Ordnung des Bierbrauens macht diese Sorge des Rates um das Gemeinwohl deutlich. Nicht der Wille der einzelnen Bürger wurde in Mandate umgesetzt, sondern von einer übergeordneten Warte her überführte der Rat die Bierproduktion in neue Formen. Um 1420 war das Bierbrauen noch in einer Willkür als Angelegenheit der ganzen Bürgerschaft aufgeführt: „Ouch wilkörn wir, das nymand brawen sal, er sey ein burger czu halle, beeygent und beerbet, und sal brawen öbir vier wochen." Das Brauen als Bürgerrecht wurde 1468 in einer Brauordnung in Bezug auf Rohstoffkosten und Verkaufspreise eingeschränkt; dann folgte 1511 der wegen Brandgefahr dekretierte Abriss aller Darren in den Bürgerhäusern (!) und die Aufsicht über Neubauten. „Mit Rücksicht auf die Gesamtheit der Bürger beschnitt man die Rechte des Einzelnen" (Michael Ruprecht). 1535 ließ der Rat einen Teil der privaten zu öffentlichen Brauhäusern erklären; die Menge des Bieres richtete sich nach Steuerleistung der Einzelnen, das Braurecht blieb aber erblich und an Hausbesitz gebunden. Die Einkünfte aus diesem Nebengewerbe waren nun dem Status der Bürger angepasst. Allerdings verzichteten die Pfänner im Zuge dieser Regelung auf ihr Braurecht, dies war noch Reflex der sozialen Proteste von 1525. Die Bierproduktion wurde nun durch einen städtischen Beauftragten (Biermesser) kontrolliert. In der Folgezeit gab es weitere Mandate, die Rohstoffe, Qualität und Verkaufspreise festlegten und insbesondere dem „Verdünnen" des hallischen Bieres Einhalt gebieten wollten. Schlusspunkt der „Entbürgerlichung" des Bieres war in der zweiten Hälfte des 18. Jahrhunderts der Aufkauf aller Brauhäuser durch die Stadt.

Erfolgsgeschichte der Salz- und Residenzstadt: Stadttopographie und Festkultur

Die gute Konjunktur des Salzes und der Glanz der Residenz der nun lutherischen Administratoren führten zu einem „Bauboom" in der Stadt, der sowohl öffentliche als auch private Bauten umfasste. Neben dem Talamt als Zeichen der „bürgerlichen Hochrenaissance" (Mrusek) sind hier zuvörderst die Neu- und Umbauten am Marktplatz und der Stadtgottesacker zu erwähnen. Die wichtigste Baumaßnahme war wohl die aus der Übereinkunft von Rat und Kardinal Albrecht herrührende Vereinigung der Gertrauden- und der Marienkirche. Nachdem das Kirchenschiff von St. Marien abgerissen worden war, entstanden zwischen 1530 und 1539 unter Leitung des Baumeisters Caspar Krafft die ersten vier östlichen Joche des Langhauses. Dies war auch der Ort der ersten lutherischen Predigt. Nach einer Pause wurden die Bauarbeiten 1543 fortgesetzt, ab 1545 unter der Leitung des Ratswerkmeisters Nickel Hoffmann. Die weiteren sechs Joche wurden errichtet und auch die Türme erhöht. So entstanden zur Marktseite hin die charakteristischen Achteckgeschosse mit den welschen Hauben und der Verbindungsbrücke der Hausmannstürme. Im Inneren nahm Hoffmann die Überlegungen seines Vorgängers auf, an allen vier Seiten Emporen anzubringen, die dann im Sinne der Reformation mit Bibeltexten versehen wurden. Auch die Kanzel (1546) verkörperte reformatorisches Gedankengut. Insgesamt, so Dieter Dolgner und Hans-Joachim Krause, kann man diese chorlose Hallenkirche, die von zwei Turmpaaren im Osten und Westen begrenzt wird, als Ausdruck der obersächsischen Spätgotik fassen. Mit der Renaissance der albrechtschen Bauten im Residenzbezirk hatte die neue Marktkirche wenig Gemeinsames, denn sie war eine Kirche der Stadt. Die Marienkirche konnte aufgrund ihres großzügigen Schiffes, des Fehlens von Kapellen und ihrer Emporen den Wechsel zum Predigtgottesdienst im Sinne Luthers problemlos vollziehen. Am Festtag Mariä Empfängnis 1554 (8. Dezember) wurde die Fertigstellung mit einem Gottesdienst begangen. Die beiden Pfarrsprengel wurden vereint.

Demgegenüber waren die Maßnahmen am Rathaus bescheidener. Hier sorgte der Ratsbaumeister Hoffmann für eine Erhöhung des Eingangsrisalits, der nun, auf der Grundlage eines neuen Backsteinquaders, einen achteckigen Turm mit Kuppel erhielt und so einen architektonischen Gegenpol zur Marktkirche bildete (1568). Das Rathaus wies nun die bis zum Abriss 1948 bekannte „Doppelspitze" auf.

Der dritte Turm an der „Schauseite" der Ratsgebäude, der Gefängnisturm zwischen Rathaus und Waage, wurde hingegen im Zuge des von 1571 bis 1581 stattfindenden Neubaus des Waage-Gebäudes in das Hochzeitshaus integriert. Die neue Waage stellte sich als dreigeschossiges Gebäude zur Marktseite dar. Im Erdgeschoss, das durch ein kunstvolles, mit dem hallischen Wappen verziertes Portal betreten wurde, befanden sich nun das Gebäude der Marktaufsicht, im ersten Geschoss die Räume für die

Kapitel III: Die Residenz- und Salzstadt (1503-1680)

Marktkirche Unser Lieben Frauen

Zusammenkünfte der Innungen und der Gemeinheit der Marienpfarre, und das ganze Obergeschoss wurde als Festsaal genutzt. Das vierte bedeutende kommunale Projekt war der Stadtgottesacker im Osten außerhalb der Stadtmauer. Seit 1529 genutzt, begann Nickel Hoffmann 1558 den Friedhof einem italienischen Camposanto gleich umzugestalten. Stadtseitig befand (und befindet) sich der Haupteingang zu einem Beerdigungsplatz, der als unregelmäßiges Viereck nach Vorbildern in Mitteldeutschland (einflügelige Arkadenreihe in Eisleben 1554, Arnstadt 1537) und vielleicht auch Paris (Stadtfriedhof) entstand. Die 94 Grüfte für die Spitzen der hallischen Stadtgesellschaft befanden sich in den Außenflügeln, die zum Inneren hin jeweils mit Arkadenbögen versehen wurden. Diese Bögen und die darüber liegenden Felder boten Raum für Inschriften, die einerseits das Vertrauen auf die göttliche Gnade betonen, andererseits das Lob des Verstorbenen aufgrund von dessen Verdiensten enthalten. Als weitere kommunale Bauten sind das 1598 errichtete, dreistöckige Scharrengebäude (Kaufhaus) zwischen Brüderstraße und Großer Steinstraße sowie das dreigeschossige, 1562 errichtete Gebäude der Bergschöffen am südwestlichen Rand des Marktes, Eingang zum Trödel, zu nennen. Direkt neben diesem Gerichtsgebäude in Richtung Marienkirche errichtete die Mariengemeinde mit Unterstützung des Rates das Gebäude der Marienbibliothek. Dieser Bau zeugte wie die Errichtung des Gymnasiums im ehemaligen Franziskanerkloster davon, dass sich der lutherische Bildungsimpetus nun auch in der Stadttopographie niederschlug.

Doch nicht nur im kirchlich-kommunalen Bereich manifestierte sich die ökonomische und kulturelle Blüte der Salz- und Residenzstadt Halle. Viele neue Bürgerhäuser entstanden, deren charakteristische Merkmale neben der Steinnutzung und der Dreigeschossigkeit vor allem die kunstvollen Renaissanceportale, die Toreinfahrten, die Staffelgiebel und der Fensterschmuck waren. Das heutige Stadtmuseum (Christian-Wolff-Haus) ist zusammen mit dem 1870 verschwundenen Gasthof „Der goldene Ring" (heute Vorplatz Kaufhof) das bekannteste Beispiel.

Eine dermaßen prosperierende Stadt bedurfte einer städtischen Geschichtsschreibung, die den Ruhm in die Vergangenheit zurückprojizierte, und einer Festkultur, die diesen Glanz den städtischen und auswärtigen Teilnehmern erfahrbar machte. 1554 wurde der Merseburger Ernst Brotuff, der zwei Jahre später auch für die anhaltinischen Fürsten Traditionslinien konstruieren sollte, mit einer Chronik der Stadt beauftragt. Auch der halli-

Kapitel III: Die Residenz- und Salzstadt (1503-1680)

A. Grell: Portal eines Hauses an der Ranne'schen Straße, Aquarell um 1857

sche Ratssyndikus Dr. Thomas Cresse (1558–1636) verfasste ein umfangreiches Chronicon (6 Bde.), beginnend im Jahr 1, endend 1624. Bei Cresse finden sich dann auch ausführliche Beschreibung der Feste in der Stadt, vor allem der großen Schützenfeste 1560 und 1601. 1560 war es der Rat, der Schützen aus 123 Städten für den 27. September einlud, um beim Büchsen- und Armbrustschießen die Besten zu ermitteln und mit Preisen zu belohnen, die der Rat ausgelobt hatte. Zusätzlich war der Erzbischof, der das Unternehmen „gnädigst gefallen und zugelassen" hatte, eingeladen. Mit einem prachtvollen Einzug des Erzbischofs Sigismund, in dessen Begleitung sich sein Bruder, der Markgraf Hans Georg von Brandenburg, und der albertinische Kurfürst August befanden, begannen am 26. September die Feierlichkeiten; Schützen aus 39 Städten nahmen schließlich teil (1605 sogar aus 61 Städten). Ort des Geschehens waren die Pfingstwiesen vor den Toren der Stadt (heute nordöstlich der Hafenstraße). Der Rat legte besonderen Wert auf Zeremoniell und Ausstattung des Areals. So gab es eigens für diesen Zweck vom städtischen Zimmermann errichtete „Gebeude zum Schießen". Das „Furstenhaus" war unterteilt in eine „Chur- und Fursten Sitzstadt", wo die Fürsten ihren Platz hatten und die Zielscheiben in den Blick nehmen konnten. Die Wände waren mit Gemälden geschmückt, die Abbildungen „etlicher Chur- und Fürsten des Reichs" zeigten. Im Obergeschoss des „Furstenhaus" hatte der Rat das Frauengemach herrichten lassen; dort konnten auch die Fürsten ihre Mahlzeiten halten. Eigens drei „Credenztische" hatte der „Ehrbar Rat" arrangiert. Dem Erzbischof kam ein Samtstuhl zu. Eine Tür des „Furstenhauses" war mit dem Stadtwappen versehen, die andere mit dem Wappen des Erzbischofs. Für die „gemeinen Schutzen" waren 26 Schießbuden vorgesehen. Weiterhin gab es im Umfeld des Schießplatzes Küchenbuden, eine erzbischöfliche Kegelbahn, ein „Topfhaus", in dem der Rat eine Lotterie veranstaltete, und natürlich den „Ratskeller". Ein Bier- und ein Weinherr, beides Ratsherrn, führten dort die Aufsicht, so dass beim Ausschenken von Rhein- und Frankenwein sowie des Torgauer, Einbecker und Freyberger Bieres an die Gäste alles mit rechten Dingen zuging. Der Gewinner des

Schützenfest-Klippe von 1560 mit Porträt von Kurfürst August von Sachsen

Armbrustschießens erhielt auf Weisung des Erzbischofs Sigismund einen Ehrenkranz, der ihm im Beisein des Erzbischofs, des Kurfürsten, anderer Grafen sowie aller hallischen Ratsherren von der Tochter des Ratsmeisters Milde überreicht wurde. Reigentänze schlossen sich an. Nach der Verteilung der Geldgewinne für die besten Schützen – der treffsichere Kurfürst August erhielt allein 200 Taler – kam es am 1. Oktober noch zu einer besonderen Gunstbezeugung durch den Erzbischof. Mit seinen Gästen – seinem Bruder Hans Georg, dem Kurfürst, dem Herzog Franz von Sachsen-Lauenburg und den Grafen von Mansfeld – verließ er die Residenz und ließ sich vom Rat im großen Saal des Rathauses bewirten. „Undt sind die Chur- und Fursten insonderheit bey dieser Gastung gantz frölich undt gutter Dinge gewest, haben sich auch gegen den Ratsmeistern und andern Herrn so mit aufgewartet, gantz gnedigst erzeiget und gegen einen Erbarn Rath und gemeinen Rath aller Gnaden erbotten und dorauff in Frölichkeit abgeschieden."

Plastischer als in Gestalt dieses feucht-fröhlichen Abschiedes kann das Ineinandergreifen von Residenz und Stadtgesellschaft nicht beschrieben werden. Aus Sicht des Rates stellte das Schützenfest eine gelungene Darstellung des Vorrangs in der Stadt dar – stiftete also Konsens – und manifestierte zugleich, dass auch der Landesherr, dem man Ehre erwies und dessen Landesherrschaft man im Fest überhöhte, um die obrigkeitliche Stellung des städtischen Gremiums wusste. Vergleicht man aber diejenigen Feste des Hofes, welche den Raum der Moritzburg und des „Neuen Gebäudes" verließen, so wird eine andere Schwerpunktsetzung deutlich. Hier standen die Angehörigen des Hofes und die benachbarten Fürsten und Grafen im Zentrum, und doch war die Stadt nicht nur Kulisse, wie Andrea Thiele anhand der Beerdigungsfeierlichkeiten für Angehörige der Familie des Administrators August nachgewiesen hat. Die Bürgerschaft war ebenfalls Akteur, wenn auch eingeschränkt. Bei den Trauerprozessionen marschierten Rat, Schöffen und Pfännerschaft mit. Erneut sehen wir, dass sich die Spitzen der Stadt fast auf Augenhöhe mit den Fürsten bewegten – die Bürgerschaft stand immerhin Spalier –, was deutlich macht, dass beide Seiten auf Anerkennung angewiesen waren. Auch der gesamte Stadtraum inklusive des Marktplatzes wurde von der Prozession durchschritten. Bei den 1616 durchgeführten großen Tauffestlichkeiten für die Tochter des Administrators Christian Wilhelm war die Bürgerschaft Zuschauer. Der Marktplatz gab das Areal ab für das Ringelstechen der fürstlichen Gäste, wie es uns durch das Bild des Leipziger Kupferstechers Conrad Grahle überliefert ist. Nur die Pfänner durften beim Festzug, bei dem es sich um

Feuerwerk an der Moritzburg anlässlich der Tauffestlichkeiten für die Tochter des Administrators Christian Wilhelm 1616

die Darstellung lebender Bilder handelte, die Stadt repräsentieren. Spätestens beim abendlichen Feuerwerk gegenüber der Moritzburg war die fürstliche Gesellschaft wieder unter sich. So stellt sich auf der symbolisch-zeremoniellen Ebene das Verhältnis von Stadt und Residenzgesellschaft als austariertes System, als Geben und Nehmen von Anerkennung und Rang dar. Dabei war es klar, dass der Landesherr als Herr der Residenz in der Rang- und Herrschaftspyramide an der Spitze stand, doch eben nicht absolut. Der „ehrbare" Rat der Stadt Halle, durchsetzt von Angehörigen des Salzpatriziats, gestaltete im Fest, durch Mandate und durch die neue Stadttopographie, die Geschicke der Stadt weiterhin mit. Im Fest und in den Huldigungen (Brademann, Herrscherkult) wurden diese symbiotischen Beziehungen kommuniziert und öffentlich manifestiert.

6. Halle in der Zeit Augusts von Sachsen-Weißenfels (1638/43–1680)
(Andrea Thiele)

Die Folgen des Dreißigjährigen Krieges

1638 zog Herzog August in Begleitung seines Vaters in Halle ein, um sich huldigen zu lassen. Der Rat schwor dem Herzog den Huldigungseid in der Ratsstube. Anschließend trat der Herzog auf den Balkon des Rathauses hinaus, wo die vor dem Rathaus versammelte Bürgerschaft huldigte, danach die Salzwirkerbrüderschaft. Der Herzog bestätigte Halle alle Rechte, Freiheiten und Gewohnheiten, welche die Stadt seit alters her besaß. Wegen eines Wiedereinfalls schwedischer Truppen ließ sich Herzog August erst Anfang des Jahres 1643 endgültig in Halle nieder. In der Zwischenzeit führten Vertreter des Domkapitels die Verwaltung und einzelne Hofräte die Regierung des Erzstifts. In der von August mit dem Domkapitel geschlossenen Wahlkapitulation (Wahlvereinbarung) war festgelegt worden, dass er den Titel des „Bischofs" ablegen sollte, wenn es zu einer Verheiratung kam. Seit seiner Heirat mit Anna Maria von Mecklenburg-Schwerin im Jahre 1647 trug der Herzog deswegen wie seine verheirateten Vorgänger den Titel des „Administrators". Von 1643 bis 1680 residierte er durchgängig in Halle. Erst seine Nachkommen bewohnten das seit 1660 anstelle der im Dreißigjährigen Krieg zerstörten Burg neu erbaute Schloss in Weißenfels, welches der Regierungssitz des zweiten Territoriums des Herzogs war. Die von Herzog August begründete Sekundogenitur Sachsen-Weißenfels starb im Jahre 1746 aus.

Als glänzende „Residenzstadt" war Halle in den ersten Jahren, nachdem es endlich von den schwedischen Truppen verlassen worden war, in der Tat nicht zu erkennen. Viele Städte des Erzstifts teilten dieses Schicksal. Auch die Vorstädte Neumarkt und Glaucha hatten einen größeren Teil ihrer Häuser aufgrund der Kriegsereignisse verloren. In der Stadt betraf es vor allem die Moritzburg, deren West- und Nordflügel 1647 in Flammen aufgegangen waren. Von Zerstörungen im Ausmaß Magdeburgs war Halle zwar nicht betroffen, doch herrschte überall Mangel. Leerstände und wüste Stätten zeugten von dem durch Seuchen und Flucht entstandenen Bevölkerungsschwund und den Nöten der Einwohner, ihren Lebensunterhalt zu erwirtschaften. 1629 etwa klagte der Domprediger M. Arnold Mengering in einem Schreiben an die erzstiftischen Kanzler und Räte darüber, dass er sein Gehalt ganz unregelmäßig erhielte und deshalb wohl bald das Wenige, was er besitze, zu einem jämmerlichen Preis verkaufen müsse. Auch 1643 bat er – nun im Amt des Superintendenten – für sich und seine Pfarrerkollegen um bare Auszahlung der Gehälter. Das Geld sei zur „Tringende[n] Notturft und Wolfahrt" erforderlich, denn „wir müßen alles umb den baaren Pfennig bezahlen".

Waren die Einwohner Halles verarmt und vom Krieg erschöpft, so hielten sich zusätzlich Personen in der Stadt auf, welche der Krieg dorthin hatte stranden lassen. Bereits 1642 war eine Almosenordnung ergangen,

Bischöfe und Administratoren des Erzstifts Magdeburg und Kurfürst Friedrich Wilhelm von Brandenburg, ab 1680 auch Herzog des Herzogtums Magdeburg

wonach das Betteln auf den Gassen verboten wurde und Bettler nicht in die Stadt gelassen werden sollten, dies jedoch riss immer wieder ein. In einem Schreiben an die Stadt legte der Administrator 1645 seine Ansicht dar, „das täglich so viel noch eingesamblet werde, das davon das armuth erhalten werden könne, und es nur an guter aufsicht ermangele". Er wies die Stadt an, das Almosenwesen durch Eintreibung ausstehender Schulden und genauere Buchführung zu verbessern und setzte den Diakon der Ulrichskirche, M. Tilemann Olearius, als Almoseninspektor ein. Die Almosen- und Bettlerordnung wurde im Jahre 1664 erneuert. Stets wurde zwischen solchen Almosenempfängern, die nach Meinung der Behörden arbeiten konnten, und wirklich Bedürftigen unterschieden.

Insgesamt war die Finanzkraft der Einwohner Halles durch den Krieg auf lange Zeit deutlich verringert. Die Tage, an denen Salz gesotten wurde, waren in den Jahren des Krieges drastisch zurückgegangen, die Absatzmöglichkeiten wegen der unsicheren Wegeverhältnisse und Bedrohungen der auswärtigen Salzhändler stark gesunken. Wie Freydank in seinem Aufsatz zur „Halleschen Pfännerschaft im Dreißigjährigen Krieg" erläutert, waren selbst die Pfänner nicht in der Lage, die ausstehenden Verpflichtungen und Pachtzahlungen – die etwa den Hospitälern zustanden – zu zahlen, denn ihr Vermögen war in den Jahren des Krieges „vernichtet" worden. Auch der Administrator selbst hatte kaum genug Geld für die – nach seinen Angaben – bescheidene Hofhaltung und drohte den Ständen 1645 mit seinem Weggang aus dem Erzstift, wenn er nicht die ihm zugesagten Hofstaatsgelder erhielte.

Auch weil Gläubiger drängten und von der Stadt laufend Kontributionen zum Unterhalt noch nicht aufgelöster militärischer Verbände zu entrichten waren, war eine der größten Herausforderungen für den Administrator die Konsolidierung der Finanzen und die geordnete Verwaltung des städtischen Besitzes. 1643 hatte Herzog August – mit Bezug auf die wegen des Krieges nicht umgesetzte Finanzverordnung des Administrators Christian Wilhelm von 1625 – eine neue „Administrationsverfassung" für die Stadt Halle erlassen. Neben der Einrichtung einer Kontrollinstanz in Gestalt eines „Inspektors der Administrationsverfassung" wurden nun jährlich aus den Innungen und Gemeinheiten zwei Einnehmer bestimmt, die von einem Schreiber und einem Registrator unterstützt wurden. Der erste „Direktor" war der Jurist und Hofrat Georg Adam Brunner, ein Pfännersohn. Gegen diesen erheblichen Einschnitt in die städtische Finanzautonomie erhob der Rat Einspruch. Wohl auch diese Proteste werden dazu geführt haben, dass bei der Revision der „Administrationsverfassung" 1654 einige der Bestimmungen zurückgenommen wurden. So sollte die Verwaltung der Stadtgüter wieder auf dem Rathaus geschehen, „aber nur zum Versuch, und auch nicht in der alten Cammerey, sondern in einer andern Stuben". Das Amt des Direktors der Administrationsverfassung wurde jedoch beibehalten. Dauerhaft konnten die städtischen Schulden jedoch nicht verringert werden. Dies hing auch damit zusammen, dass der Stadt selbst Jahrzehnte nach dem Ende des Krieges auf den Landtagen stets neue Geldforderungen zu militärischen Zwecken entweder durch den Niedersächsischen Reichskreis oder durch Brandenburg-Preußen auferlegt wurden.

1644 war eine neue Pfännerordnung erlassen worden, die nach Freydank die alten Tal- und Regimentsordnungen Erzbischof Ernsts „von neuem zu Ehren" brachte und doch wichtige Modernisierungen beinhaltete. Hierzu gehörte auch die Bildung eines Engeren und eines Weiteren Ausschusses, welche die Arbeit der Pfännerversammlung unterstützen sollten. Doch scheint es, als ob es weder dem Administrator noch dem Rat gelang, die Wirtschaft und den Handel so stark zu beleben, dass die notwendigen Gelder hätten eingebracht werden können.

Intensiv widmete sich August nach Kriegsende dem „moralisch-religiösen" Wiederaufbau seiner Lande. Wie Hertzberg betont, war ihm hier die orthodox-lutherische Pfarrerschaft eine große Stütze. Die Stadt, welche die Aufsicht über ihre Kirchen selber führte und auch die Pfarrstellen eigenständig besetzte, hatte ihre Kirchenordnung 1640 überarbeitet, 1660 erschien eine weitere Fassung im Druck. Herzog August verfügte 1641/42 eine nach Hertzberg zunächst in Halle durchgeführte, „durchgreifende" Visitation der „Kirchen, Schulen und Klöster" durch eine Kommission, die aus den beiden Hofräten Brunner und Timäus sowie dem Superintendenten Mengering und einem Assessor des Schöppenstuhls gebildet wurde. 1655 wurde die hundertjährige Wiederkehr des Augsburger Religionsfriedens festlich begangen. Anlässlich des hundertjährigen Jubiläums der Konkordienformel veranstaltete Herzog August 1675 mit vierzehn geladenen Superintendenten eine Disputation sowie ein Festmahl in der Residenz und ließ zu diesem Anlass sogar Gedenkmedaillen prägen.

Das Schulwesen wurde 1658 durch eine Schulordnung neu geregelt. Hier brachte auch der Hofprediger Herzog Augusts, Dr. Johannes Olearius, seine Vorschläge mit ein. Guter Kontakt bestand zwischen dem Administrator und den hallischen Schulen. So wurde er 1665 mit seiner Gattin vom Rat zum 100-jährigen Bestehen der Knabenschule im Barfüßerkloster eingeladen. Hier wurde das Jubiläum unter dem Rektor Valentin Berger festlich „mit einer Predigt, auch etliche[n] oratorien und beschließlichen Teutschen Comoedi von der Bestendigkeit" gefeiert.

Das Entgegenkommen des Administrators ist auch an anderer Stelle zu beobachten: 1669 wurde das vormals landesherrliche Amt des Schultheißen in den von der Stadt zu besetzenden Posten des „Stadtrichters" umgewandelt. Erklärtes Ziel war hier, aufgetretene Schwierigkeiten und hohe Kosten in Zukunft zu umgehen sowie die „Stifftung guter Ruhe, Vertrauen und Einigkeit". Dies erscheint in Zeiten, in denen sich der frühneuzeitliche Territorialstaat ausbildete, als ziemlich ungewöhnlich.

Die Haupt- und Residenzstadt des Erzstifts Magdeburg

In Halle saßen auch die Regierung, die Kanzlei und die Kammer des Erzstifts Magdeburg. 1657 erging die 1670 noch einmal erneuerte Erzstiftische Kammer-Instruktion und Ordnung, durch welche die Kammer endgültig aus der Regierung des Erzstifts ausgegliedert wurde. Vorsitzender der aus vier oder fünf Hofräten gebildeten Regierung war der Kanzler. Von 1638 bis 1658 hatte dieses Amt Dr. Conrad Carpzov inne, dem Freydank hohe Verdienste attestiert. Nachfolger Carpzovs war bis 1670 Dr. Johann Krull, welcher zuvor auch als Gesandter beim Reichstag in Regensburg gewesen war. Nach einem kurzen Zwischenspiel des Hofrats Michael König war von 1670 bis 1678 Martin Bökel im Amt, dem als letzter Kanzler unter Herzog August Joachim Martin Unverfährt folgte. Nach dem Übergang des Erzstifts an Brandenburg wurde 1680 Gottfried von Jena als Kanzler eingesetzt, der in den ersten Jahren zunächst von Gustav Adolf von der Schulenburg vertreten wurde.

Durch die Funktion als Residenzstadt des Administrators wurden in Halle auch häufig die Landtage des Erzstifts abgehalten. Hierzu wurden die Vertreter der Stände – die nun lutherischen Prälaten, die Ritterschaft und die Städte – vom Landesherrn einberufen, wo sie nach einem Gottesdienst in der Residenz tagten. Ganz spannungsfrei gestaltete sich das Verhältnis des Administrators zu den Ständen jedoch nicht. Dies hing auch mit der an sein Ableben geknüpften, bevorstehenden Säkularisierung durch den „Anfall" an Brandenburg zusammen. Sein Tod als achtundvierzigster und gleichzeitig letzter Bischof bzw. Administrator des Erzstifts Magdeburg brachte dessen Umwandlung in ein brandenburg-preußisches Herzogtum mit sich und kostete Halle 1714 auch seinen „Hauptstadtstatus".

Doch zuvor noch ein Blick auf die Residenzstadt: Seit Erzbischof Ernst hatte sich an der von der Saale begrenzten Westseite der Stadt ein „Residenzenbereich" ausgebildet, der die Moritzburg und die ihr vorgelagerte „Schlossfreiheit" umfasste. Zu einem weiteren Zentrum entwickelte sich nach der Zerstörung der Burg der Bereich am Domplatz und am von Kardinal Albrecht erbauten „Neuen Gebäude". Dieses wurde seit Herzog Augusts Zeit als „Residenz" bezeichnet und auch als solche genutzt. In den ersten Jahren allerdings logierte der Herzog in einem Gebäude in der Kleinen Klausstraße, vermutlich im heutigen „Domgemeindehaus", welches bei Olearius als „Alte Residenz" bezeichnet wird. Am damals noch „Domkirchhof" genannten Platz war auch das Kanzleigebäude gelegen, das Herzog August 1654 von den Nachkommen des verstorbenen Seniors des Schöppenstuhls, Bruno Stisser, erworben hatte. Die einfachen Bediensteten des Hofes siedelten eher im Nicolaiviertel, während die Hofräte und höheren Beamten auch in den prominenten Straßen rund um den Marktplatz Häuser erwarben.

Unter den Hofangehörigen und Hofräten befanden sich zahlreiche Mitglieder der „Fruchtbringenden Gesellschaft". Diese war 1617 von Fürst Ludwig von Anhalt-Köthen gegründet worden. Am Hofe Herzog Augusts waren zudem viele Musiker und Komponisten tätig, wie der Hallenser Samuel Scheidt, die Schütz-Schüler Philipp Stolle und David Pohle, Georg Friedrich Händels Lehrer Cyriakus Berger oder der noch heute durch seine Romane bekannte Altist Johann Beer. Vor allem in den 1660er und 1670er Jahren wurden in der Residenz und in einem der Moritzburg vorgelagerten „Comoedien-Haus" eine Vielzahl von deutschsprachigen Opern und Singspielen aufgeführt. Anlässe boten etwa die in den Jahren 1669–1676 begangenen Hochzeitsfeste einiger der aus zwei Ehen entstammenden, insgesamt 14 Kinder des Herzogs, aber auch Geburtstage. Damit ist der hallischen Oper eine hervorragende Rolle unter den Opern der mitteldeutschen Höfe dieser Zeit zuzubilligen. Hier wurde der „Glanz" verbreitet, der einem Fürsten in der Konkurrenz der Höfe gut anstand. Die dabei entstehenden Ausgaben erklärte der Herzog zu „notwendigen Ausrichtungen" und versuchte die Stände so zu immer neuen Geldzusagen zu bewegen.

Die vier Söhne des sächsischen Kurfürsten Johann Georg I. pflegten einen guten Kontakt zueinander. Neben Herzog August waren dies der Kurfürst Johann Georg II., ferner der Administrator des Stifts Naumburg, Moritz, welcher der Begründer der Nebenlinie Sachsen-Zeitz ist, und der Administrator des Stifts Merseburg, Christian, der Begründer der Nebenlinie Sachsen-Merseburg. Sie informierten sich durch regelmäßig versandte Hofdiarien und trafen sich auch zur gemeinsamen Jagd. Hinzu kamen regelmäßige Besuche in den entsprechenden Residenzstädten und die Teilnahme an dynastischen Festen wie den Taufen, Hochzeiten und Begräbnisfeiern. Aufenthalte der Brüder des Administrators in Halle wurden teils durch feierliche Ein- und Auszüge begangen, bei denen die Bürgerschaft „im Gewehr gestellt" ein Spalier bildete. Für das Jahr 1654 berichtet Olearius von der Teilnahme sowohl des Herzogs Christian als auch des Herzogs Moritz am Vogelschießen der Bürgerschaft. Etwas später im gleichen Jahr wohnte auch Herzog Johann Georg von Mecklenburg dem Vogelschießen bei. Regelmäßig nahm Herzog August selbst mit seinem Hofstaat an diesen Veranstaltungen teil. Das Verhältnis zum Administrator wurde von der Salzwirkerbrüderschaft auch durch Aufwartungen anlässlich der fürstlichen Geburtstage und zum neuen Jahr gepflegt. Nach der Bornfahrt von 1662 wurden Herzog August, die anwesenden Hofräte und der Stadtrat vom Salzgrafen und den Oberbornmeistern zur Bewirtung in den Festzimmern des Talamtsgebäudes geladen.

Resümierend stellt sich die Zeit des Administrators August von Sachsen für Halle folgendermaßen dar: Die Anwesenheit des fürstlichen Hofes und der erzstiftischen Regierung brachte für die Stadt einerseits Vorteile mit sich, da sie einen beachtlichen Zuzug von gut ausgebildeten Personen und einigen spezialisierten Handwerkern erzeugten. Auch die Verbindung der lokalen Eliten mit den meist nicht aus Halle stammenden Amtsträgern bereitete keine Schwierigkeiten. Andererseits war durch die Zugehörigkeit zum Hof ein Teil der in der Stadt lebenden Personen von bestimmten Steuerzahlungen ausgenommen, was Konflikte erzeugte. Auf gesetzgeberischem Wege unternahm der Administrator vielfältige Anstrengungen, die Folgen des Dreißigjährigen Krieges zu mildern und das Erzstift in einen guten Stand zu setzen. Ein wichtiges, den Administrator und seine Stadt verbindendes Element war der lutherische Glaube und das gemeinsame Bekenntnis zur „Confessio Augustana". Als besonders schwierig und letztlich misslungen gestaltete sich die Konsolidierung sowohl des städtischen Haushalts als auch der Finanzverhältnisse des Herzogs. So konnte sich in der preußischen Geschichtsschreibung eine negativere Beurteilung dieser 42 Jahre dauernden Regierungszeit festsetzen, als sie es tatsächlich verdient hat.

Kapitel IV

Universitätsstadt
an der preussischen Peripherie

1. Integration in das brandenburgisch-preußische Staatswesen

Das Jahr 1680 brachte mit dem Tod des Administrators August der hallischen Stadtgeschichte einen bedeutenden Einschnitt. Die Regelungen des Westfälischen Friedens von Münster und Osnabrück machten nun mit der anachronistischen Existenz eines lutherischen Fürstbistums Schluss – das Erzstift Magdeburg, dessen Administratoren ja keine katholischen Oberhirten mehr waren und dessen Domkapitel aus lutherischen Domherren bestand, wurde wie die Hochstifte Halberstadt und Minden dem Kurfürsten von Brandenburg als Ausgleich für seine Gebietsverluste im Dreißigjährigen Krieg zugesprochen. Mit dem Tode des letzten Administrators sollte die Integration erfolgen, nachdem bereits 1650 Kurfürst Friedrich Wilhelm den Ständen die Eventualhuldigung abverlangt hatte. Zu prüfen ist in den nachfolgenden Abschnitten, auf welche Weise die Stadt Halle in das brandenburgisch-preußische Staatswesen integriert wurde – ob also ein weiterer Autonomieverlust stattfand. Zweitens ist zu prüfen, ob sich die Stadt vom stadttypologischen Profil her änderte, denn Halle konnte aus zwei Gründen nicht mehr Residenzstadt bleiben: Das Machtzentrum blieb natürlich Berlin, und zudem bevorzugten die Brandenburger die Stadt Magdeburg als Verwaltungssitz des neuen Herzogtums Magdeburg. Ab 1714 spätestens war Halle eine verlassene Residenz. Damit ist, drittens, zu fragen, wie sich dieser Verlust in der städtischen Sozial- und Wirtschaftsstruktur widerspiegelte. Waren Universität, Salzproduktion oder die neuen staatlichen Wirtschaftsinitiativen des Merkantilismus/Kameralismus Faktoren der Kompensation oder sogar erfolgreicher Neuorientierung?

Die Historiker sind sich einig darin, dass ein Merkmal der Frühen Neuzeit die Eingliederung der Stadt in eine flächendeckende Territorialverwaltung ist. Im Falle Brandenburg-Preußens ist dieser Vorgang besonders hervorstechend, handelte es sich doch um einen Komplex von Territorien. Um aus diesem Konglomerat Provinzen zu gestalten, bedurfte es der Durchsetzung der Landeshoheit. Erst hierdurch konnte das frühmoderne Brandenburg-Preußen seine Initiativen in die Stadt hineintragen. Zunächst erfolgte die Angliederung und dann die neue, „rein monarchische Kommunalverwaltung" (Otto Hintze). Zwischenstation war die beauftragte Selbstverwaltung, wie sie Luise Schorn-Schütte am Beispiel der Stadt Göttingen beschrieben hat.

Moderate Änderungen von 1680 bis 1721

Nicht militärischer Druck, sondern die allmähliche Aushöhlung der schon eingeschränkten städtischen Autonomie, gepaart mit der Bereitschaft der hallischen Vertreter, sich auf die neuen Machthaber einzulassen, sind Kennzeichen der 1680er Jahre. Die neuen Verhältnisse wurden im Rahmen der Huldigung des Großen Kurfürsten 1681 erstmals zeremoniell zum Ausdruck gebracht. Kurfürst Friedrich Wilhelm hatte noch kein durchorganisiertes Staatswesen vor Augen und suchte nach dem Kompromiss mit den magdeburgischen Ständen. Von Beginn an machte der Kurfürst aber den neuartigen Herrschaftsanspruch, die landeshoheitliche Souveränität, aus der alle Herrschaftsrechte gegenüber den Städten abgeleitet wurden, geltend. Dies wurde schon im September 1681 deutlich, als er bei seiner Bestätigung der Rechte der Stände den Zusatz hinzufügen ließ, „so weit dieselbige dem instrumento pacis und Unserer landesfürstlichen Hoheit nicht entgegen" stehen (zit. nach Opel, Vereinigung, S. 61). Dieser Anspruch traf auf eine Stadt, für die der Zugriff des Landesherrn – allerdings nicht in Gestalt territorialer Hoheit – seit 1478 bekannt war, die also keine autonome Stadt im Sinne der Freiheit vom Stadtherrn war. Auch wenn Halle im Gefolge der Reformation das Kirchenregiment vom Erzbischof ertrotzt hatte und die bischöfliche Befugnis zur Entlassung missliebiger Ratsherren 1599 eingeschränkt worden war, blieb der Einfluss der Landesherrn formal erhalten. Er steigerte sich in Bezug auf das Ratsregiment, nicht aber in der Rechtsprechung, in der Zeit des Administrators August von Sachsen. Dieser ließ wegen der hohen Verschuldung seit 1643 das städtische Kassenwesen durch einen Inspektor beaufsichtigen. Die Administrationsverfassung von 1654 bestätigte diese Kontrolle. Die Stadt hatte also bereits vor dem Übergang an die Brandenburger die Finanzhoheit verloren, was aber an der Schuldenlast nichts änderte: 1687 bestanden nominal ca. 300.000 Taler Schulden, denen jährliche Einnahmen von nur ca. 30.000 Talern gegenüberstanden.

Diese Schuldenlast bildete unter anderem das Einfallstor für die Veränderung des städtischen Regiments im Sinne der kurfürstlichen Verwaltung. Die „aus Chur- und Landesfürstlicher Macht" verkündete Regimentsordnung vom 1. Dezember 1687 und die Erläuterung durch das landesherrliche Kommissionsdekret vom 9. Dezember 1687 brachten Einschnitte in die überkommene Ratsverfassung. In den Artikeln 1 bis 3 behielt sich der Kurfürst die Auswahl und Bestätigung der Ratsmänner vor. Ferner wurde der Rat erheblich reduziert. Künftig sollte das Ratskollegium nur noch 14 statt wie vordem 28 Personen – die Bornmeister waren schon vorher aus dem Rat gelangt – umfassen, geteilt in den Engeren und den Weiteren Rat. Ersterer übernahm die täglichen Geschäfte auf dem Rathaus und vertrat die Stadt gegenüber der neuen Regierung. Ferner wurden zwei statt drei in sich geschlossene Ratsmittel (bis dahin der alte, der oberalte und der sitzende Rat) angeordnet, so dass die Zahl der Ratsherren von 78 auf 28 reduziert wurde. Das Administrationsdekret bestätigte die landesherrliche Beaufsichtigung und Führung der städtischen Finanzgeschäfte, da die Institution des vom Landesherrn in der Regimentsordnung in § 4 des 22. Artikels bereits genannten Inspektors erneut festgeschrieben und Kämmerer und Kämmereischreiber auf den Landesherrn und nicht auf Stadt und Rat verpflichtet wurden. Somit trug der Inspektor die Verantwortung für sämtliche Ein- und Ausgaben der Stadt.

Dieser moderate Charakter der Regimentsordnung stand aber immer unter dem Vorbehalt, dass Ratsherrschaft Ausfluss der Landeshoheit sei. Die Polizeiordnung vom Jahre 1688 formuliert die territoriale Superiorität im Kap. 15, § 1: „Einer jeder Obrigkeit in den Städten soll es freystehen, ..., Statuten und Willküren zu erstellen", doch sollen diese ohne „gnädigste Konfirmation von keiner Kraft und Verbindlichkeit" sein. Und in § 4 heißt es, der Kurfürst behalte sich vor, nicht genehme Statuten „aus Landes Fürstlicher Gewalt" zu kassieren.

In der Gerichtsverfassung, in der Steuer- und in der Kirchenpolitik zeigte sich der Machtanspruch der Brandenburger ebenfalls eindeutig. Im Rezess vom 10. Oktober 1685 wurde die von Herzog August der Stadt Halle eingeräumte Autonomie in der Jurisdiktion zum großen Teil aufgehoben. Die Stadt musste auf die Ausübung des Burggrafengerichts verzichten. Das Schultheißengericht wurde vom Landesherrn bestimmt, der Schultheiß vom Kurfürsten auf Vorschlag des Rates ernannt. Mit der Errichtung der Universität (s. u.) verlagerten sich dann viele Entscheidungen in die Juristenfakultät.

Die Steuerautonomie der Stadt Halle fand mit der Einführung der Akzise 1686 ihr Ende. Auch hier ist zunächst das moderate Vorgehen zu beachten. Zwar wurde ein Teil der städtischen Steuern abgeschafft. Damit fand eine lange Tradition hallischer Steuerpolitik, die sich in den städtischen Willküren seit dem frühen 14. Jahrhundert nachweisen lässt, ihr Ende. Doch wurde die neue kurfürstliche Steuer, die Akzise, zunächst als Betrag festgesetzt; die Aufbringung dieser neuen Steuer auf alle ein- und ausgeführten Lebensmittel, Getränke, Dienstleistungen und Handelswaren konnten die Hallenser selbst organisieren. Für Halle wurde zunächst ein unmittelbar dem Generalkommissariat unterstelltes Akziseamt eingeführt, das dann bei Bedarf Leistungen des Landesherrn nach Halle zurückleitete. Dies war insbesondere für die von den Brandenburgern übernommene Schuldentilgung von Belang. Bedeutsam war ferner, dass bereits 1686 mit Einführung der Akzise für Halle ein Kriegs- und Steuerkommissar in Berlin eingesetzt worden war. Dieser war de facto mit den Inspektoren des Stadtregiments die oberste Instanz in Halle. Ob allerdings dem Amt des Steuerkommissars eine lange Dauer beschieden war, steht zu prüfen.

Wie die Steuer, so unterlag auch der städtische Markt der Souveränität des Landesherrn. Die Marktordnung für Halle von 1704 war kein Auftrag zur Selbstverwaltung, sondern eine „verbindliche, königlich verordnete Handlungsanweisung" (Eberhard Keller) für den Rat, der zukünftig sein ureigenstes Handlungsfeld im Auftrag des Königs – der brandenburgische Kurfürst Friedrich III. hatte sich 1701 zum König in Preußen gekrönt – auszuführen hatte. Dass sich noch viele der überkommenen Regeln hier finden ließen, sei allerdings angefügt. Entscheidend ist, dass die Marktordnung im Namen des Königs „für unsere Stadt Halle" erlassen wurde und der Rat die Ausführung zu übernehmen hatte. Die Marktordnung sah für Halle einen zusätzlichen dritten Jahrmarkttag vor und erlaubte wegen der „populosität" die Zulassung der Dorfbäcker auf den regulären Märkten. Leinwandverkäufer aus „Sr. Königlichen Majestät in Preußen zustehenden Landen" durften auch außerhalb der Jahrmärkte ihre Produkte feilbieten; die städtischen Innungen hatten das Nachsehen. Als sie gegen diese und andere Bestimmungen der Ordnung beim Rat um Änderung nachsuchten, gab dieser zur Antwort, es stehe nicht in „Raths Mächten ..., wider solche confirmierte und publicierte Marktordnung etwas zu dispensieren zu ändern noch zu verhengen".

Einzug des Pietismus

Nachhaltig zeigte sich in der Kirchenpolitik der Anspruch des reformierten Großen Kurfürsten, kraft fürstlicher Souveränität das Kirchenregiment auszuüben. Hier stießen die hallischen Bemühungen nach Fortsetzung des Ratsregiments in Kirchendingen ebenso auf taube Ohren wie der Wunsch nach Ausschließlichkeit der lutherischen Konfession. Immerhin war Halle Hochburg der lutherischen Orthodoxie. Noch 1675 hatten die Geistlichen eine Säkularfeier wegen der Einführung der Konkordienformel abgehalten. Schon bei der ersten Besprechung, welche die Abgesandten der Stadt Halle mit den Geheimen Räten in Berlin 1680 führten, wurde von den Räten verlangt, die Geistlichen der Stadt sollten nicht mehr gegen die „Calvinisten" predigen. Die hallischen Geistlichen wandten sich an den Stadtrat, beim Kurfürsten gegen den „Indifferentismus" zu protestieren, sonst stehe eine schleichende Unterwanderung durch die Reformierten und – offensichtlich eine traumatische Erfahrung – eine Wiederbelebung des Streits um die Kryptocalvinisten an.

Zu diesem für die lutherische Geistlichkeit inakzeptablen Wunsch nach faktischer Toleranz, die dann auch bei der Zuwanderung der Reformierten aus Frankreich und der Pfalz sowie bei der Errichtung der pietistisch ausgerichteten Franckeschen Stiftungen abverlangt wurde, kam die Eingliederung der Kirchenverwaltung in die neue Behördenstruktur des Herzogtums. Das Konsistorium als Abteilung der kurfürstlichen Regierung wurde bereits 1680 als Oberinstanz für die hallischen Pfarreien und ihre Geistlichen eingerichtet. Neben weltlichen Räten der Regierung war von Seiten des Kurfürsten der hallische Domprediger Schrader als Mitglied des Konsistoriums vorgesehen. Als dieser sich weigerte, zeigte man ihm, dass Halle in Kirchendingen keine Kompetenz mehr besaß. „Demnach wir vernommen, dass Magister Schrader kein Consistorialis sein will, so wollen Wir ihm darunter seinen Willen lassen" und einen Auswärtigen mit dem Amt betrauen. Die Drohung half, Schrader trat im März 1681 in das Konsistorium ein. 1685 wurde der Erste Prediger der Ulrichskirche in Halle, Andreas Christoph Schubert, ebenfalls Mitglied des Konsistoriums; ihm folgte Johann Christian Olearius (1689). Später traten auch reformierte Theologen ein. Die Berufung der hallischen Superintendenten geschah durch den Landesfürsten!

Die Kirchenordnung des Herzogtums Magdeburg vom 13. November 1685 ersetzte die lutherische Kirchenordnung der Stadt von 1640, die noch in der Tradition der Reformation stand. Zunächst wurde in der Einleitung

Kapitel IV: Universitätsstadt an der preußischen Peripherie

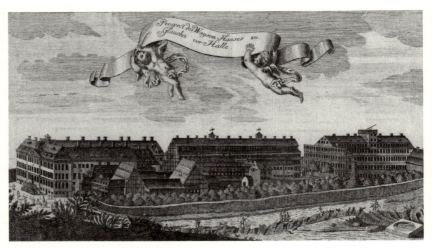

Gesamtansicht der Franckeschen Stiftungen von Süden (18. Jahrhundert)

formuliert, dass der Kurfürst sich um die „zeitliche und ewige Wohlfarth aller Stände und Unterthanen" zu kümmern habe. Dabei berief er sich sowohl auf die Tradition der „Landes-Fürsten als Episcopi" (= Bischof) als auch auf die staatskirchliche „Landes-Fürstliche Obrigkeit", nach denen ihm Legislative und Kirchenzucht zuständen. Für die hallischen Belange waren zwei Aspekte wichtig: Das XIV. und XV. Kapitel schränkten das Patronatsrecht des Rates dadurch ein, dass Examen und Ordination als Aufgaben des Konsistoriums festgeschrieben wurden. Später übernahm diese Aufgabe die theologische Fakultät der Universität. Dies geschah, obwohl die Stadt Ende Januar 1681 von der Regierung gefordert hatte, die unbeschränkte „Libertät" in der Berufung ihrer Prediger zu gewährleisten. Auch ein Antrag des Rates 1688 auf Prüfung der Kandidaten durch die hallische Geistlichkeit wurde in Berlin abschlägig beschieden. Zweitens bedeuteten der im ersten Kapitel festgeschriebene Verzicht auf die Konkordienformel und das kurfürstliche Verbot des „ärgerlichen Gezäncks" ein faktisches Ende des konfessionellen Zeitalters in Halle.

Diese Epochenzäsur wird nachhaltig in und vor der Stadt durch die Gründung der Franckeschen Stiftungen und das Wirken von August Hermann Francke (1663–1727) deutlich. Francke, der wegen seiner Abweichungen von der lutherischen Orthodoxie 1689 aus Leipzig und 1691 aus Erfurt vertrieben worden war, erhielt 1691 die Pfarrstelle von St. Georg in dem unter kurfürstlicher Jurisdiktion und Verwaltung stehenden Vorort

Halles, der „Amtsstadt" Glaucha. Dieses kurfürstliche Angebot, das von den Gemeindevertretern gestützt wurde, berührte aber die hallische Stadtgeistlichkeit, deren Superintendent Johann Christian Olearius auch für Glaucha zuständig war. Bald kam es zu Auseinandersetzungen mit den hallischen Geistlichen, die sich aus den für den Pietismus so typischen Andachten und aus den massiven Versuchen Franckes ergaben, die Gastwirte in Glaucha vom Ausschank von Branntwein durch den Ausschluss vom Abendmahl abzuhalten. Beides aber hatte Auswirkungen auf die Stadtgeistlichkeit: Ersteres schuf im Sinne Franckes eine vom Abendmahl und Autorität der Bibel unabhängige Form der Heilssuche und Gotteserfahrung, Letzteres führte dazu, dass sich Glauchaer der strengen Kirchenzucht und dem Pfarrzwang Franckes entzogen und in Halle die Beichte ablegten und das Abendmahl empfingen. Das neue Konsistorium, das ja wie erinnerlich eine kurfürstliche Behörde war, stützte aber aufgrund des Vorsitzes von Olearius die hallische Geistlichkeit, während Francke sich der Unterstützung des Berliner Hofes sicher sein konnte. Eine kurfürstliche Untersuchungskommission sollte 1692 die Auseinandersetzungen schlichten, doch sie schwelten weiterhin, nicht zuletzt deshalb, weil Francke die Vermittlungsangebote seines Vorgesetzten Olearius ausschlug. Auch in seiner Glauchaer Gemeinde verstärkte sich die Ablehnungsfront. Am Fest Mariä Lichtmess 1699 hielt Francke eine Predigt, in der er seine Gemeinde vor dem Besuch der Predigten in

Porträt August Hermann Francke (Kupferstich von Bern[h]ardus Vogel, undatiert)

den Stadtkirchen warnte, da man dort die „Wahrheit verlästern, ... verschmähen und ... verspotten" würde (zit. nach Albrecht-Birkner). Von April bis Juni 1700 nahm sich erneut eine Untersuchungskommission der Streitigkeiten an. Nicht zuletzt die Tatsache, dass der Nachfolger des

1699 verstorbenen Olearius im Konsistorium, Johann Fischer, ebenfalls Pietist war, führte dazu, dass die von der Kommission verkündete Einigung zum Sieg Franckes wurde. Dessen Änderungen der Gemeindepraxis in Glaucha wurden akzeptiert und damit das Ende der lutherischen Tradition besiegelt: Abschaffung der Messgewänder und des Exorzismus bei der Taufe sowie die rigide Kirchenzucht. Als Generalsuperintendent für den Saalkreis stützte Fischer auch in der Folgezeit die Maßnahmen Franckes. Die hallische Stadtgeistlichkeit hingegen hatte in Bezug auf Lehre und Glaubenspraxis, aber auch beim Erhalt des Erbes von 1541 verloren. 1715 markierte Franckes Ernennung zum Pfarrer der in der Stadt gelegenen Pfarrei St. Ulrich den „Siegeszug" (Albrecht-Birkner) Franckes und damit des Pietismus in Halle, ein Sachverhalt, der sich auch im verhaltenen Lob auf die lutherischen Kernaussagen im Rahmen der Reformationsjubiläen 1717 und 1741 manifestierte.

Das Stadtregiment als preußische Behörde

Die Verwaltungsreformen, die mit der Regentschaft Friedrich Wilhelms I. 1713 in ganz Preußen einsetzten, orientierten sich an den Bedürfnissen einer neu konzipierten Provinzialverwaltung. Es wurde eine königliche Kommission zur Untersuchung der städtischen Verhältnisse und zur Ausarbeitung von Reformvorschlägen eingesetzt, die aus dem „königlich-preußischen zur Einrichtung des ratshäuslichen Wesen zu Halle verordneten Kommissar" und dem Rat bestand.

Die Vorstellungen des Kommissars, der zuvor schon als Kriegs- und Steuerkommissar nachzuweisen ist, wurden schnell deutlich. Die Ratsmittel sollten abgeschafft und an der Spitze der Verwaltung ein Oberbürgermeister gestellt werden, der nur noch dem König und seinen Behörden verantwortlich war. Der hallische Rat protestierte. Der Ratswechsel sei deshalb wichtig, „damit sich niemand seiner Gewalt überhebe". In der gemeinsamen Sitzung beider Ratsmittel vom 17. Mai 1718 wurde die Ablehnung der neuen Position des Oberbürgermeisters zum Ausdruck gebracht. Sie stelle eine Verletzung der alten Stadtverfassung dar. Der König beschwichtigte die Ratsherren, „Oberbürgermeister" sei nur eine Titulatur. Doch dabei handelte es sich um eine Verharmlosung, denn das tatsächlich 1718 eingeführte Amt des Oberbürgermeisters sollte sich als *die* Innovation der hallischen Verfassungsgeschichte der Frühen Neuzeit herausstellen.

Diese These wird an Instanzenweg und Aufgaben deutlich. Der Oberbürgermeister war der neu geschaffenen Kriegs- und Domänenkammer in Magdeburg nachgeordnet, er führte deren Weisungen aus und erstattete Bericht. Seine Einsetzung (ebenso seine Absetzung) oblag einzig und allein der Magdeburger Behörde. Er wurde auf Vorschlag der Kriegs- und Domänenkammer vom König ernannt und in Halle durch einen dazu verordneten Kommissar in sein Amt eingeführt und vereidigt. Für das Amt kamen im Bereich des Herzogtums Magdeburg tätige Verwaltungsfachleute, etwa Kriegs- und Domänenräte, in Frage. Bezeichnend für den Charakter des Oberbürgermeisteramtes als Teil des preußischen Verwaltungsapparates sind zwei Sachverhalte: 1729 erfolgte eine Angleichung an die übliche Verwaltungstitulatur. Aus dem Oberbürgermeister wurde der Stadtpräsident, und – noch bedeutender für die Eingliederung in den preußischen Verwaltungskörper – zeitgleich erfolgte die Verschmelzung der Funktion des Kommissars mit der des Stadtpräsidenten.

Der Alltag der hallischen Verwaltung glich nun dem einer preußischen Verwaltungsbehörde. Der Oberbürgermeister/Stadtpräsident als „Behördenleiter" bildete die Spitze der Verwaltung, er führte bei Ratssitzungen den Vorsitz. Ferner legte er dem Kollegium der Ratsherren die zu behandelnden Sachen zur Beratung und Beschlussfassung vor. Alle Posteingänge wurden ihm zugeleitet; er verteilte sie nach ihrem Inhalt auf die zuständigen Ratsmänner bzw. -meister und forderte diese zum Vortrag darüber auf. Er hatte zudem die Oberaufsicht über die gesamte schriftliche Amtsführung des Rates, über alle Verfügungen, Dekrete, Berichte und Bescheide sowie über das ganze Polizei-, Kassenwesen und die Ökonomie.

Die Machtfülle des Oberbürgermeisters ging folgerichtig mit einem Bedeutungsverlust der Ratsherren einher: Sie sanken allmählich zu dessen Erfüllungsgehilfen herab. Zunächst wurde 1718 das zweite Mittel abgeschafft; der Rat wurde auf acht auf Lebenszeit ins Amt eingesetzte Mitglieder verkleinert. Die Ratsherren des *magistratus perpetuus* wurden gewählt, und zwar auf Vorschlag des Oberbürgermeisters bzw. seit 1729 des Stadtpräsidenten. Die Wahl erfolgte durch geheime Abstimmung im Rat, bei Stimmengleichheit war die Stimme des Oberbürgermeisters bzw. Stadtpräsidenten ausschlaggebend. Die Bestätigung der neuen Ratsmitglieder erfolgte durch den König; in der Regel war der Tod Grund des Ausscheidens.

Dieser Magistrat – so wurde er im Schriftverkehr mit der Kriegs- und Domänenkammer benannt – bestand aus zwei Ratsmeistern, die sich halbjährlich in der Führung der Geschäfte ablösten, und sechs „Ratmannen", zwei davon im Justiz-, zwei im Bau- und zwei im Markt- und Polizeiwesen.

Sozialgeschichtliche Implikationen

Der Wandel der Stadtverfassung kann allerdings nicht mit dem Signum „Enteignung städtischer Autonomie durch den übermächtigen preußischen Staat" versehen werden. Vielmehr war ein Teil der hallischen Führungsschichten am Zustandekommen der Regimentsordnung und an der Einführung der Akzise beteiligt. Im Vorfeld der Abfassung der Regimentsordnung wurden im Oktober 1687 der Maler Daniel Stange, der Pfannenschmied Sigismund Mertz sowie Vertreter der Innungen und Gemeinheit in Berlin zu ihren Vorstellungen in Bezug auf die Änderung der Ratsverfassung befragt. In diesem Zusammenhang hatten die dem Rat angehörigen Gemeinheits- und Innungsmeister die Forderung artikuliert, die städtische Verfassung zu ändern. Ihre Gruppe werde im Rat nur ungenügend berücksichtigt. So äußerte man sich auch in Berlin. Ferner kritisierten die Hallenser die Verschuldung der Stadt und den Verfall von Handel und Gewerbe. Auch die vermeintliche Misswirtschaft des Rates wurde in Berlin zur Sprache gebracht. Zudem beauftragten hallische Bürger gegen den Widerstand einiger Ratsmitglieder den Syndikus Dr. Untzer, beim Kurfürsten auf eine Reduktion des Rats und seiner Bediensteten zu drängen. Der hallische Ratsmeister und Pfänner Dr. Bastineller, Sohn eines Oberbornmeisters im hallischen Tal, hatte 1687 die Aufgabe übernommen, der Regierung in Halle und der kurfürstlichen Kommission die Schuldenlage der Stadt unbeschönigt darzustellen und Vorschläge über die Neuordnung der städtischen Verwaltung zu machen. Bastineller kritisierte u. a. die „Antiquität" der drei Ratsmittel und deren „salaria". Er schlug demzufolge dem Kurfürsten eine Reduktion der Zahl der Ratsherren und ihrer Entlohnungen ebenso vor wie die konsequente halbjährliche Visitation der „Administration der Stadt Güter" durch Regierungsräte. Die Einführung der brandenburgischen Akzise stieß ebenfalls auf hallische Zustimmung. Einige Stadtvertreter wünschten eine neue Steuer und eine Schuldenverwaltung durch Berlin und teilten dies der neuen Regierung mit. Das alte städtische Steuersystem hatte sich in Halle wegen der Exemtionen und Ineffizienz als nicht ausreichend erwiesen, den Finanzbedarf der Stadt zu decken. Es kam zu Verhandlungen der Räte mit den ständischen Ausschüssen, für welche der Kurfürst aber den Räten zu große Kompromissbereitschaft untersagte.

Halten wir fest: Offensichtlich gab es in Halle Kräfte, welche der überkommenen Ratsverfassung skeptisch gegenüberstanden und die den Rat für das finanzielle Desaster verantwortlich machten. Nur Brandenburg konnte augenscheinlich die Probleme der Stadt lösen. Insofern war man in Halle bereit, sich zunächst auf die beauftragte Selbstverwaltung, dann aber auch auf die Eingliederung einzulassen. Damit bestätigen sich am hallischen Beispiel die Überlegungen Wolfgang Neugebauers, der für die Stände der neuen brandenburgischen Territorien Halberstadt, Magdeburg und Minden keine sofortige Ausschaltung, sondern ein Mitwirken und ein Überleben festhält.

Dieser Vorgang bedarf für die Zeit des Großen Kurfürsten und seiner Nachfolger auch sozial- und mentalitätsgeschichtlicher Überprüfung. Mentalitätsgeschichtlich anzuführen ist, dass nach einer Zeit des Krieges und des ökonomischen Niederganges die Person des Kurfürsten als Hoffnungsträger galt. Hinzu kommt, dass den städtischen Vertretern auch gar keine Alternative in den Sinn kam. Im Unterschied zu Magdeburg ging es nicht um die Bewahrung städtischer Autonomie, sondern nur um den Wechsel des Landesherrn, der eben auch in der Tradition des Herrn der Residenz stand. Diese Traditionslinien und auch die Hoffnungen werden deutlich anhand der Huldigung Friedrich Wilhelms am 4. Juni 1681 in Halle (Opel, Vereinigung, S. 69–79, Brademann, Autonomie und Herrscherkult). Rat, Pfänner, Bürgerschaft und Pfarrer huldigten nicht nur, weil der Treueschwur eingeübtes Ritual war, sondern auch, weil man sich vom Kurfürsten Frieden und wirtschaftlichen Aufschwung versprach. Dafür war der Rat auch bereit, dem Landesherrn *zusammen* mit der Bürgerschaft zu huldigen und nicht wie einst separat; damit war der Anspruch Friedrich Wilhelms, auch der Rat sei letztlich dem Kurfürsten untertan, sinnfällig zum Ausdruck gebracht. So konnte der Kurfürst, umgeben von seinem Geheimen Rat, auf dem Balkon des Rathauses die Huldigung von Bürgerschaft und Rat entgegennehmen. Nach der Eidesleistung riefen die Hallenser dreimal „Vivat Brandenburg". Der Syndikus schloss: „Gott verleihe uns immerdar unter unserm großen Friedrich Wilhelm Friede zu unsern fürwahr recht gefährlichen Zeiten."

Auch die Pfännerschaft und die Halloren ehrten den Kurfürsten auf besondere Weise und zeigten damit, dass sie nicht nur seine Lehnsherrschaft über die Brunnen anerkannten, sondern auch um die landesfürstliche Souveränität wussten. Die Pfänner hatten die Salzbrunnen geschmückt und am Roten Turm einen Triumphbogen aufgestellt. Auf seinen Abbildungen waren die Brunnen und ein Porträt des Kurfürsten, versehen mit den kurfürstlichen Insignien, zu sehen. Nach der Huldigung speisten die Angehörigen der Pfännerschaft als Gäste Friedrich Wilhelms in der Waage. Drei Tage später besuchte der Kurfürst das Tal und wurde im Talhaus bewirtet. Der hallische Superintendent Schrader predigte am Tag der Huldigung in der Domkirche über eine Passage aus der alttestamentarischen Chronik. Er feierte den Kurfürst als Garanten des Friedens und als mächtigen Landesherrn: „Gott hat dich groß gemacht an Prinzen, Land und Leuten, / an deines Namens Ruhm, den du Achilles hast / Durch Krieg und Sieg erlangt. / ... / Du schaffst dem Lande Ruh, du machst die Zeiten besser, / Du, unser Schild und Helm, du tapfrer Friedrich."

Die mentalitätsgeschichtlich zu belegende Hinwendung zum Landesherrn muss auch sozialgeschichtlich unterfüttert werden; doch eine Kollektivbiographie der hallischen Stadtpräsidenten, Bürgermeister, Ratsmeister, Ratsherren, aber auch der Kommissare und Inspektoren ist noch zu schreiben. Die Gültigkeit der Überlegungen, die in der im Jahr 2000 erschienenen Dissertationsschrift von Nicolas Rügge über Herford zu finden sind, sollte für Halle überprüft werden. Rügge hat auf der Grundlage ausführlicher prosopographischer Untersuchungen die Entstehung neuer Funktionseliten festgestellt. Ein Teil der alten städtischen Elite erkannte die Möglichkeiten des frühmodernen Staates an, setzte für sich und die Söhne auf staatliche Karrieren, engagierte sich aber gleichzeitig in den städtischen Organen im Auftrag des Landesherrn: Man war für Stadt und Staat tätig, dem Königreich Preußen und den Interessen der Bürger gleichzeitig verpflichtet. Die Betrachtung der hallischen Eliten könnte die „konsensorientierte Staatsbildung" (Rügge) im Rahmen des preußischen Zentralismus aufzeigen. Zugleich glichen sich diese städtischen Eliten in Sozialprofil und Ausbildung immer mehr staatlichen Beamten an.

An einzelnen Personen bestätigen sich Rügges Überlegungen: Der oben genannte Inspektor des Finanzwesens und Gutachter über das Schuldenwesen der Stadt, Dr. Andreas Bastineller, war Hallenser, allerdings war erst sein Vater aus der Schweiz nach Halle eingewandert. Dieser habilitierte sich 1650 für die Pfännerschaft. Dass den Sohn die Tätigkeit als landesherrlicher Inspektor nicht zum Feind des Rates werden ließ, illustriert dessen

Wahl durch den Rat zum dritten Ratsmeister, eine Position, die nur ausnahmsweise besetzt wurde. Für Brandenburg-Preußen waren seine Dienste gleichfalls unverzichtbar: 1699 wurde er kurfürstlich-brandenburgischer Rat und Kriegskommissar, 1719 Kriegsrat. Der Gipfel seiner Karriere für Stadt und Staat war die 1718 erfolgte Ernennung durch den König zum ersten Oberbürgermeister der Stadt Halle, nachdem er zuvor durch die königliche Kommission vorgeschlagen worden war. Auch seine Kinder machen deutlich, dass die hallischen Eliten den Dienst für die Stadt im Auftrag des Königs als Sprungbrett für eine Karriere in Preußen nutzten. Karl Gottfried, Andreas' fünfter Sohn, wurde ebenfalls Pfänner in Halle und später als Kriegsrat nach Berlin berufen. Die Heiratskreise umfassten Stadt und staatliche Bürokratie: Die Tochter von Andreas, Elisabeth Charlotte, war mit dem langjährigen Ratssyndikus und Geheimrat Dr. Christian Mylius verheiratet, der sich in den königlichen Salinen und als Herausgeber landesherrlicher Edikte mit Erfolg betätigte.

Die Familie Dreysig steht für den Aufstieg in die städtischen und staatlichen Eliten. Sie war aus Döbeln in Sachsen zugezogen; der Kramermeister und Händler Dreysig war derjenige, der als Zugezogener in Halle Wohlstand in kulturelles Kapital ummünzen konnte. Sein stattliches Haus stand am Markt, unmittelbar neben dem Bauwerk hatte die Pfännerschaft ihre Ehrenpforte aufstellen lassen. Seine beiden ältesten Söhne wurden wie der Vater Kaufleute und Pfänner, während ein dritter Sohn preußischer Hofrat wurde.

Dass der Dienst für Preußen sozialen Aufstieg mit sich bringen konnte, wird auch am bekanntesten hallischen Historiker des 18. Jahrhunderts, Johann Christoph von Dreyhaupt, deutlich. Dieser war 1699 als Sohn eines Kaufmanns und Gastwirts geboren, doch gehörte sein Vater nicht zu den führenden Geschlechtern der Stadt. Er studierte die Rechtswissenschaften in seiner Heimatstadt und begann 1725 die Tätigkeit als Advokat bei der französischen Kolonie in Halle. Die folgende Karriere war allein dem preußischen Staat geschuldet – auf eine Familie, die im Rat Positionen eingenommen hatte, konnte er ja nicht zählen. 1729 wurde Dreyhaupt Assessor des Schöppenstuhls, zwei Jahre später Regierungs-, Kriegs- und Domänenrat. Gleichzeitig übernahm er im königlichen Auftrag Ämter, die einst für die hallische Autonomie gestanden hatten: Salzgraf, Stadtschultheiß und Bergrichter.

Weitere Forschung steht aus. Ein Eindruck aus der Lektüre der einschlägigen Passagen bei Dreyhaupt, Freydank und Runde lässt aber vermuten, dass es offensichtlich Gewinner des Prozesses der Eingliederung Halles in den preußischen Staat gab; ja man kann von einem Elitentausch mit Verzögerung sprechen, denn zugezogene Familien des 17. Jahrhunderts und neue Familien setzten von Anfang an auf die Brandenburger. Der Weg der Kinder und Enkelkinder führte von Halle nach Berlin oder anderswo, je nach dem Bedarf des Staates.

2. Verlassene Residenz

Für die frühneuzeitliche Stadt bedeutete der Sitz des Fürsten, seines Hofes und seiner Verwaltung – oder im Falle Brandenburg-Preußens nur der Verwaltung – eine wirtschaftliche und kulturelle Blüte sowie eine Veränderung des sozialen Gefüges, die vor allem der neuen Hofgesellschaft und der Beamtenschaft geschuldet waren.

Fragt man danach, was bei einem Erhalt eines lutherischen Erzstifts Magdeburg aus Halle geworden wäre, so hätte die wachsende Residenz bzw. Verwaltung im 18. Jahrhundert typische Schritte zu einer frühmodernen Residenzstadt impliziert: Die Niederlegung der Stadtmauern und die damit zusammenhängende Errichtung von Promenaden wären mit neuen Kirchen- und Schlossbauten einhergegangen. Auch bezüglich der „Guten Polizei" hätten die Regierungsbehörden neue Standards gesetzt und das Stadtregiment zur Ausführung angehalten: Stadtbeleuchtung, öffentliche Brunnen und Pumpen, Erneuerung des Straßenpflasters, Erweiterung der Straßen, Gassenreinigung und Abwasserentsorgung.

Mit dem Tode des Administrators August 1680 sollte jedoch ein anderer Weg eingeschlagen werden. Zwar blieb Halle zunächst Verwaltungsmittelpunkt, denn die neu gebildete Regierung erhielt hier ihren Sitz. Gleiches gilt für Konsistorium und Amtskammer, die allesamt ab 1701 in der Kanzlei – ehemalige Propstei des Neuen Stifts – am Domplatz ihren Sitz hatten. Aber 1714 kam es zu dem großen Aderlass, denn der Abzug der Provinzialregierung nebst der Kammer und dem Konsistorium nach Magdeburg bedeutete, dass 100 Familien und ein Teil der Handwerker abwanderten. Gründe für diese Verlagerung waren eine Verwaltungsreform und der zentrale Movens des preußischen Staatswesens, das Geld. Die hallischen Beamten zogen an den Ort, an dem die Steuerverwaltung schon ab 1693 in Gestalt des landesherrlich dominierten Obersteuerdirektoriums arbeitete. Dessen Umwandlung in das Kommissariat – den Vorläufer der Kriegs- und

Verlassene Residenz

J. B. Homann: Darstellung des Grundrisses und Prospectes der Königl. Preussisch-Magdeburgischen und des Saal-Crayses Haupt-Stadt Halle (ca. 1725)

Domänenkammer – 1713 erforderte den Umzug der hallischen Behörden. Ferner lag Magdeburg verkehrsgünstiger im Herzogtum und erschien, auch damit verbunden, als Festungsstadt militärisch sicherer als die Grenzstadt an der Saale. So blieben als staatliche Verwaltungsbehörden nur noch die Salz- und Bergwerksdeputation als Dependenz der Magdeburger Kammer, die ihre Instruktionen aus Magdeburg erhielt, und die anderen Salzämter (Salz-Rentei, Salz-Impost-Einnehmer, Salz-Rentmeister). Diese kleine Behörde erhielt einen Teil des ehemaligen „Canzley"-Gebäudes.

Untrügliches Indiz für den Bedeutungsverlust Halles ist die Stadttopographie. Zunächst zu den staatlichen Gebäuden (Universität und Militär s. u.): Diese waren Mangelware. Eingriffe in die überkommene Stadttopographie sind mit Ausnahme des Großen Berlin nicht nachzuweisen. Stattdessen orientierten sich die wenigen staatlichen Bauten an dem überkommenen Gebäudebestand. Zwar lobten die Besucher die Universität und ihre Gelehrten, doch die Stadt sagte den Reisenden nicht zu. In Briegers

Schrift von 1788 heißt es über Halle „im Magdeburgischen": „Die Häuser sind alle aus Lehm, von innen und außen schlecht, und nur sehr wenig durchaus, entweder aus Ziegelsteinen oder aus Felsensteinen, die bey Giebichenstein gebrochen werden, gebaut. Die Straßen sind krumm, höckerig und mit dem elendsten Steinpflaster belegt. ... Außerdem sind die Straßen noch dazu sehr enge, unrein besonders beim Regenwetter. Alles dies, nebst dem Kohlendampfe, Schweinemiste, den die Bäcker ungeahndet auf die Straßen befördern dürfen – und die ausgeleerten Nachttöpfe verursachen zuweilen einen unleidlichen Gestank."

3. Fehlgeschlagene Manufakturansiedlung – Stagnation der Gewerbe

Die Voraussetzungen Halles für den Wandel zu einer zukunftsweisenden Gewerbestadt der Frühen Neuzeit waren nicht ungünstig: Die Konkurrenz der Messestadt Leipzig wuchs zwar stetig an, doch die brandenburgische Besitznahme von 1680 machte Halle zur Grenzstadt, die als Handelsplatz und als Gewerbestadt die Möglichkeit hatte, das albertinische Sachsen und darüber hinaus das ganze Brandenburg mit ihren Produkten zu erschließen. So ist tatsächlich das frühe 18. Jahrhundert als wirtschaftlicher Neubeginn zu werten. Auf der anderen Seite konnte diese Grenzlage dann von Nachteil sein, wenn politische Konflikte aufkamen: Stadt und Saalkreis waren von kursächsischen und anhaltischen Landen umschlossen. Rund um Halle befanden sich Zollstationen, so dass die weit nach Süden vorgelagerte preußische Exklave Halle immer abhängiger von der politischen Großwetterlage wurde. Das fehlende auswärtige Hinterland konnte also nur durch eine merkantilistische Wirtschaftspolitik kompensiert werden, zielte doch diese, so Gustav Schmoller, auf die „geschlossene Territorialwirtschaft". Darüber hinaus, so die allgemeine Stadtforschung, war die Merkantilpolitik (mit-)verantwortlich für die Entstehung der Manufakturstadt. Nun ist der Begriff Manufaktur eher schillernd. Eine Dominanz dieses gewerblichen Betriebssystems, gekennzeichnet durch neue Formen der Arbeitsteilung und zentralisierter Produktion, gab es im 18. Jahrhundert nicht. Hinter diesem Stadttypus verbirgt sich aber eine von staatlicher Merkantilpolitik angeregte Ausweitung des Verlagswesens, die Differenzierung und Innovation im Handwerk und vor allem eine Kaufmannschaft, die ihr Kapital in der Produktionssphäre gewinnbringend einsetzte. All diese Maßnahmen liefen auf eine Ausweitung der städtischen Exporte für den Massenbedarf und/oder die Luxusproduktion hinaus.

Projiziert man diese Überlegungen auf Halle, so sind die Ergebnisse der in den 1920er entstandenen Studien von Heinecke und Neuß eindeutig. Die Initiativen des brandenburgisch-preußischen Staates waren zu Beginn des 18. Jahrhunderts erfolgreich, scheiterten aber dann, zum einen, weil sie im Falle Halles widersprüchlich waren, und zum anderen, weil die Situation in Halle dem wirtschaftlichen Wandel entgegenstand. Erich Neuß bringt es in seiner Dissertation von 1923 auf den Punkt: Leipzig sei es gelungen, Halle im 17. und 18. Jahrhundert vollkommen zu überflügeln. Halle sei Konsumentenstadt geblieben, der Export stagnierte oder schrumpfte. „Für Halle hört das wirtschaftliche Mittelalter erst wesentlich später auf und die letzten Spuren davon haben bis in unsere Zeit hineingeragt."

Zwar entwickelten die hallischen Kameralisten an der Universität für die preußischen Städte ein Szenario, wie der gewerbliche Aufschwung auszusehen habe. Hören wir den Universitätskanzler Johann Peter von Ludewig in seiner Schrift, die er anlässlich der Einrichtung der Professur für Kameralwissenschaften in Halle 1727 veröffentlichte: Um „Tonnengold" für die Staatskasse zu erzielen, sei es in den Städten des Königreiches erforderlich, neue Einwohner ins Land zu ziehen. Diese würden Gewerbe und Handwerk beleben, wodurch Geld im Land bleiben werde. Insbesondere hebt Ludewig auf die Wollverarbeitung in den Städten ab und fordert die staatliche Unterstützung des Aufbaues von Manufakturen. Doch die Rezepte, die Ludewig verkündete, wurden zwar in Ansätzen auch in Halle umgesetzt, verpufften aber an den oben beschrieben inneren und äußeren Gegebenheiten in Halle.

Zuwanderung nach Halle

Zunächst sah die Entwicklung vielversprechend aus. Eines der probaten Mittel war die Peuplierung, von der man sich einen Ausgleich der durch Krieg und Pest verursachten Bevölkerungsverluste versprach. Die Stadt hatte allein durch die Pest 1680/81 mehr als 1.600 Tote zu beklagen. 1693, sieben Jahre nach dem Edikt von Potsdam, zählte man in Halle 492, 1703 dann 691 Hugenotten; an Pfälzer Einwanderern gab es 1690 500, bis 1713 kamen nochmals welche hinzu, so dass dann 692 Pfälzer in Halle lebten. Zudem erlaubte Kurfürst Friedrich III. 1692 den Juden, sich wieder in

Halle anzusiedeln. 1700 wurde eine Synagoge eingerichtet; um 1750 lebten ca. 350 Personen jüdischen Glaubens in Halle.

Hugenotten und Pfälzer genossen Steuerprivilegien, sieht man von der Warenakzise ab; sie durften von städtischen Abgaben befreite Häuser erwerben und erhielten Kredite für den Hauskauf und -aufbau. Der städtischen Gerichtsbarkeit und Kirchenorganisation waren die reformierten Zuwanderer nicht unterstellt. Sie lebten in so genannten Colonien, d. h. eigenständigen bürgerlichen Gemeinwesen. Am 30. September 1686 setzte der Große Kurfürst Paul Lugandi zum „ersten Richter" und Vorsteher der Hugenotten in Halle ein. Seine Aufgabe bestand darin, „den dortigen geflüchteten Franzosen treu und wohl vorzustehen und alle diensame Sorgfalt anzuwenden, damit angeregte Leute nicht allein in aller Gottesfurcht und Ehrbarkeit, still und verträglich, sowohl unter sich als auch mit den übrigen Unterthanen leben und an gewisse Nahrung und Gewerbe, um sich und die Ihrigen redlich zu nähren, sobald immer möglich gelangen mögen" (Beelitz, S. 5).

Auch kirchlich gab es zwischen den Hugenotten und den lutherischen Bewohnern Halles keine Gemeinsamkeit. Zunächst fanden die französisch-reformierten Gottesdienste im Jägerhaus an der Moritzkirche statt, dann wurde den Zuwanderern die Mitnutzung der Domkirche gestattet. Am 26. Oktober 1690 hielt dann die Gemeinde ihren ersten Gottesdienst in der ihr zugewiesenen Magdalenenkapelle der Moritzburg. Bis 1705 sorgten drei eigene Geistliche für die reformierte Gemeinde, dann zwei.

Die technische Innovation und die neuen Produkte, welche die Zugewanderten mitbrachten, waren beachtlich. Besonders die Textilerzeugung gewann an Gewicht. Als neues gewerbliches Betriebssystem gelangte tatsächlich die zentralisierte Produktion in Form der Manufaktur nach Halle. Woll-, Seiden- und Strumpfwirkerei, Glaceehandschuhfabrikation, Gold-, Silber- und Seidenbandmanufakturen sind zu nennen. Ein Beispiel: Der Hugenotte Valery brachte Arbeiter, Gerätschaften und Werkzeuge seiner alten Wollmanufaktur nach Halle und richtete in der Kleinen Klausstraße eine Manufaktur für wollene Zeuge und Tuche ein, die 1687 26 Web- und Wirkstühle aufwies. Hinzu kam eine Walkmühle an der Saale. Weitere 16 oder 17 Wollmanufakturen und fünf weitere für Strümpfe können Heinecke und Neuß für diese Phase aufzeigen. Die Hugenotten brachten neben der zentralisierten Produktion technische Innovationen nach Halle. So benötigte ein Teil der französischen Textilprodukte keine Walke. Damit entfielen mögliche Schädigungen durch das mit Sole verunreinigte

Saalewasser. Die neuen Seidenfabrikationen waren ebenfalls vom Walken unabhängig.

Doch die Impulse der hugenottischen Produkt- und Produktionsinnovationen verpufften – ein „Fiasko", konstatiert Heinecke. Von den 18 Manufakturen überlebten nur zwei; die von Beringuer, in der bis 1745 auf 16 bis 18 Stühlen Flanelle hergestellt wurden, und die von Arbaletrier, die bis um 1710 mit 25 bis 30 Webstühlen 200 Arbeiter einschließlich Spinnern beschäftigte, dann aber auch unterging. Das Scheitern der ersten Phase war typisch für die Widersprüchlichkeiten der brandenburgischen Manufakturpolitik. So errichtete der Pfälzer Michael Mühlberg als Erster in den Territorien des Kurfürsten eine Wollkämmerei, doch wurde ihm befohlen, sein Unternehmen in Halle zugunsten eines Berliner Unternehmens aufzugeben und seine Arbeiter dorthin zu schicken; Valery legte 1691 seine Manufaktur still – er scheiterte an der Verschmutzung des Saalewassers und an der schlechten Wollqualität. Deshalb musste die große Anzahl der benötigten Wolle auf weiter entfernt liegenden Märkten gekauft und nach Halle transportiert werden, was die Herstellungskosten erhöhte. Einige der Hugenotten verließen wegen der wirtschaftlichen Misserfolge die Stadt. Zu dieser Abwanderung trug wohl auch bei, dass zumindest in den ersten Jahren nach 1686 die französischen Zuwanderer in der Stadt nicht wohl gelitten waren. Der französische Richter Lugandi beschwerte sich bei der brandenburgischen Regierung, dass die Colonie „durch fortwährende Beleidigungen gestört" werde. Es seien mit Steinen Fenster zerschlagen und die Frauen und Kinder auf dem Markt mit verfaulten Früchten beworfen worden (Beelitz, S. 9). Aber Abwanderung war nicht der einzige Faktor, der zur Veränderung der Situation der Hugenotten in Halle führte. Denn ab ca. 1720 kam es zu ersten Heiratsbeziehungen mit den in Halle lebenden Glaubensbrüdern aus der Pfalz und der Schweiz mit der Folge, dass die französisch sprechende reformierte Gemeinde abnahm: 1769 zählte die bürgerliche Colonie noch 715 Nachfahren der Hugenotten, die Kirchengemeinde aber nur noch 171 Angehörige.

Landesherrlich in Kauf genommen war die Benachteiligung der hallischen Manufakturen durch die Bevorzugung Magdeburgs (Stapelrecht) und vor allem durch die Zollkriege mit Sachsen. Diese begannen 1694. Die freie Getreideausfuhr nach Sachsen wurde verboten, um die Stärkeproduktion zu fördern, von 1719 bis 1728 kam es zu einer neuen Auseinandersetzung; 1725 wurde dann von beiden Seiten ein 25%iger Zoll auf Manufaktur- und Marktwaren gelegt. Doch die Strumpf- und Zeugfabriken in Halle konnten "der feinen sächsischen Wolle nicht füglich entbehren". Die Kriegswirren und der gestiegene Wollpreis infolge der merkantilen Abschottung führten in den 1740er Jahren erneut zum Ende der Handelsbeziehungen mit Leipzig. 1743 verfügte König Friedrich II., dass alle durch preußisches Gebiet gehenden Frachtwagen außer den bisherigen Zöllen für jedes Pferd noch 15 Groschen zu zahlen hatten. Für den Landfrachtverkehr im Saalkreis war mit der Zeit eine dreimalige Verzollung für alle durchgehenden Wagen zur Gepflogenheit geworden. So war Halle zu Beginn der 1750er Jahre von seinen Absatzmärkten abgetrennt worden, ohne dass sich große Chancen in Preußen auftaten. Es überlebten von den Exportgewerben Halles (zum Salz s. u.) nur wenige Manufakturbetriebe im Textilbereich.

Zwei davon sind zu nennen, einmal die Wollweberei und Druckerei Dey, aus der dann die Golgasdruckerei Wucherer wurde, und die Percan- und Kamelottefabrik von Johann Andreas Ochse, die zehn Stühle aufwies und feine märkische und kursächsische Wolle benötigte. Ochse hatte in Halle Spinner im Verlagssystem gebunden; die weiteren Produktionsschritte wurden zentralisiert. 1756 gab es einen Meister, einen Wollsortierer, fünf Gesellen, vier Wollkämmer und 150 bis 200 Spinner. Die einzige Manufaktur, der man in der zweiten Hälfte des 18. Jahrhunderts Kapitalintensivierung und weitere Arbeitsteilung sowie – aufs engste damit verbunden – die Produktion für neue Märkte attestieren kann, war die Golgasdruckerei Wucherer. 1730 wurde die Flanelldruckerei von den aus Leipzig zugewanderten Jean Henry Dey und August Parnaisky gegründet; 1767 war der Schwiegersohn Deys, Matthias Wucherer Eigentümer. Die Druckerei fertigte nach eigenen Entwürfen „Couleurs und Modells", druckte aber auch gegen Lohn. Für die Flanelle verspannen um 1800 über 80 Wollspinnerinnen einheimische Wolle zu Garn, das von den Flanellwebern, die teils selbstständig, teils in Wucherers Manufaktur arbeiteten, gewebt wurde. Im zweiten Fall bedruckte er fremde Ware zumeist für sächsische Kaufleute; die Kontakte wurden auf der Leipziger Messe geknüpft. Ende des 18. Jahrhunderts wurden von 181 Beschäftigten in Manufaktur und Verlag um die 10.000 bis 13.000 Stücke hergestellt bzw. bedruckt. Die Rolle des preußischen Staates erscheint hier positiver. Überleben und Wandel der Produktionsstruktur waren auch der staatlichen Unterstützung geschuldet, die dann fruchtete, wenn sie einen Kaufmann förderte, dessen Produkte marktgängig waren. 1755 erhielt Dey ein königliches „Privilegium exclusivum" für das Herzogtum Magdeburg und das Fürstentum Halberstadt, 1766 das Privileg, die königliche Kohle aus Wettin verbilligt zu erhalten.

Von 1778 bis 1786 war der Betrieb von der Akzise befreit und die Einfuhr aller für seine Fabrik benötigten Waren zollfrei. Und noch 1802 zahlte man Wucherer 6.000 Reichstaler aus dem Manufakturfonds. Auch in Form des Verlags überlebten einige der Produktinnovationen, solange marktfähige Güter produziert werden konnten. So existierte eine Seidenweberei der Verleger Guillaume und Krüger, die zunächst von Leipzig aus den Verlag organisierten, dann aber nach Halle zogen. Die verlegte Herstellung von Handschuhen in verschiedenen Werkstätten sicherte in den Jahren vor dem Siebenjährigen Krieg 600 Familien ihren Unterhalt. Allerdings waren dies kleine Betriebe, denn die Magdeburger Firma Diesing und Haase beschäftigte schon 1746 600 Arbeiter an hundert Stühlen. Damit ist angedeutet, dass sich im Gegensatz zu Magdeburg die Manufakturproduktion und der Verlag nicht durchsetzten.

Dominanz des Handwerks

Neben den nach vorne weisenden gewerblichen Betriebssystemen Verlag und Manufaktur ist fernerhin zu prüfen, ob das überkommene Handwerk durch die Merkantilpolitik Veränderungen erfuhr. Hier ist zunächst auf eine zweite landesherrliche Peuplierung hinzuweisen. Friedrich Wilhelm I. bemühte sich, Handwerker aus Sachsen, Thüringen und dem Vogtland anzusiedeln. Ein Grund zur Übersiedlung war die am 27. September 1717 vom König versprochene dreijährige Freiheit von der Konsumtionsakzise, die sechsjährige Freiheit von allen bürgerlichen Lasten, etwa der Einquartierung, ferner die unentgeltliche Lieferung des zum Hausbau nötigen Holzes und die Befreiung von der Armeewerbung. Heinecke hat aufgrund der Bürgerrechtsbücher im hallischen Ratsarchiv 36 Wirker und 24 Stricker nachgewiesen, die von 1696 bis 1770 nach Halle gezogen sind. Bei den Tuchmachern lassen sich 70 kursächsische Arbeitskräfte von 1683 bis 1750 festmachen, und auch bei den Zeug- und Raschmachern (= gemusterte Maschenware) kamen aus Kur-Sachsen von 1706 bis 1745 ausweislich der Bürgerrechtsbücher im hallischen Ratsarchiv dreizehn Neubürger. Diese Neubürger sorgten für eine Öffnung der starren, am Nahrungsprinzip (Werner Sombart) orientierten Gewerbestruktur Halles, nicht zuletzt gestützt durch die Zunft- und Handwerkspolitik des Landesherrn. 1713 wurde die Tuchmacher-Innung gezwungen, die Gesellenzahl nicht mehr zu reglementieren. 1712 wurde eine Strumpfwirker-Innung von zwölf Meistern gegründet, die auch Neumarkt und Glaucha erfasste! Dies war eine

Kapitel IV: Universitätsstadt an der preußischen Peripherie

Die Reste des Klosters Neuwerk um 1750. Im Gefolge der von Kardinal Albrecht vorgenommenen Auflösung des Klosters Neuwerk 1528/30 wurden etliche Gebäude, darunter auch die Klosterkirche, abgebrochen. Seit der zweiten Hälfte des 17. Jh. diente das erhalten gebliebene Hauptgebäude dem Erzstift/Herzogtum als Brauhaus.

Innung neuen Typs, denn sie erlaubte den Strickmeistern eine Ausweitung ihrer Fabrikation, wenn der jeweilige Auftragsbestand von der vorgeschriebenen Zahl ihrer Gehilfen (zwei Gesellen und ein Junge) nicht abgearbeitet werden konnte. Zum einem durften sie zusätzliche Meister gegen Gesellenlohn beschäftigen, zum anderen eine beliebige Zahl von Gesellen zur Abwicklung ihrer Aufträge einstellen. Damit verlegten Meister Meister. Der Verlag benötigte die Einheitlichkeit und Übersichtlichkeit der Produktion. Die Arbeitsteilung schritt voran: auslesen, zubereiten, kämmen, spinnen, färben, zusammennähen und zwickeln der Strümpfe, dazu in den Hilfsgewerben Walker und Appreteure. Zu Anfang der 1730er Jahre wurden 241 Beschäftigte an den Stühlen gezählt, 1756 waren 131 Strumpfwirkermeister und 239 Gesellen sowie 71 Strumpfstrickermeister und 23 Gesellen in Lohn und Brot.

Diese Zahlen relativieren sich aber schnell, denn das traditionelle Gewerbe überwog: Die Gesamtzahlen um 1750, von Dreyhaupt in alphabetischer Reihenfolge angegeben (II, S. 556 f.), zeigen uns den überkommenen Charakter des Gewerbes und die Reste der hugenottischen Innovation in Halle: vier Apotheker, fünf Bader, 15 Barbiere, 73 Bäcker, acht Beutler (Handschuhmacher), ein Bildhauer, 36 Böttcher, 36 Buchbinder, 14 Buchdrucker, sechs Buchhändler, zwei Büchsenmacher, ein Büchsenschaftmacher, vier Bürstenbinder, 62 Krämer, drei Corduanmacher (= Zwirnmacher), zwei Creponmacher, ein Drahtzieher, neun Drechsler, sechs Färber, ein Feilenhauer, zwei Feuermauerkehrer, 20 Fischer, 50 zünftige Fleischer, 18 unzünftige Fleischer, 31 Gastwirte, ein Formschneider, drei Garköche, elf Glaser, ein Gipser, ein Glasschneider, 16 Goldschmiede, ein Goldtressenfabrikant, ein Goldschläger, 18 Gürtler, 16 Hutmacher, sechs Instrumentenmacher, drei Kammmacher, fünf Kannengießer, sieben Klempner, ein Knopfdreher, 14 Knopfmacher, sechs Korbmacher, 19 Kürschner, zwei Kupferdrucker, drei Kupferschmiede, zwei Kupferstecher, zehn Leineweber, vier Leinwanddrucker, 16 Leinwandkramer, 22 Lohgerber, acht Maler, fünf Maurermeister, vier Messerschmiede, ein Müller, sieben Nadler, fünf Nagelschmiede, zwei Orgelmacher, ein Pergamentmacher, 30 Perückenmacher, zwei Petschierstecher, sechs Pfannenschmiede, ein Porzellanmacher, 21 Posamentierer, vier Riemer, fünf Rotgießer, fünf Sägenschmiede, 116 Salzwirker, fünf Sattler, 16 Schlösser, 17 Schmiede, 140 Schneider, ein Schriftgießer, 130 Schuster, sieben Schwertfeger, sieben Seifensieder, 29 Seiler, ein Sporer, ein Steinmetz, 60 Strumpfstricker, 50 Strumpfwirker, sieben Täschner, 35 Tischler, zwei Tabakpfeifenmacher, sechs Töpfer, 13 Traiteurs (= Gastwirte), sieben Tuchbereiter, 76 Tuchmacher, zwei Tuchscherer, fünf Uhrmacher, sechs Wagner (= Radmacher), sieben Weinschenker, fünf Weißgerber, vier Windenmacher, zwei Walkmüller, sechs Zeugmacher, zwei Ziegeldecker, vier Zimmermeister.

Deutlich wird die Bedeutung des alten Handwerks; lediglich einige neue Gewerbebereiche (vor allem die Strumpfhersteller) tauchen in der Liste auf. Arbeitsteilung fand, wenn überhaupt, horizontal statt; neue Produkte wurden nicht innerhalb derselben Werkstatt hergestellt, sondern von einer Diversifizierung des Handwerks ermöglicht.

Für den Fortbestand der überkommenen Strukturen spricht noch ein weiteres für Halle und die Amtsstädte ganz wichtiges Gewerbe, über das die Reiseschriftsteller wortwörtlich die Nase rümpften und das für Erich Neuß ein Argument für den agrarischen Charakter Halles war: die Stärkeproduktion in den Amtsvorstädten Glaucha, Neumarkt und in der Stadt Halle. 1760 produzierten in Halle 25 Stärkemacher, in Neumarkt 6 und in Glaucha 51. Den Bürgern der drei Städte war dieser Produktionszweig quasi naturwüchsig zugekommen, da Halle für die Dörfer des Saalkreises den optimalen Getreidemarkt darstellte. Die Synergieeffekte der Stärkefabrikation verwiesen ebenfalls auf den Agrarsektor: Branntweinbrennerei und Schweinemästung. Die Schweinemast nutzte die Rückstände der Stärkefabrikation. In Herden zu 300 bis 500 Stück wurden die Schweine von den Viehhändlern in die Stadt gebracht, jeder Stärkemacher hatte 30 bis 40 Schweine, die er innerhalb eines Jahres zur Mast brachte. Die fetten Schweine wurden dann an die Fleischer verkauft. Die Jauche der Schweine und das Pülbewasser – die dickflüssigen Abfälle bei der Stärkeproduktion – flossen durch die Stadt. In den Teichen vor den Stadttoren badeten sich die Schweine, bevor die Herden in die Stadt zu den Stärkemachern getrieben wurden. 1795 sprach sich die Universität gegen eine Ausweitung der Stärkefabrikation aus, da „man im Sommer vor Gestank nicht auf die Straßen gehen könne".

Manufakturmangel, wenig Verleger, traditionales Handwerk ohne Exportchancen und Stärkeproduktion zeitigten für die städtische Gesellschaft einschneidende Folgen. Ein Wirtschaftsbürgertum neuen Typs fehlte in Halle, ganz im Gegensatz zu Magdeburg. Die Reisebeschreibungen sehen dies ähnlich: „Was blüht in Halle", sind, so Brieger 1788, „die Wirtshäuser und Kaffeehäuser, wo die Studenten zu finden sind. Es gibt zu Halle einige in der Tat sehr reiche Bürger, aber weit mehr ganz arme." Im fast zeitgleich verfassten Reisetagebuch eines „jungen Zürichers" heißt es: „Die meisten Bürger ernähren sich als Handwerker, viele auch vom Ackerbau. ... Es hat auch einige ziemlich ansehnliche Handelshäuser hier; und in Seide und Wolle wird etwas fabriziert" (Dümmler, S. 24). Die bei Straubel zu findenden Auswertungen belegen diese Beobachtungen des Zeitgenossen: Während in Magdeburg 1808 346 „wohlhabende" Bürger von den französischen Steuerbehörden erfasst wurden, waren es in Halle nur 156. Die 28 Kaufleute hatten in Halle ein Durchschnittseinkommen von 757 Talern, die 113 in Magdeburg von 2.443 Talern, die 46 gewerblich Tätigen oberhalb des Handwerks in Halle erreichten 667 Taler, die 97 in Magdeburg 988 Taler. Zeigen schon diese Durchschnittswerte die fehlende Wirtschaftskraft des hallischen Bürgertums, so wird dies bei der Elite der hallischen Gesellschaft noch deutlicher. An der Spitze der hallischen Einkommenspyramide standen in Halle Universitätsprofessoren, Beamte, Geistliche und Ärzte. Mit 2.000 Talern ist ein Gewerbetreibender erfasst, dem drei Beamte, ein Geistlicher und ein Arzt gegenüberstanden. Reich wurde man nur in Magdeburg – hier gab es echte Unternehmer: 62 Kaufleute verdienten mehr als 2.000 Reichstaler, allein 14 über 5.000 Reichstaler.

Zwar muss eine Kollektivbiographie des hallischen Bürgertums noch geschrieben werden, doch die negativen Folgen für die gesellschaftliche Entwicklung der Stadt können an einem schlagenden Beispiel festgemacht werden. Während sich in Leipzig, aber auch in Magdeburg ökonomische Sozietäten etablierten, die den Wirtschaftswandel aktiv förderten, blieb die hallische aufgeklärte Geselligkeit auf gelehrte Gesellschaften und Freimaurerei beschränkt. Die Mitglieder waren überwiegend Gelehrte und Studenten. Ökonomische Gesellschaften sind nicht nachzuweisen. Der Vergleich mit Leipzig und Magdeburg ist auch von der Seite der Mitgliedschaften aufschlussreich: Für Halle konnte Holger Zaunstöck 1.059 Mitgliedschaften nachweisen, für die Nichtuniversitätsstadt Magdeburg 555, für die Universitäts-, Gewerbe- und Messestadt Leipzig 2.634!

Damit wird deutlich, dass im Hinblick auf die Wirtschaftsstruktur die traditionellen Merkmale überwogen: Landwirtschaftliche Produktion in der Stadt und ihrem Umfeld, die Dominanz des Handwerks, das für den Nahmarkt arbeitete. Die staatliche Förderung war uneinheitlich; von Erfolg gekrönt war nur die indirekte Unterstützung von Unternehmern mit marktgängigen Produkten. Damit konnten von der wirtschaftlichen und von der sozialen Seite her keine Impulse für die Entwicklung Halles zur frühmodernen Gewerbestadt aufkommen.

4. Salzstadt im Umbruch

Die Sonderfunktion des Mittelalters und des 16. Jahrhunderts für Halle war in der Produktion des weißen Goldes, das im Tal unterhalb des Marktplatzes in vier Brunnen zu Tage trat, begründet. Hausgemachte Rückständigkeit in der Salzproduktion, vor allem aber die Tendenz der Landesherrn in Preußen und Sachsen, mit neuen, produktiveren und kostengünstigeren Methoden Salz zu produzieren und Halle Konkurrenz zu machen, waren für den Niedergang der Salzstadt verantwortlich. Dieser Prozess begann zu Beginn des 18. Jahrhunderts und verstärkte sich – unterbrochen durch mehrere kurzfristige Aufschwünge – seit den 1750er Jahren.

Zunächst jedoch war das hallische Salz für die Brandenburger wichtig; es lag durchaus in ihrem Interesse, die mittleren Provinzen mit diesem zu versorgen und damit den Import aus Lüneburg und Kursachsen zu vermindern. Der Kurfürst sicherte sich als Nachfolger der Erzbischöfe die seit 1478 verbrieften landesherrlichen Anteile an der Salzproduktion

(Quartgüter). Dieser Eigenanteil bot lukrative Einkünfte und ermöglichte zudem, die leitenden Beamten entweder indirekt aus den Pacht- bzw. Verkaufserlösen zu besolden oder sie – ganz in der Tradition des Spätmittelalters – mit Anteilen an der Salzproduktion (Pfannen) auszustatten. So stellten die Erlöse aus der Verpachtung der Salzanteile ein gutes Zubrot für die Beamten dar; die Geschlossenheit der Pfännerschaft, wenn sie denn überhaupt noch vorhanden war, wurde hierdurch aufgebrochen. Die Einkünfte aus der Quartsole wurden nach einigen Querelen, die das rigorose Vorgehen des Großen Kurfürsten mit sich brachte, 1711 an die Pfännerschaft verpachtet. Dabei erhöhte der preußische Fiskus immer mehr die Pachtsumme, so dass die Quartkasse, solange der Absatz noch vorhanden war, sehr profitierte.

Die hallische Produktion der Pfännerschaft unterlag dem Souveränitätsanspruch der Brandenburger. So wurde folgerichtig die überkommene Selbstverwaltung des Tals als Relikt städtischer Autonomie zunächst durch die Besetzung mit landesherrlichen Beamten und dann durch Neustrukturierung in die preußische Verwaltung und Gerichtsbarkeit eingegliedert. Der erste Schritt vollzog sich am 5. Februar 1722, als das altehrwürdige Talgericht mit dem Gericht der Stadt, dem seit 1716 mit dem Schöppenstuhl vereinigten Berggericht, zusammengelegt wurde. Der Senior des Schöppenstuhls übernahm das überkommene Amt des Salzgrafen. Das Amt der Talschöffen fiel ebenso fort; an ihre Stelle traten die Assessoren des Schöppenstuhls. Damit hatte der Rat auch die Benennung des Salzgrafenamtes verloren. Der Regierungsrat Dr. Berndes war Senior und Salzgraf. Ihm folgte der uns wohlbekannte Dreyhaupt. Auch in der Verwaltung der Salzangelegenheiten war der landesherrliche Zugriff zu spüren. Am 15. Oktober 1714 wurde die Salz- und Bergwerksdeputation als der Regierung bzw. der Kriegs- und Domänenkammer nachgeordnete Behörde in Halle gebildet, die auch für das hallische Salz zuständig war. Ihr Vorsitzender war der Regierungsrat Dr. Meyer, der bis 1722 zugleich das Amt des Salzgrafen übernahm. Ferner wurden für die Aufsicht im Tal zwei Oberbornmeister auf Lebenszeit ernannt – die Parallelen zum Rat sind offensichtlich –; für das königliche Quart wurde eine eigene Aufsichtsperson geschaffen.

Einen radikalen Wandel bedeutete die am 10. Januar 1722 erlassene „Assecuration vor die Hallesche Pfännerschaft". In ihr wurde das überkommene Lehnswesen abgeschafft – bisher waren bei jedem Wechsel des Landesherrn und bei Tod des Pfänners der Konsens des Lehnsherrn

Salzstadt im Umbruch

Salzproduktion im 18. Jahrhundert mit der Technik des Spätmittelalters: Blick in einen Siedekot und in den Deutschen Born

erforderlich und eine „Lehnware" als Weinkauf zu zahlen gewesen. Wie bei den Rittergütern gab der König diese Lehnsbeziehungen auf. Talgüter (= Solebezüge) wurden zu Eigentum, das nach Belieben verpfändet, verkauft und vererbt werden durfte. Statt in einem an die ursprüngliche Grundherrschaft der Erzbischöfe erinnernden Lehnsverhältnis mit der Krone zu stehen, wurden die Besitzer der Kote und Solebezüge zu bürgerlichen Eigentümern, die lediglich einen jährlichen „Erbcanon" zu entrichten hatten, praktisch also eine Anerkennungsgebühr für das Salzregal des Königs. Friedrich Wilhelm I. gab zudem das (später gebrochene) Versprechen, keine neuen Belastungen des Tales zu erheben und die Salzproduktion nicht zu beschränken.

Doch mit dem Pfund des freien Eigentums wucherten die Hallenser nicht. Den staatlichen Beamten bedeutete das Salz ein Zubrot, und die hallischen Pfänner veränderten an der Produktionsstruktur zunächst nichts.

175

Dabei war die politische Großwetterlage für den Absatz des hallischen Salzes bedrohlich. Hinzu kam die nachlassende Konkurrenzfähigkeit. Zunächst sind wie beim Gewerbe die Zollkriege zu nennen, die den traditionellen sächsischen Absatzraum verschlossen. Der Austausch von hallischem Salz gegen Holz aus Kursachsen kam zum Stocken, als die Preußen 1721 den Zollkrieg begannen und zudem die Kohle aus Wettin als Ersatz für sächsisches Holz propagiert wurde. Kursachsen belegte das hallische Salz mit hohem Zoll, Schmuggel war die Folge. Dennoch wurden die Steuern auf Salzproduktion und exportiertes Salz nicht gesenkt. 15.246 Taler Steuern und Abgaben wurden 1739 erzielt; davon entfielen 1.279 Taler auf den Canon, 2.131 auf die Akzise und 6.968 auf die Salzsteuer.

Die Salzproduktion im Tal ging auch zurück, weil dem hallischen Salz Konkurrenz in Gestalt der neuen Salinen in Kursachsen und Preußen erwuchs. Erstere waren politisch gewollt, denn auch das albertinische Sachsen wollte im Zuge merkantilistischer Importreduktion das hallische Salz durch sächsisches ersetzen. Mit Dürrenberg wurde in der zweiten Hälfte des 18. Jahrhunderts eine technologisch führende Saline aufgebaut, die erheblich billiger als Halle produzierte. Auch die preußische Salzförderung nahm auf die alte Salzstadt wenig Rücksicht. Nachdem in der Zeit des Großen Kurfürsten und seines Sohnes Halle Vorrang erhalten hatte, um die Konkurrenz Lüneburgs zu brechen, wurde unter Friedrich Wilhelm I. und Friedrich II. die Saline im benachbarten Schönebeck systematisch aufgebaut. Diese besonders protegierte Saline übernahm bald die erste Stelle im Salzexport des Herzogtums Magdeburg.

Bei der Versiedung der Extrasole kam es zu einem bezeichnenden technologischen Wandel. Hier war das Interesse an einer effizienten Bewirtschaftung besonders groß, da die Erlöse unmittelbar dem Fiskus zugute kamen. Mit dem Bau der landesherrlichen Saline vor dem Klaustor wurde 1719 begonnen, 1722 startete das regelmäßige Versieden der königlichen Extrasole aus dem Tal, die über eine Rohrleitung herangeschafft wurde. Die Pächter, ein Konsortium preußischer Beamter, setzten auf die Versiedung mittels großer Pfannen. Damit machte sich die königliche Salzsiederei unabhängig vom Monopol der Pfännerschaft, die vordem im Tal den landesherrlichen Siedebetrieb gegen Pacht betrieb. Was war neu an der Saline? Zwei große Siedehäuser entstanden an günstiger Stelle direkt an der Saale. Dies war ein großer Unterschied zu den kleinen Koten im Tal. Die Verpachtung der Saline an preußische Verwaltungsbeamte, die zudem kameralistisch und später auch naturwissenschaftlich geschult waren – Jakob Vogel bezeichnet die Salzbeamten am Ende des 18. Jahrhunderts als „Visionäre des Fortschritts" –, führte zum Wandel des Betriebssystems.

Damit gingen für das Tal technologische Krise und Absatzeinbruch einher, doch die Pfänner sahen zunächst keinerlei Notwendigkeit, die überkommenen Produktionsstrukturen zu verändern. Die Zahlen sprechen Bände: 1773 betrugen die Selbstkosten für ein Last Salz (1.620 kg) im Tal 38 Taler, sieben Groschen gegenüber 6 Talern, 16 Groschen in der neuen Saline vor dem Klaustor. Wenn Veränderungen in Richtung Kostensenkung als Folge höherer Produktivität stattfanden, dann waren landesherrliche Beamte dafür verantwortlich. Zunächst widmeten sich diese dem überkommenen Siedeprozess in den Koten, um die landesherrliche Quarte effektiver auszunutzen. Dekretiert wurden bereits in der Zeit des Großen Kurfürsten die Feuerung mit Kohle – auch um sich vom sächsischen Holz unabhängig zu machen – und die Nutzung neuer Pfannen, welche der starken Hitze standhielten. Dies bedeutete aber auch, die Strohdächer der Koten zu entfernen und Rauchfänge anzulegen.

Gleichwohl: Im Unterschied zur Saline vor den Toren der Stadt lebten fast bis Ende des 18. Jahrhunderts die mittelalterlichen Siedetechniken und der handwerkliche Charakter der Arbeit fort. Der Fortbestand des Nahrungsprinzips äußerte sich etwa darin, dass die 112 Koten des 16. Jahrhunderts bis 1788 in ihrer Zahl unverändert blieben. Erst dann erfolgte eine Reduktion auf 88.

Obwohl zum Teil mit preußischen Beamten durchsetzt, scheinen bei der Pfännerschaft bis um 1780 alte Einstellungen überlebt zu haben, die nun in Zeiten großer Konkurrenz die Zukunft der Saline im Tal gefährdeten. 1729 urteilte der Kameralist Peter Gasser, der seit 1711 Pfänner war: „Die gute liebe Hallesche Pfännerschaft ist zu keiner Verbesserung zu bringen, daher die Pfänner, die bei alten Zeiten an sich reiche Leute waren, jetzt kaum den Lebensunterhalt haben." Dreyhaupt, als Pfänner, Salzgraf und königlicher Geheimrat mit den Verhältnissen bestens vertraut, kritisierte 1749 die Pfännerschaft als „theils auf dem alten Hefen beruhen, theils sich gar zu weise düncken lassen, so ist nichts fruchtbarliches auszurichten".

Wohl auch deshalb wirkte sich die Absatz- und Strukturkrise so verheerend aus. Während die königliche Saline einen geschützten Absatzmarkt in Brandenburg und in Ansbach-Bayreuth besaß, erlebte die pfännerschaftliche Salzproduktion im Tal einem dramatischen Absatzverlust. Der Absatz von Halle ins Kursächsische sank von 3.215 Tonnen 1763 auf 72 Tonnen im Jahr 1801. Die Pfännerschaft kam von 1691 bis 1708 durchschnittlich auf 23 Siedewochen gegenüber 50 Siedewochen vor dem Dreißigjährigen Krieg; 1793 gab es demgegenüber nur fünf Siedewochen. 1759 wurde an 110 Tagen gesotten, 1783 nur noch an 16 Tagen. Folge war, dass die Halloren von Arbeitslosigkeit betroffen wurden. Von 1750 bis um 1800 ging die Zahl der gesamten Talarbeiter um 75 % zurück. 1788 notierte Brieger, dem das Überwiegen der Kaltlager aufgefallen war: „Vor dreyssig und mehrern Jahren waren die Halloren in dem blühendsten Zustande; es gab einige unter ihnen, die man reich nennen konnte; allein jetzt schmachten sie, bis auf wenige, unter dem Drucke der schwersten Armuth" (S. 21 f.). Die unter dem Druck der Verhältnisse von der Pfännerschaft begonnene Zentralisierung des Siedens in großen Siedehäusern zeigt aber auch die Überlebensfähigkeit des Salzwerkes auf, die allerdings von Entlassungen begleitet wurde: 1799 wurden aufgrund der zwei neuen Siedehäuser 30 Salzwirker arbeitslos. 123 Bornträger verloren ebenfalls ihre Arbeit.

5. Garnison und Universität als stadtprägende Momente

Preußische Garnisonsstadt

Als Ausgleich für den Verlust der zentralen Verwaltungseinrichtungen, aber natürlich auch wegen der exponierten Lage gegenüber Kursachsen wurde eine Garnison eingerichtet; zuvor waren in Halle ca. 200 Soldaten stationiert worden. Von 1714 bis 1722 wurde das anhaltisch-dessauische Infanterieregiment Nr. 3 unter Fürst Leopold von Anhalt-Dessau, dem „Alten Dessauer", nach Halle verlegt. Dem Stab und neuneinhalb Kompanien wurde Halle als Standort zugewiesen; zwei Kompanien kamen nach Neumarkt, eine weitere nach Glaucha. Das Infanterieregiment wies 1717 eine Soll-Stärke von 3.452 Mann auf, realiter waren es immer unter 3.000, ja im Sommer fehlte ein „großer Theil der Landeskinder", um in der Heimat bei der Ernte zu helfen (Dümmler, S. 14). Ute Fahrig geht davon aus, dass sich im überwiegenden Teil des Jahres 1.200 Soldaten in der Stadt aufhielten; während der Exerzierzeit von April bis Juni waren ca. 2.300 Soldaten in Halle. Hinzu kamen allerdings die Familienangehörigen der Soldaten. Fahrigs Auswertung der Taufregister der Garnisonsgemeinde ergibt, dass zwischen 1723 und 1750 durchschnittlich 148 Kinder pro Jahr getauft wurden, davon waren 40 % uneheliche Geburten! Der

Zuzug des Militärs und seiner Angehörigen führte zu einem Anwachsen der Einwohnerzahl der Stadt auf ca. 12.000 (1710) bzw. 15.000–16.000 (1750). Man kann für das Militär mit seinen Angehörigen um 1750 folglich von einem Bevölkerungsanteil von mindestens einem Achtel, maximal einem Fünftel ausgehen.

Allerdings sollte man nicht folgern, dass die vielen Soldaten zu hohen Mieteinnahmen für die städtischen Hausbesitzer geführt haben. Es bestand bis 1752 der Zwang zur Einquartierung, von dem sich die Hallenser nur durch Entschädigungsgelder, die unmittelbar an die Soldaten bzw. Unteroffiziere zu zahlen waren, freikaufen konnten. So kam es vor, dass Soldaten die Hausbesitzer schikanierten. Der hallische Barbier Johann Dietz berichtet: „Wir sind leider nun vierundzwanzig Jahre mit harter Einquartierung belegt worden. Und da habe ich auch Drangsal von Soldaten, Unteroffizieren und deren Weiber ausgestanden. ... Sechsundzwanzig Hühner und Truthühner sind mir in einer Nacht gestohlen, die Köpfe in'n Garten geschmissen. ... Trotz, dass ich ein Wort sagen dürfen, gleich mit dem Pallasch (Schlagstock, W. F.) überloffen" (zit. nach Fahrig, S. 74 f.). Auch die Studenten fochten mit den Soldaten manchen Strauß aus, und die Brutalität des Strafsystems – Spießrutenlaufen und die besonderen Formen der Hinrichtungen von Deserteuren – kann in Rundes Chronik nachgelesen werden.

Für das hallische Wirtschafts- und Kulturleben zeitigte das Militär kaum Auswirkungen. Zunächst lässt sich diese These anhand der Stadttopographie illustrieren. Bau- und Infrastruktur veränderten sich kaum; Zitadellen oder Ähnliches ersetzten nicht die Mauer, eine Kirche für die Garnison brauchte nicht errichtet zu werden, da hier auf die Magdalenenkapelle der Moritzburg und auf die Schulkirche (die ehemalige Franziskanerkirche) zurückgegriffen werden konnte. Als Friedhof diente ein Platz außerhalb der Mauern des Stadtgottesackers. Auch ein Quartier für die Offiziere ist nicht nachzuweisen. Lediglich der Bereich um die teilweise im Dreißigjährigen Krieg zerstörte Moritzburg war militärisch bestimmt. Auf dieser Militärinsel befanden sich am Ende des 18. Jahrhunderts das Militärlazarett (1777), der Paradeplatz (seit 1739 genutzt) mit dem Palais des Alten Dessauers an der Ostseite, Kleine Ulrichstraße Nr. 17, sowie die Hauptwache in der Moritzburg.

Wirtschafts- und sozialgeschichtlich sind die Nachteile einer Garnison in Halle aufzuzeigen. Besonders zu nennen ist die Beschäftigung der Soldaten, ihrer Frauen und Kinder im Textilbereich (vor allem im Verlagssystem der Strumpfstrickerei und Wollspinnerei). Hinzu kam, dass die Soldaten gewerblich tätig wurden (Freiwächter). Für das hallische Textilgewerbe ist aber ein weiterer Sachverhalt gewichtiger: Die Garnison trat zwar als Konsument für den alltäglichen Bedarf in Erscheinung, nicht aber als Kunde der hallischen Manufakturen und Verlage. In Preußen stammten Uniformen und Waffen aus den großen Manufakturen in Berlin und Potsdam, aber auch aus Magdeburg.

Die Offiziere waren von ihrer Zahl her zu gering, als dass sie zum bürgerlichen Leben beitrugen. Diese Überlegung kann an den aufgeklärten Sozietäten verdeutlicht werden. Hier war der Anteil der Offiziere verschwindend gering. Zaunstöck weist für Magdeburg 140 Mitgliedschaften von Offizieren bei insgesamt 555 Mitgliedschaften nach; in Halle waren es nur 52 gegenüber 970 Mitgliedschaften.

Negativ wirkte sich die Garnison auch auf die Universität aus. Das fortdauernde „Werben" von Soldaten, was nichts anderes als eine Zwangsrekrutierung war, minderte die Attraktivität des Universitätsstandorts Halle innerhalb Preußens. Heinz Kathe gibt in seiner Habilitationsschrift einen Auszug aus der „Gründlichen und aufrichtigen Nachricht von dem jetzigen Zustande der Universität Halle" aus dem Jahre 1740 wieder, in dem es heißt „Über die Ursachen aber, die den Verfall unserer Universität hauptsächlich befördert haben, rechne ich sonderlich die sonst üblichen Exzesse in der Werbung." Große Studenten und solche, „von denen man noch einiges Wachstum vermutet" seien bei ihren Reisen von und nach Halle und auch vor den Toren der Stadt geworben worden. „Vornehme Leute" würden deshalb abgeschreckt, ihre Söhne nach Halle zu schicken.

So war die Garnison in der hallischen Bürgerschaft nicht gerade beliebt, was sich am Abmarsch des Regiments zu Beginn des 1. Schlesischen Krieges zeigen lässt. Die Einwohner der Stadt jubelten, so die Drachstädtsche Chronik: „Hört, Ihr Bürger hier in Halle, / Eure Not ist jetze aus, / Weil das Regiment mit Schalle, / Ist marschiert zum Tor hinaus."

Die Stadt der Wissenschaft

Doch kann man diese skizzierten, durchweg negativen Eindrücke nur als vorläufig ansehen. Ralf Pröve zeigt am Beispiel der Festungs- und Universitätsstadt Göttingen, dass sich für Soldaten und Offiziere stadtbürgerliche Lebenswelten auftaten. Statt zu einer „sozialen Militarisierung der Gesellschaft" (Otto Büsch) führte die Einquartierung eher zu einer

Verbürgerlichung der Soldaten. Wie dem auch sei, für unsere stadttypologische Betrachtung bleibt festzuhalten, dass das Militär zu einem Wandel Halles wenig beitrug – in sozioökonomischer Hinsicht gingen von der Garnison keine Impulse aus, sieht man von den Soldaten als Konsumenten und Mieter ab. Diesen Effekt schätzte man 1806, als die Universität auf Geheiß Napoleons geschlossen wurde, auf 100.000 Taler gegenüber 215.000 Talern der Universitätsangehörigen (Neuß, Entstehung, S. 237).

Damit ist der letzte Punkt des Überblicks zum 18. Jahrhundert angesprochen Es ist unbestritten, dass die 1694 gegründete Universität im 18. Jahrhundert geistesgeschichtlich eine höchst bedeutsame Stellung in der deutschen Universitätslandschaft einnahm, doch gilt es zu prüfen, ob die Alma Mater die Stadt (er-)nährte und – ganz entscheidend – ob sie zu einem Wandel der Wirtschafts- und Sozialstruktur beitrug.

Für Kurfürst Friedrich III. stellte die Gründung einer Universität staats- und bildungspolitische Notwendigkeit dar. Eine Universität in Halle sicherte die Besitzansprüche der Brandenburger im Herzogtum Magdeburg ab, denn zukünftige Beamte und Pfarrer brauchten nun nicht mehr auswärts studieren. So verlor vor allem die Halle unmittelbar benachbarte Universität Leipzig Studenten (und Professoren). Anders als die Universitäten Duisburg, Frankfurt/Oder und Königsberg lag Halle zentral im Territorienkomplex des Kurfürsten, so dass auch dies für eine bessere Schulung der staatlichen Funktionseliten sprach. Den Grundstock für die Universität bildeten die nach 1680 in Halle gegründeten drei allerdings kurzlebigen Ritterakademien und Vorlesungen des Frühaufklärers Erhard Weigel. Förderlich für die Universität wirkte sich zudem aus, dass führende Gelehrte der Stadt Leipzig und ihrer Universität den Rücken kehrten und Aufnahme an der brandenburgisch-preußischen Universität Halle fanden, die zum einen den Exponenten der Frühaufklärung einen Freiraum gab und die zum anderen den Gegnern der lutherischen Orthodoxie eine Heimstatt bot. So kamen die berühmten Leipziger Aufklärer Christian Thomasius (1690) und Christian Wolff (1706) sowie Hieronymus Gundling und J. Gottlieb Heineccius ebenso nach Halle wie die Pietisten August Hermann Francke und Paul Anton. „Aus verlorenen Söhnen Leipzigs wurden Geistesväter Halles" (Günter Mühlpfordt). Die Universität etablierte sich schnell in der deutschen Universitätslandschaft. 1700 waren 461 Studenten eingeschrieben (Leipzig 755, Jena 532), und die Zahl stieg weiter an, so 1708 auf 558, und 1721 auf 708 (Eulenburg). Allerdings verlor die Hochschule durch die in den 1720er Jahren eskalierenden Auseinandersetzungen zwischen

Pietisten und Frühaufklärern, die in der Vertreibung von Wolff 1723 gipfelten, an Ausstrahlung und Profil.

Dem Rat der Stadt war die Gründung einer staatlichen Universität zunächst suspekt. Zwar wurde der finanzielle Vorteil gesehen – immerhin standen nach dem Tode des letzten Administrators Gebäude der Residenz leer –, doch bedeutete eine Hochschule auch einen Rechtsraum, auf den die Stadt keinen Zugriff besaß. Eine Universität wies eine eigene Gerichtsbarkeit auf, und Studenten stellten in der damaligen Zeit einen permanenten Unruheherd dar.

Dass die Sorge der Stadtväter in Bezug auf den Verlust städtischer Rechte nicht unbegründet war, wird an den Feierlichkeiten anlässlich der Gründung der Universität deutlich. Beim Einzug des Kurfürsten am 29. Juni 1694 waren Rat und Bürgerschaft nur noch Randpersonen. Der „Einfluss- und

Festakt zur Ernennung eines neuen Prorektors im großen Auditorium des Waage-Gebäudes

Prestigeverlust" der städtischen Eliten machte sich, so Marian Füssel, an der Ordnung des Festzuges – der Rat folgte den Professoren – und an der Begrüßung des Kurfürsten an der Ehrenpforte durch Studenten fest. Auch in der Ordnung der Privilegien der Universität wurden die Ratsmeister erst nach den Professoren aufgeführt. Die Konfliktherde, die aus der Universität für die Stadtgesellschaft erwachsen konnten, werden in den Statuten der Universität vom 1. Juli 1694 deutlich. Vermieden werden sollten theologische Differenzen in der Professorenschaft – die Statuten enthielten kein Bekenntnis zur in Halle noch verbindlichen Konkordienformel, sondern nur zur Confessio Augustana von 1530 (Caput I, § 2 und 3) – und vor allem Fehlverhalten der Studenten in der Stadt. Von nächtlichem Geschrei (*a clamoribus nocturnis*) sollten diese sich ebenso fernhalten wie von der Zerstörung der Fenster und Türen der Bürger. Zudem wurde den Studenten verboten, Feuerwerk und Feuerwerksraketen (*volatiles ignes, quos raquetas vocant*) innerhalb der Stadtmauern und in den Vorstädten zu zünden, und auch der Besuch von Hochzeiten war suspekt, da sie dort zu Leichtfertigkeit und Boshaftigkeit neigen würden. Niemand dürfe in der Saale baden, niemand mit Masken durch die Stadt gehen; ebenso wurden ausschweifende Gastmähler verboten und auch Auseinandersetzungen zwischen Studentengruppen (*seditiones*) untersagt. Die Gärten der Stadtbürger scheinen Ziel studentischer Begierde gewesen zu sein, untersagt wurde der Diebstahl von Obst. Festgesetzt wurde zudem die Sperrstunde in den Gaststätten (Dreyhaupt, II, S. 78, 87 f.).

Mit den Gaststätten aber kommen wir auch zu den positiven Auswirkungen der Universität. Diese schuf Arbeitsplätze und holte Studenten in die Stadt, die als Mieter und Käufer für städtische Dienstleistungen und Produkte in Frage kamen. Die Einkommen der Professoren und Bediensteten können an den Zuschüssen der königlichen Kassen ermessen werden. Die Universität war von diesen Einnahmen her die wichtigste in Preußen – sie erhielt, so Kathe, 1775 17.651 Taler aus den königlichen Kassen; demgegenüber bezogen Königsberg 9.742, Frankfurt/O. 13.519 und Duisburg 4.898 Taler.

Sozialgeschichtlich gibt es viele Hinweise, dass die Universitätsprofessoren das hallische Bürgertum quantitativ und qualitativ veränderten. Sie wohnten an der neu angelegten Straße zwischen Großem und Kleinen Berlin, in der Kleinen Ulrichstraße und in Marktnähe in Häusern mit barocker Architektur. Die Gelehrten machten die Spitze der hallischen Einkommenspyramide, so Straubel, aus. Auch die Studenten belebten die hallische Gesellschaft: Der bereits erwähnte Jurist Hieronymus Gundling betonte 1751 in seiner Einleitung zur „wahren Staatsklugheit", eine berühmte Universität „ist so gut als die beste Manufaktur". Pro Student rechnet er mit 300 bis 400 Reichstalern für den Verzehr. Wenn diese Zahl auch zu hoch gegriffen war, so tendierte Ende des 18. Jahrhunderts bei ca. 1.000 Studenten der Nachfrageeffekt für Halle auf Summen von ca. 200.000 Talern. Auch Heinecke stellt diesen Nachfrageeffekt heraus. Die ca. 1.000 Studenten und die 60 Professoren, Privatdozenten und Lektoren hätten ein Fünftel des gesamten Wertes der städtischen Produktion nachgefragt. Für 1791 führt Kathe 58 ordentliche und außerordentliche Professoren, Privatdozenten, Maitres, Stallmeister, Tanzmeister, Sprachlehrer, Musiklehrer auf. In der Zeit von 1775 bis 1799 schwanken die Zahlen der Studenten zwischen 720 bis 1.105.

Eine so große Anzahl von Studenten und Professoren hatte Einfluss auf die Gewerbestruktur. Für 1766 sind zwölf Buchdrucker mit 72 Gesellen, sechs Buchhändler und 36 Buchbinder belegt. 1755 erfasste Dreyhaupt zudem zwei Kupferdrucker, zwei Kupferstecher und drei Schriftgießer. In der Rangordnung der deutschen Verlagsplätze nahm Halle in der zweiten Hälfte des 18. Jahrhunderts nach Leipzig, Berlin und Wien den vierten Platz ein.

Darüber hinaus profitierten alle Sparten des Handwerks. Als 1750 die Studenten wegen eines Konflikts mit dem Militär die Stadt verließen, beklagten sich die Vertreter des Handwerks beim Stadtpräsidenten, dass sie dem Ruin nahe stünden. Die genannten Zahlen, aber auch die obigen Überlegungen zur Manufaktur und Gewerbestadt werden im „Deutschen Museum", einem der Aufklärung verpflichteten Periodikum, 1785 bestätigt: „Halle wäre ohne die Universität ein nahrloser Ort, wenn die Universität nicht hier wäre. Das Bierbrauen, die Viehzucht und der Ackerbau in den Vorstädten, die Stärkemacherei, Salzsiederei und einige andere Manufakturen, die sämtlich nicht ins Große gehen, würden nicht zureichen den Einwohnern Nahrung und Unterhalt zu geben. Das Geld, welches die Studenten aus ihren väterlichen Provinzen herziehen, muß dazu kommen, um der Stadt Nahrung und Lebhaftigkeit zu bringen. Man kann annehmen, dass die hiesige Universität 1200 Köpfe stark ist. Gibt man nur jedem Studenten jährlich im Durchschnitt nur 200 Rthl, so macht dies eine Summe, deren Defekt Halle bald fühlen würde, wenn sie ausbleiben sollte."

Einige eher handwerklich orientierte Gewerbe und die im „Deutschen Museum" angesprochenen beträchtlichen Mieteinnahmen für die hallischen Hausbesitzer sind Argumente, um einer Universitätsstadt gewisse Funktionsgewinne zuzusprechen. Dem steht jedoch der Blick auf die Stadttopographie entgegen. Um 1800 befanden sich nur einige Gebäude in ausschließlicher Nutzung durch die Universität: Das zentrale Vorlesungsgebäude, die Waage am Rathaus, war nach wie vor von der Stadt angemietet. Zur Neuen Residenz trat der Botanische Garten – Erbe des Klosters Neuwerk –, der nach dem 1787 erfolgten Ankauf des Fürstengartens in den 1790er Jahren erweitert wurde. 1787 kaufte die Universität das Naturalienkabinett des Prof. Goldhagen, 1788 kam die Sternwarte auf dem höchsten Punkt des Botanischen Gartens hinzu. Weiterhin sind das Anatomische Theater am Paradeplatz (1777), das sich ab 1778 in der Neuen Residenz befand, und das Zoologische Museum ebenda zu nennen. Fasst man diese Betrachtungen zusammen, so wird die Stadttopographie Halles gerade nicht von der Universität bestimmt. Die Universität kam zunächst mit den vorhandenen städtischen Bauten und dem Erbe Kardinal Albrechts aus – dies sollte sich erst 1839 mit den zentralen Gebäuden auf dem Areal des Franziskanerklosters ändern.

Somit prägte die Universität zwar die Wirtschaftsstrukturen, allerdings nicht tiefgreifend. Dass sie kulturell und wissenschaftlich ausstrahlte, bedarf keiner weiteren Debatte. Die sozialgeschichtlichen Implikationen sind mit Professorenschaft und Studenten angesprochen. Ob die ca. 50 bis 60 Professoren ein ebenso großes bürgerliches Potenzial darstellten, wie es für Residenz- bzw. Verwaltungsstädte galt, bleibt offen.

Indirekt gab es einige Impulse, die der Stadt den Weg in die Frühe Neuzeit öffneten. Hier ist vor allem das Engagement der Universitätsprofessoren für die „Gute Polizei" und für die Stadtwirtschaftspolitik zu erwähnen. Am Ende des 18. Jahrhunderts war es Johann Christian Reil, der zusätzlich zu seiner Professur als Stadtphysikus die Verbesserung der Gesundheitsfürsorge und -erziehung förderte. Die Professoren sprachen sich auch für eine Reform der Salzwirtschaft aus. Johann Christian Förster, Universitätsprofessor, seit 1764 Pfänner und Autor der 1799 postum erschienenen Geschichte des Salzwerkes, war Mitglied einer Kommission, die König Friedrich II. zur Prüfung der Lage der Pfännerschaft berufen hatte. Förster verdankte die Pfännerschaft die Neuorganisation der Salzproduktion, insbesondere die Anlegung der Siedehäuser und die Röhrenleitungen von den Brunnen zu den Siedepfannen. In seinen Äußerungen wird deutlich, wie weit sich die

Universitätsgesellschaft von dem Erbe der Salzstadt und vom Herbst des Salzpatriziats distanziert hatte: „Die hallische Pfännerschaft ist in der uralten, kostbaren (= teuren, W. F.) und zusammengesetzten Oeconomie geblieben, welche die Vorfahren nach einer Art von Gutherzigkeit, an diesem Seegen viele Arme, Unvermögende und Unterstützungsbedürftige Antheil nehmen zu lassen, eingeführt hatten." Kostenreduzierung und Rentabilität seien den Pfännern fremd. Für die „Gesetze der neuern physischen und moralischen Sparsamkeit" seien diese „Privatpersonen", die zu einer „Gemeinschaft ... verschiedener Denkungsart" zusammengefügt seien, nicht empfänglich (zit. nach Freydank, Pfännerschaft 1500–1926, S. 222 f.).

Ebenso wie die Universität brachten auch die später als Franckesche Stiftungen berühmten Einrichtungen in Glaucha für Halle einige Funktionsgewinne mit sich. Nach dem Vorbild von Speners Frankfurter Armen-, Waisen- und Arbeitshaus wollte Francke zunächst eine Sozialeinrichtung schaffen, konzipierte aber gleichzeitig eine Schulstadt, denn für ihn stellte Bildung einen Weg zur Begegnung mit Gott dar. Am 13. Juli 1698 legte er den Grundstein zum Bau des Waisenhauses, doch schon ein Jahr vorher hatte er geäußert, dass er den armen Kindern von Glaucha und den Waisen auch eine bessere Schulbildung angedeihen lassen wollte. Die Finanzierung erfolgte durch Spenden. Auf städtische und staatliche Gelder wollte Francke nicht angewiesen sein, und das Netzwerk war so weit gespannt, dass eine immense Summe zusammenkam. 1708 gab es neben dem Waisenhaus allein fünf Schulen und Ausbildungsstätten. Wie bei der Universität sehen wir, dass der Kurfürst unterstützend tätig war. Gegen den Widerstand der magdeburgischen Stände unterstellte Friedrich III. das „gantze Werk" der Jurisdiktion der Universität. Damit wurde aus der „Privat-Anstalt" ein halböffentliches, den Ständen wirtschaftlich und steuerlich entzogenes Unternehmen, wobei diese Bezeichnung von mir bewusst gewählt worden ist: Der Kurfürst genehmigte eine Apotheke, eine Druckerei mit Buchbinderei und die Gründung von Manufakturen. Dass hiervon die Stadt Halle profitierte, ist evident. Hinzu kommt, dass die Schulen in Glaucha weitere Schüler nach Halle zogen. 1727, im Todesjahr Franckes, zählte man in der Schulstadt 2.200 Schüler.

Somit ist für die vierte Periode der Stadtgeschichte festzuhalten, dass die Stadt Halle verwaltungsgeschichtlich als Teil Preußens anzusehen ist, dass sie aber wirtschaftlich den Anschluss verlor, nicht zuletzt deshalb, weil der Stadt die Sonderfunktionen Salz- und Garnisonsstadt wenig einbrachten, während sich die Universität und die Franckesche Anstalt bevorzugt auf kulturellem Gebiet hervortaten. Wenn überhaupt an Exportwirtschaft zu denken war, so handelte es sich um das traditionsreiche Gut Salz und das Agrarprodukt Stärke. Der Glanz der Universität und der Franckeschen Anstalt war am Beginn des Jahrhunderts weithin sichtbar, doch barocke Pracht und neue bürgerliche Eliten blieben trotz aller Impulse Mangelware, ja die Universität und die Franckeschen Stiftungen verloren in der zweiten Jahrhunderthälfte an Attraktivität und Wirtschaftskraft. Für die Hochschule erwuchs Göttingen zur Konkurrenz; das Werk Franckes litt unter den Benachteiligungen aufgrund der Politik Friedrichs II. sowie Misswirtschaft und sinkenden Einnahmen. Dass Brieger den Charakter der hallischen Bürger als nicht den besten beschreibt – er unterstellt ihnen Aberglauben, Betrugssucht und das Streben nach Luxus –, hing nicht nur mit den Vorurteilen des Aufklärers zusammen, sondern offensichtlich fehlte in der Stadt das, was Brieger anderswo fand: ein breites bürgerliches Spektrum, abseits der abgehobenen Universitätsgesellschaft. Halle blieb, sieht man von der Eingliederung des Stadtregiments ab, dem „Noch" der Frühen Neuzeit stark verhaftet. Das Erbe der mittelalterlichen Stadt wurde abgeschüttelt, doch wurde es nicht ersetzt von Funktionsgewinnen, die dem Verwaltungssitz geschuldet waren. Auch das Militär war nicht der Faktor, welcher – im Unterschied zu Magdeburg – der Stadt zu einem frühneuzeitlichen Sozialprofil verhalf. Trotzdem wies die Stadt eine funktionelle Vielfalt auf, die auch eine gewisse Durchmischung der städtischen Eliten mit den gelehrten Männern der Universität mit sich brachte. Vergleicht man diese Epoche mit den vorhergehenden, dann kann das 18. Jahrhundert nicht als Blütezeit der Stadtgeschichte angesehen werden. Im schon erwähnten Reisetagebuch des „jungen Zürichers" findet sich trotz alledem ein versöhnlich stimmendes Ende für diesen Buchabschnitt: „Wir (Studenten, W. F.) machten zusammen eine kleinen Tour durch die Stadt, und freuten uns, dieselbe nicht so elend zu finden, als man sie beschrieben hatte" (Dümmler, S. 18).

6. Das Ende der Alten Stadt

Auch Halle wurde Kriegsschauplatz in dem 1806 ausgebrochenen Krieg zwischen Frankreich und Preußen. Nachdem am 7. Oktober die Franzosen Naumburg erobert hatten, standen sie am 13. des Monats vor den Toren der Stadt. Am 17. Oktober kam es zur Schlacht an der Hohen Brücke, bei der sich 15.000 Franzosen und 13.700 Preußen gegenüberstanden. Nach der Niederlage der Preußen zogen die Sieger am Nachmittag in die Stadt. Durch den Friedensschluss von Tilsit vom 7./9. Juli 1807 mit dem Verzicht Preußens auf die westlich der Elbe gelegenen Gebiete fiel Halle an Frankreich und wurde Teil des französischen Modellstaates „Königreich Westfalen" (August 1808). Von Kassel aus regierte König Jérôme, Bruder Napoleons, auch über Halle, das nun den Verwaltungsmittelpunkt des Distrikts Halle als Teil des Departments Saale (Sitz Halberstadt) abgab. Für Halle bedeutete die Franzosenzeit, die bis zur Niederlage Napoleons in der Völkerschlacht bei Leipzig 1813 dauerte, einen massiven Einschnitt, der mit den Jahren 1478 und 1680 zu vergleichen ist. Zunächst wurde eine im neuen Staatswesen eingegliederte Stadtverwaltung geschaffen. In Kassel hatten die Stadtvertreter folgende Huldigungsformel auszusprechen: „Ich schwöre Gehorsam dem König von Westfalen und Treue der Konstitution, so wahr mir Gott helfe um Christi willen." Die Formulierung „Konstitution" deutet darauf hin, dass nun Errungenschaften der Französischen Revolution für die Stadt gelten sollten. Und bei diesen handelte es sich um die neuen Freiheiten, die im rechtlichen und wirtschaftlichen Sinne Voraussetzungen für ein neues Bürgertum und für ein neues städtisches Gemeinwesen schufen. Die Industriestadt des Bürgertums und der Arbeiterschaft löste die Stadt des Salzes, der Residenz und der Universität ab.

LITERATURVERZEICHNIS

Einleitung

Freitag, Werner, Perspektiven für eine hallische Stadtgeschichte des Spätmittelalters und der Frühen Neuzeit, in: Zaunstöck, Holger (Hg.), Halle zwischen 806 und 2006. Neue Beiträge zur Geschichte der Stadt, Halle 2001, S. 186–203.
Ders., Die aufstrebende Stadt des Mittelalters. Gustav Hertzbergs Geschichte der Stadt Halle, in: ders. (Hg.), Halle und die deutsche Geschichtswissenschaft um 1900. Beiträge des Kolloquiums „125 Jahre Historisches Seminar an der Universität Halle" am 4./5. November 2000, Halle 2002, S. 179–192.
Freydank, Hanns, Die Hallesche Pfännerschaft im Mittelalter, Halle 1927.
Ders., Die Hallesche Pfännerschaft 1500–1926, Halle 1927.
Hertzberg, Gustav Friedrich, Geschichte der Stadt Halle an der Saale, Bd. 1: im Mittelalter, Halle 1889.
Hünicken, Rolf, Geschichte der Stadt Halle, Tl. 1: Halle in deutscher Kaiserzeit. Ursprung und Entfaltung einer mitteldeutschen Stadt, Halle 1941.
Mähl, Angelika, Kirche und Stadt in Halle a. S. im 14. Jahrhundert, phil. Diss. FU Berlin 1974.
Neuß, Erich, Entstehung und Entwicklung der Klasse der besitzlosen Lohnarbeiter in Halle. Eine Grundlegung, Berlin 1958.
Nissen, Walter, Studien zur Geschichte des geistlichen Lebens in der Stadt Halle in vorreformatorischer Zeit, phil. Diss. Halle 1940.
Schilling, Heinz, Die Stadt in der Frühen Neuzeit, München 1993.
Scholz, Michael, Residenz, Hof und Verwaltung der Erzbischöfe von Magdeburg in Halle in der 1. Hälfte des 16. Jahrhunderts, Sigmaringen 1998.
Streeck, Siegfried, Verfassung und Verwaltung der Stadt Halle (Saale) in der Zeit von 1478 bis 1807, phil. Diss. Universität Halle 1954.

Kapitel I

Althoff, Gerd, Die Gründung des Erzbistums Magdeburg, in: Puhle, Matthias (Hg.), Otto der Große, Magdeburg und Europa, Bd. 1, Mainz 2001, S. 344–352.
Bathe, Max, Die Sicherung der Reichsgrenze an der Mittelelbe durch Karl den Großen, in: Sachsen und Anhalt 16 (1940), S. 1–44.
Billig, Gerhard, Die Reste eines frühmittelalterlichen Salzwerkes im Domhof von Halle (Saale), in: Jahresschrift für mitteldeutsche Vorgeschichte 50 (1966), S. 293–306.
Brachmann, Hansjürgen, Zum Burgenbau salischer Zeit zwischen Harz und Elbe, in: Böhme, Horst Wolfgang (Hg.), Die Salier. Burgen der Salierzeit, Tl. 1, Sigmaringen 1991, S. 97–148.

Herrmann, Volker, Die Entwicklung der Stadt Halle (Saale) im frühen und hohen Mittelalter. Topographie und Siedlungsentwicklung im heutigen Stadtgebiet von Halle (Saale) vom 7. bis zur Mitte des 12. Jahrhunderts aus archäologischer Sicht, Halle 2001.
Hünicken, Geschichte der Stadt Halle, Tl. 1.
Lück, Heiner, Die Königsurkunde Ottos III. vom 20. Mai 987 – Ein Marktprivileg für Halle?, in: Zaunstöck, Holger (Hg.), Halle zwischen 806 und 2006. Neue Beiträge zur Geschichte der Stadt, Halle 2001, S. 20–34.
Lübke, Christian, Die Ausdehnung ottonischer Herrschaft über die slawische Bevölkerung zwischen Elbe/Saale und Oder, in: Puhle, Otto der Große, S. 65–74.
Mrusek, Hans-Joachim, Gestalt und Entwicklung der feudalen Eigenbefestigung im Mittelalter, Berlin 1973.
Neuß, Erich, Warum 29. Juli 1961? Landesgeschichtliche Betrachtungen zur Königsurkunde vom 29. Juli 961, in: Wissenschaftliche Zeitschrift der Martin-Luther-Universität Halle-Wittenberg 10 (1961), S. 699–723.
Puhle, Matthias (Hg.), Otto der Große, Magdeburg und Europa, Bd. 1, Mainz 2001.
Riehm, Karl, Solbrunnen und Salzwirkersiedlungen im ur- und frühgeschichtlichen Halle, in: Wissenschaftliche Zeitschrift der Martin-Luther-Universität Halle-Wittenberg 1961, S. 849–858.
Schlüter, Fritz, Die Grundrissentwicklung der hallischen Altstadt, Halle 1940.
Schwarze-Neuß, Elisabeth, Die ältesten bekannten Bewohner von Halle-Giebichenstein vom Anfang des 12. Jahrhunderts bis zur Ausbildung des Ratskollegiums im Jahre 1258, in: Freitag, Werner/Müller-Bahlke, Thomas (Hg.), Halle im Mittelalter und im Zeitalter der Reformation. Neue Studien zur Geschichte der Stadt, Halle 2005.
Töpfer, Volker, Die Urgeschichte von Halle (Saale), in: Wissenschaftliche Zeitschrift der Martin-Luther-Universität Halle-Wittenberg 1961, S. 759–848.
Trillmich, Werner (Bearb.), Thietmar von Merseburg Chronik, Darmstadt 1957.
Urkundenbuch der Stadt Halle, ihrer Stifter und Klöster, Tl. 1 (806–1300), bearb. von Arthur Bierbach, Magdeburg 1930.
Wenz, Eberhard, Halle und das Chronicon Moissacense, in: Hallisches Jahrbuch für Stadtgeschichte 2004, S. 11–24.

Kapitel II

Arndt, Adolf, Das Talrecht der Stadt Halle von 1386, in: Thüringisch-Sächsische Zeitschrift für Geschichte und Kunst 14 (1925), S. 64–74.
Backhaus, Fritz, Judenfeindschaft und Judenvertreibungen im Mittelalter. Zur Ausweisung der Juden aus dem Mittelelberaum im 15. Jahrhundert, in: Jahrbuch für die Geschichte Mittel- und Ostdeutschlands 36 (1987), S. 275–332.

Literaturverzeichnis

Bartusch, Ilas, Die Inschriften um Conrad von Einbeck in der Moritzkirche zu Halle, in: Sachsen und Anhalt. Jahrbuch der Historischen Kommission für Sachsen-Anhalt 21 (1998), S. 81–127.

Brademann, Jan, Autonomie und Herrscherkult. Adventus und Huldigung in Halle (Saale) in Spätmittelalter und Früher Neuzeit, Halle 2005.

Delius, Walter, Das hallische Schulwesen im Mittelalter, in: Thüringisch-Sächsische Zeitschrift für Geschichte und Kunst 25 (1936), S. 108–125.

Dolgner, Angela/Dolgner, Dieter/Kunath, Erika, Der historische Marktplatz der Stadt Halle/S., Halle 2001.

Dreyhaupt, Johann Christoph von, Pagus Neletici et Nudzici, oder Ausführliche diplomatisch-historische Beschreibung des zum ehemaligen Primat und Ertz-Stifft, nunmehr aber durch den westphälischen Friedens-Schluß secularisirten Hertzogthum Magdeburg gehörigen Saal-Creyses, …, Tl. I und II, Halle 1749, 1750 (ND: Halle 2002).

Eckstein, Friedrich August, Geschichte des Hospitals S. Cyriaci zu Halle, Halle 1841.

Faust, Wilhelm, Der Streit des Erzbischofs Günther II. mit der Stadt Magdeburg 1429–1435, phil. Diss. Halle 1900.

Förstemann, Karl Ed., Die alten Statuten der Stadt Halle; aus ihren Originalen mitgetheilt, in: Neue Mittheilungen aus dem Gebiete historisch-antiquarischer Forschungen 1 (1834), S. 65–92.

Freitag, Werner, Halle: eine Salzstadt des Mittelalters, in: ders./Lück, Heiner (Hg.), Halle und das Salz. Eine Salzstadt in Mittelalter und Früher Neuzeit, Halle 2002, S. 15–36.

Freydank, Hanns, Die Hallesche Pfännerschaft im Mittelalter, Halle 1927.

Grube, Karl (Hg.), Des Augustinerpropstes Johannes Busch Chronicon Windeshemense und Liber de reformatione monasteriorum, Halle 1886.

Härder, Pia, Studien zum Altarretabel der Magdeburger Wallonerkirche, Staatsexamensarbeit Institut für Kunstgeschichte der Martin-Luther-Universität Halle-Wittenberg 2002.

Holtz, Eberhard, Die Situation Erfurts im 15. Jahrhundert, in: Weiß, Ulmann (Hg.), Erfurt. Geschichte und Gegenwart, Weimar 1995, S. 95–105.

Jahn, Wilhelm, Halles älteste Befestigung im Nordwesten und das Judendorf, in: Neue Mitteilungen aus dem Gebiete historisch-antiquarischer Forschungen 17 (1885), S. 498–513.

Kannowski, Bernd/Dusil, Stefan, Der Hallensische Schöffenbrief für Neumarkt von 1235 und der Sachsenspiegel, in: Zeitschrift für Rechtsgeschichte, Germanistische Abteilung, 120 (2003), S. 61–90.

Körner, Helmut, Stadt- und grundherrliche Rechte in Halle bis in die Mitte des 14. Jahrhunderts. Ein Beitrag zur Gesellschaftsgeschichte der Stadt Halle im Mittelalter nach den Quellen erarbeitet, jur. Diss. Halle 1952.

Lück, Heiner, Der Roland und das Burggrafengericht zu Halle. Ein Beitrag zur Erforschung der Gerichtsverfassung im Erzstift Magdeburg, in: Donnert, Erich

(Hg.), Europa in der Frühen Neuzeit. Festschrift für Günter Mühlpfordt, Bd. 1: Vormoderne, Weimar/Köln/Wien 1997, S. 61–81.

Ders., Die kursächsische Gerichtsverfassung 1423–1550, Köln/Weimar/Wien 1997, S. 58–61. (Gerichtsbarkeit des Archidiakons).

Ders., Das „Thal" als Bereich besonderer Gerichtsbarkeit und Rechtsaufzeichnung im Spätmittelalter, in: Freitag/Lück (Hg.), Halle und das Salz, S. 37–50.

Marstalerz, Christine, Zur Kulturgeschichte des Thalrechts von 1386, Abschlussarbeit am Institut für Museologie Leipzig, Exemplar im Saline- und Hallorenmuseum Halle.

Mrusek, Hans-Joachim, Gestalt und Entwicklung der feudalen Eigenbefestigung im Mittelalter, Berlin 1973.

Neuß, Erich, Die Wehrbauten der Stadt Halle, Tl. I, in Sachsen und Anhalt. Jahrbuch der Historischen Kommission für die Provinz Sachsen und für Anhalt 10 (1934), S. 156–191; Tl. 2 in: ebd. 11 (1935) , S. 36–82.

Ders., Die Erzbischöfe von Magdeburg in ihrem Verhältnis zur Stadt Halle, in: Herbergen der Christenheit. Jahrbuch für deutsche Kirchengeschichte 1973/74, S. 30–46.

Ders., Arbeitsverhältnisse und Löhne der Talarbeiterschaft im Spiegel der Talordnungen von 1424 bis 1616, in: Freitag/Lück (Hg.), Halle und das Salz, S. 115–133.

Nissen, Walter, Der Aufenthalt Johann Kapistrans in Halle im Jahre 1452, in: Thüringisch-Sächsische Zeitschrift für Geschichte und Kunst 26 (1938), S. 84–93.

Ders., Studien zur Geschichte des geistlichen Lebens in der Stadt Halle in vorreformatorischer Zeit, phil. Diss. Halle 1940.

Opel, Julius, Denkwürdigkeiten des hallischen Rathsmeisters Spittendorff, Halle 1880.

Rogge, Jörg, Ernst von Sachsen, Erzbischof von Magdeburg und Administrator von Halberstadt (1476–1513), in: Freitag, Werner (Hg.), Mitteldeutsche Lebensbilder. Menschen im späten Mittelalter, Köln 2002, S. 27–68.

Sauerlandt, Max, Halle an der Saale, Leipzig 1928.

Schlüter, Fritz, Die Grundrißentwicklung der hallischen Altstadt, Halle 1940.

Scholz, Michael, Das Kirchenwesen in Halle und seine Verwandlung im 16. Jahrhundert, in: Zaunstöck, Holger (Hg.), Halle zwischen 806 und 2006. Neue Beiträge zur Geschichte der Stadt, Halle 2001, S. 61–79.

Schultze-Galléra, Siegmar, Topographie der Häuser- und Strassen-Geschichte der Stadt Halle an der Saale, Bd. 1: Altstadt, Halle 1920.

Schwarze-Neuß, Elisabeth, Die ältesten bekannten Bewohner von Halle-Giebichenstein vom Anfang des 12. Jahrhunderts bis zur Ausbildung des Ratskollegiums im Jahre 1258, in: Freitag/Müller-Bahlke (Hg.), Halle im Mittelalter und im Zeitalter der Reformation.

Schrader, Franz (Hg.), Die Visitationen der katholischen Klöster im Erzbistum Magdeburg durch die evangelischen Landesherrn 1561–1651, Münster 1969.

Schranil, Rudolf, Stadtverfassung nach Magdeburger Recht. Magdeburg und Halle, Breslau 1915.
Solms, Hans-Joachim/Weinert, Jörg, Die hallischen Schöffenbücher, in: Seidel, Andrea u. Solms, Hans-Joachim (Hg.), Dô tagte ez. Deutsche Literatur des Mittelalters in Sachsen-Anhalt, Halle 2003, S. 137–147.
Sommerlad, Bernhard, Hallonen nicht Halloren, in: Thüringisch-Sächsische Zeitschrift für Geschichte und Kunst 18 (1929), S. 92–96.
Staeckling, Antje, Köre durch den Heiligen Geist. Die Ratswahl in Halle vom 14. bis zum 16. Jahrhundert, in: Freitag/Müller-Bahlke (Hg.), Halle im Mittelalter und im Zeitalter der Reformation.
Urkundenbuch der Stadt Halle, ihrer Stifter und Klöster, bearb. von Arthur Bierbach, Tl. 1 (806–1300), Magdeburg 1930; Tl. 2 (1301–1350), Magdeburg 1939; Tl. 3 (1351–1403) in zwei Bänden, Halle 1954/7.
Vollmuth-Lindenthal, Michael, Henning Strobart, Stadthauptmann von Halle und Magdeburg, in: Freitag (Hg.), Menschen im späten Mittelalter, S. 157–179.
Weigel, Petra, Ordensreform und Konziliarismus. Der Franziskanerprovinzial Matthias Döring (1427–1461), Münster 2005.

Kapitel III

Brecht, Martin, Erzbischof Albrecht und die Verurteilung seines Kämmerers Hans Schenitz 1535, in: Rockmann, Michael (Hg.), Ein „höchst stattliches Bauwerk". Die Moritzburg in der hallischen Stadtgeschichte 1503–2003, Halle 2004, S. 65–94.
Delius, Walter, Die Reformationsgeschichte der Stadt Halle an der Saale, Berlin 1953.
Dolgner, Angela/Dolgner, Dieter/Kunath, Erika, Der historische Marktplatz der Stadt Halle/S., Halle 2001.
Dreyhaupt, Johann Christoph von, Pagus Neletici et Nudzici ...
Freitag, Werner, Die späte Reformation in der Residenzstadt Halle, in: Kramer, Sabine/Eisenmenger, Karsten (Hg.), Die Marktkirche Unser Lieben Frauen zu Halle, Halle 2004, S. 11–21.
Freitag, Werner/Pförtner, Anja, Reformation als städtisches Ereignis: Evangelische Bewegung und ratsherrliche Politik in der Residenzstadt Halle und in der autonomen Landstadt Magdeburg, in: Freitag/Müller-Bahlke (Hg.), Halle im Mittelalter und im Zeitalter der Reformation.
Freydank, Hanns, Die Hallesche Pfännerschaft im Dreißigjährigen Krieg, in: Freitag/Lück (Hg.), Halle und das Salz, S. 134–172.
Friedrich, Markus, Johannes Olearius (1546–1623). Ein strenger Lutheraner als Superintendent Halles, in: Freitag, Werner (Hg.), Mitteldeutsche Lebensbilder. Menschen im Zeitalter der Reformation, Köln 2004, S. 201–234.
Halm, Philipp/Berliner, Rudolf, Das Hallesche Heiltum, Berlin 1931.

Literaturverzeichnis

Hecht, Michael, Geburtsstand oder Funktionselite? Überlegungen zum „Salzpatriziat" im Zeitraum von 1400 bis 1700, in: Freitag, Werner (Hg.), Die Salzstadt. Alteuropäische Strukturen und frühmoderne Innovation, Bielefeld 2004, S. 83–116.

Hertzberg, Gustav, Geschichte der Stadt Halle an der Saale, Bd. 2: während des 16. und 17. Jahrhunderts (1513 bis 1717), Halle 1891; Bd. 3: während des 18. und 19. Jahrhunderts (1717 bis 1892), Halle 1893.

Krause, Hans-Joachim, Albrecht von Brandenburg und Halle, in: Jürgensmeier, Friedhelm (Hg.), Erzbischof Albrecht von Brandenburg (1490–1545). Ein Kirchen- und Reichsfürst der Frühen Neuzeit, Frankfurt 1991, S. 296–356.

Krüger, Klaus, Die Inschriften des Stadtgottesackers in Halle (1557–1700), in: Jahrbuch für hallische Stadtgeschichte 2004, S. 151–158.

Mrusek, Hans-Joachim, Halle/Saale, Leipzig 1976.

Müller, Christina, Feste in der Schenke. Die Trinkstubenordnung von 1568 und andere Regulierungen des Rates zum Aufenthalt in Wirtshäusern, in: Freitag, Werner/Minner, Katrin (Hg.), Vergnügen und Inszenierung. Stationen städtischer Festkultur in Halle, Halle 2004, S. 13–27.

Nickel, Heinrich L., Der Dom zu Halle, München/Zürich 1991.

Ders. (Hg.), Das Hallesche Heiltumsbuch von 1520. Nachdruck zum 450. Gründungstag der Marienbibliothek zu Halle, Halle 2001.

Rabenau, Konrad von, Der Seidensticker Hans Plock und seine deutsche Bibel von 1478 in der Marienbibliothek, in: Nickel, Heinrich L. (Hg.), 450 Jahre Marienbibliothek zu Halle an der Saale. Kostbarkeiten und Raritäten einer alten Büchersammlung, Halle 2002, S. 81–93.

Sames, Arno, Martin Luther und die Reformation in Halle, in: Martin Luther und Halle. Kabinettsausstellung der Marienbibliothek der Franckeschen Stiftungen zu Halle im Luthergedenkjahr 1996, Halle 1996, S. 7–12.

Schardt, A., Das hallische Stadtbild, seine künstlerische Wiedergabe in Vergangenheit und Gegenwart (= Rote Turmreihe, Nr. 12), Halle o. J.

Vom Schlamm zum Händelviertel. Ein hallesches Altstadtviertel im Wandel der Zeit, Halle 2000.

Schönermark, Gustav, Beschreibende Darstellung der älteren Bau- und Kunstdenkmäler der Stadt Halle und des Saalkreises, Halle 1886 (ND Halle 1997).

Scholz, Michael, Residenz, Hof und Verwaltung der Erzbischöfe von Magdeburg in Halle in der ersten Hälfte des 16. Jahrhunderts. Sigmaringen 1998.

Ders., Kardinal Albrecht von Brandenburg (1490–1545). Erzbischof von Magdeburg, Administrator von Halberstadt. Renaissancefürst und Reformer?, in: Freitag (Hg.), Menschen im Zeitalter der Reformation, S. 71–95.

Schrader, Franz, Was hat Kardinal Albrecht von Brandenburg auf dem Landtag zu Calbe im Jahr 1541 den Ständen der Hochstifte Magdeburg und Halberstadt versprochen?, in: Brandmüller, Walter (Hg.), Ecclesia militans. Festschrift für Remigius Bäumer, Bd. II., 1988, S. 333–361.

Staeckling, Antje, Köre durch den Heiligen Geist. Die Ratswahl in Halle vom 14. bis zum 16. Jahrhundert, in: Freitag/Müller-Bahlke (Hg.), Halle im Mittelalter und im Zeitalter der Reformation.

Straube, Manfred, Lehensträger und Eigentümer von Solegütern der Salinen zu Halle, vornehmlich im 16. Jahrhundert, in: La sal: del gusto alimentario al arrendamiento de salinas. Congreso international de la CIHS Granada, 7–11 Septiembre 1995, o. O. 1995, S. 343–358.

Thiele, Andrea, Fürstliche Repräsentation und städtischer Raum: Begräbnisfeierlichkeiten in der Residenzstadt Halle zur Zeit des Administrators August von Sachsen-Weißenfels, in: Freitag/Minner (Hg.), Vergnügen und Inszenierung, S. 29–46.

Dies., Zur Topographie Halles als Residenzstadt im 17. Jahrhundert. Kontinuitäten und Brüche rund um „Freiheit" und Fürstental, in: Rockmann (Hg.), Ein „höchst stattliches Bauwerk", S. 121–147.

Kapitel IV

Albrecht-Birkner, Veronika, August-Hermann Francke in Glaucha und die hallesche Stadtöffentlichkeit. Beobachtungen zu einem spannungsvollen Verhältnis (1692–1700), in: Kramer/Eisenmenger, Die Marktkirche unserer Lieben Frauen zu Halle, S. 39–46.

Beelitz, G., Die französische Colonie in Halle a. S., in: Geschichtsblätter des Deutschen Hugenotten-Vereins, Heft 4, 1894, S. 1–20.

Beheim-Schwarzbach, Hohenzollersche Kolonisation. Ein Beitrag zu der Geschichte des preußischen Staates und der Colonisation des östlichen Deutschlands, Leipzig 1874.

Brademann, Jan, Autonomie und Herrscherkult. Adventus und Huldigung in Halle (Saale) in Spätmittelalter und Früher Neuzeit, Halle 2005.

Brieger, Johann Georg, Historisch-topographische Beschreibung der Stadt Halle im Magdeburgischen, Grottkau 1788 (ND Halle 1990).

Detzel, Walter, Die Entwicklung der halleschen Stärkeindustrie, rechts- und staatswiss. Diss. Halle 1922.

Dreyhaupt, Johann Christoph von, Pagus Neletici et Nudzici ...

Dümmler, Ernst (Hg.), Aus dem Reisetagebuch eines jungen Züricher im Jahre 1782–84, Halle 1892.

Eulenburg, Franz, Die Frequenz der deutschen Universitäten von ihrer Gründung bis zur Gegenwart, Berlin 1904.

Fahrig, Ute, Militär und Gesellschaft in Halle 1680–1750, Magisterarbeit Fachbereich Neuere Geschichte Humboldt-Universität Berlin 2001.

Freitag, Werner, Eine andere Sicht der Dinge. Die Entwicklung Halles im 18. Jahrhundert unter wirtschafts- und sozialgeschichtlichen Aspekten, in: Müller-Bahlke, Thomas (Hg.), Gott zur Ehr und zu des Landes Besten. Die Fran-

ckeschen Stiftungen und Preußen: Aspekte einer alten Allianz, Halle 2001, S. 297–314.
Füssel, Marian, Universität und Öffentlichkeit: Die Inaugurationsfeierlichkeiten der Universität Halle 1694, in: Freitag/Minner (Hg.), Vergnügen und Inszenierung, S. 59–78.
Gringmuth, Hanns, Die Behördenorganisation im Herzogtum Magdeburg. Ihre Entwicklung und Eingliederung in den brandenburgisch-preußischen Staat, Halle 1935.
Hertzberg, Gustav Friedrich, Geschichte der Stadt Halle an der Saale während des 18. und 19. Jahrhunderts (1717 bis 1892), Halle 1893.
Kathe, Heinz, Geist und Macht im absolutistischen Preußen. Zur Geschichte der Universität Halle von 1740 bis 1806, Diss. B Halle 1980.
Ders., Städtischer Funktionswandel im frühaufklärerischen Preußen: Halle 1680–1740, in: Jerouschek, Günter/Sames, Arno (Hg.), Aufklärung und Erneuerung. Beiträge zur Geschichte der Universität Halle im ersten Jahrhundert ihres Bestehens (1694–1806), Halle 1994, S. 55–62.
Keller, Eberhard, Staat und Merkantilismus. Die Etablierung staatlicher Regelkompetenzen im Marktwesen der Stadt Halle, Magisterarbeit Institut für Geschichte, Universität Halle 2001.
Kertscher, Hans-Jürgen, „Nachrichten, ... von Halle aus über Halle". Reiseberichte aus Halle im ausgehenden 18. Jahrhundert, in: Jerouschek/Sames (Hg.), Aufklärung und Erneuerung, S. 63–77.
Kilian, Paul, Die hallische Wollweberei. Urkundliche Beiträge zur Wirtschaftsgeschichte des Herzogtums Magdeburg, rechts- und staatswiss. Diss. Halle 1924.
Kisch, Guido, Rechts- und Sozialgeschichte der Juden in Halle, Berlin 1970.
Lehne, Fritz, Die französischen Handschuhmacher in Halle an der Saale. Ein Beitrag zur Preussischen Merkantilpolitik, Halle 1926.
Ludewig, Johann Peter von, Die von Sr. Königlichen Majestät, unserm allergnädigsten Könige, auf Dero Universität Halle am 14. Juli 1727 Neu angerichtete Profession, in Oeconomie, Policey, und Cammer-Sachen wird, nebst Vorstellung einiger Stücke verbesserter Kön. Preuß. Policey, bekannt gemachet, ..., Halle 1727.
Meißner, Uwe, Die Gründung und der Ausbau der königlich-preußischen Salinen Schönebeck und Halle am Anfang des 18. Jahrhunderts, in: Freitag/Lück (Hg.), Halle und das Salz, S. 79–95.
Mühlpfordt, Günter, Halle-Leipziger Aufklärung – Kern der Mitteldeutschen Aufklärung, Führungskraft der Deutschen Aufklärung, Paradigma in Europa, in: Jerouschek/Sames (Hg.), Aufklärung und Erneuerung, S. 46–54.
Neugebauer, Wolfgang, Die Stände in Magdeburg, Halberstadt und Minden im 17. und 18. Jahrhundert, in: Baumgart, Peter (Hg.), Ständetum und Staatsbildung in Brandenburg-Preußen, Berlin 1983, S. 170–207.

Neuß, Erich, Die Entwickelung des halleschen Wirtschaftslebens vom Ausgang des 18. Jahrhunderts bis zum Weltkriege, Halberstadt 1924.

Ders., Geschichte der Golgasdruckerei von Matheus Wucherer in Halle a. d. S., in: Thüringisch-Sächsische Zeitschrift für Geschichte und Kunst 18 (1929), S. 56–80.

Ders., Johann Christoph von Dreyhaupt, in: Schwineköper, Berent (Hg.), Mitteldeutsche Lebensbilder, Bd. 5: Lebensbilder des 18. und 19. Jahrhunderts, Magdeburg 1930, S. 103–120.

Obst, Helmut, August Hermann Francke und die Franckeschen Stiftungen in Halle, Göttingen 2002.

Opel, Julius, Die Vereinigung des Herzogthums Magdeburg mit Kurbrandenburg, Halle 1880.

Ders., Bastinellers Bericht über das Schuldwesen der Stadt Halle 1687, in: Neue Mitteilungen aus dem Gebiete historisch-antiquarischer Forschungen 15 (1882), S. 449–474.

Regimentsordnung und Kirchen-Ordnung vom 13. November 1685, in: Mylius, Christian Otto, Corpus constitutionum Magdeburgicarum Novissimarum oder Königl. Preuß. Und Churfl. Brandenb. Landes-Ordnungen, Edicta und Mandata, im Herzogthum Magdeburg, Magdeburg 1714, S. 65–88.

Rundes Chronik der Stadt Halle 1750–1835, hg. vom Thüringisch-Sächsischen Geschichtsverein, bearb. von Bernhard Weißenborn, Halle 1933

Rügge, Nicolas, Im Dienst von Stadt und Staat. Der Rat der Stadt Herford und die preußische Zentralverwaltung im 18. Jahrhundert, Göttingen 2000.

Sträter, Udo, August Hermann Francke und seine „Stiftungen". Einige Anmerkungen zu einer sehr bekannten Geschichte, in: Vier Thaler und sechzehn Groschen. August Hermann Francke. Der Stifter und sein Werk, Halle 1998, S. 15–31.

Straubel, Rolf, Kaufleute und Manufakturunternehmer. Eine empirische Untersuchung über die sozialen Träger von Handel und Großgewerbe in den mittleren preußischen Provinzen (1763 bis 1815), Stuttgart 1995.

Zaunstöck, Holger, Sozietätslandschaft und Mitgliederstrukturen. Die mitteldeutschen Aufklärungsgesellschaften im 18. Jahrhundert, Tübingen 1999.

Abbildungsverzeichnis

Umschlag: Blick vom Botanischen Garten auf Halle, Detail aus „Seconde Vue de Halle", J. F. Nagel, kol. Federzeichnung, 1790, Stadtarchiv Halle, Sign. II 325.

Vorsatz: Der Marktplatz im Jahr 1500, aus: Gustav Friedrich Hertzberg, Geschichte der Stadt Halle an der Saale von den Anfängen bis zur Neuzeit. Nach den Quellen dargestellt, Bd. 1: Halle im Mittelalter, Halle 1889.

Abbildungsverzeichnis

Nachsatz: Halle Stadtplan, aus: Atlas des saale- und mittleren Elbegebietes, hg. von Otto Schlüter und Oskar August, Leipzig 1961.

Frontispiz: Westansicht Halles 1667. Ausschnitt aus „Hall in Sachsen", Grundriss und Westansicht, Kupferstich von Johann Wüsthofer nach einer Vorlage von Friedrich Daniel Bretschneider, aus: Gottfried Olearius, Halygraphia. Topo-Chronologia, Das ist: Ort- und Zeit-Beschreibung der Stadt Hall in Sachsen ..., Leipzig 1667, Stadtarchiv Halle.

Seite 15: Thomas Saile: Prähistorische Topographie von Halle a. S., zuerst abgedruckt in: ders.: Wohlstand aus Sole, in: Archäologie in Deutschland, 1/2003, S. 26.

Seite 21: Urkunde vom 20. Mai 987, mit der König Otto III. dem Magdeburger Erzbischof Zoll und Bann in dem Ort Giebichenstein übertrug, Landeshauptarchiv Sachsen-Anhalt, Abteilung Magdeburg, Rep. U 1 Erzstift Magdeburg, I Nr. 52.

Seite 30: Halle um 1500, aus: Fritz Schlüter, Die Grundrißentwicklung der hallischen Altstadt, Halle 1940, S. 25.

Seite 32: Siegel des Propstes Dr. Johannes Pals vom Kloster Neuwerk angefügt an eine Übertragung von Zinsen an den Rat der Stadt, 16. Juni 1517, aus: Pagus Neletici Et Nudzici, Oder Ausführliche diplomatisch-historische Beschreibung des zum ehemaligen Primat und Ertz-Stifft, nunmehr aber durch den westphälischen Friedens-Schluß secularisirten Herzogthum Magdeburg gehörigen Saal-Creyses, Und aller darinnen befindlichen Städte, Schlössen, Aemter, Rittergüter, adelichen Familien, Kirchen, Clöster, Pfarren und Dörffer, Insbesonderheit der Städte Halle, Neumarckt, Glaucha, Wettin, Lobejün, Cönnern und Alsleben; aus Actis publicis und glaubwürdigen Nachrichten mit Fleiß zusammen getragen, Mit vielen ungedruckten Documenten bestärcket, mit Kupferstichen und Abrißen gezieret, und mit nöthigen Registern versehen von Johann Christoph von Dreyhaupt, Königl. Preuß. Geheimen-Regierungs- auch Kriegs- und Domainen-Rath, Advoc. Fisci des H. Magdeburg, Senior des Schöppen-Stuhls, Schultheißen und Salzgräfen zu Halle. Erster Theil, Halle 1749.

Seite 39: Stadtmauer mit Wehrturm an der Gerbersaale, aus: Schardt, Das hallische Stadtbild. Seine künstlerische Wiedergabe in Vergangenheit und Gegenwart (= Der Rote Turm, 12, Sammlung kleiner Schriften zur Kunst- und Kulturgeschichte Halles, hg. von Kurt Gerstenberg), Halle o. J., S. 27.

Seite 46: Rathaus und Waage, aus: Neletici Et Nudzici, Zweyter Theil, Halle 1750.

Seite 53: Roter Turm, aus: Pagus Neletici Et Nudzici, Zweyter Theil, Halle 1750.

Seite 55: Das Tal zu Halle, aus: Hanns Freydank, Die Hallesche Pfännerschaft im Mittelalter, Halle 1927, Anhang.

Seite 72: Hallon(r)en bei der Salzgewinnung (Ausschnitt), aus: Pagus Neletici Et Nudzici, Zweyter Theil, Halle 1750.

Seite 80: Innenansicht der Moritzkirche (Foto: Kurt Fricke, mit freundlicher Erlaubnis des Katholischen Pfarramts St. Mauritius und St. Paulus Halle).

Abbildungsverzeichnis

Seite 83: Das Franziskanerkloster, aus: Alois J. Schardt, Das hallische Stadtbild, S. 7.

Seite 91: Kardinal Albrecht und Ernst von Wettin, aus: Pagus Neletici Et Nudzici, Zweyter Theil, Halle 1750.

Seite 104: Schauseite der Moritzburg. Detail aus „Hall in Sachsen gegen Abend", Kupferstich von Caspar Merian oder Werkstatt, aus: „Topographia Saxoniae inferioris", Das ist Beschreibung der Vornehmsten Stätte unnd Plätz in dem hochl. Nieder Sachß. Crayß, Frankfurt 1653, verlegt bei Matthäus Merians Erben, Text von Martin Zeiller. (Universitäts- und Landesbibliothek Halle).

Seite 115: St. Ulrich, aus: Pagus Neletici Et Nudzici, Zweyter Theil, Halle 1750.

Seite 118: Wappen des Seidenstickers Hans Plock, mit Überschrift und Besitzvermerk, aus: 450 Jahre Marienbibliothek zu Halle an der Saale. Kostbarkeiten und Raritäten einer alten Büchersammlung, hg. von Heinrich L. Nickel, Halle 2002, S. 87 (Foto: Janos Stekovics, mit freundlicher Genehmigung der Marienbibliothek Halle und des Stekovics-Verlags Halle).

Seite 131: Das Talamt (vor 1882), aus: Max Sauerlandt, Halle a. S., S. 124.

Seite 132: Modell eines Siedekots beim Festzug anlässlich der Taufe der Tochter des Administrators Christian Wilhelm 1616, Kupferstich von C. Grähle.

Seite 136: Marktkirche Unser Lieben Frauen, aus: Pagus Neletici Et Nudzici, Zweyter Theil, Halle 1750.

Seite 138: A. Grell: Portal eines Hauses an der Ranne'schen Straße, Aquarell um 1857, aus: 450 Jahre Marienbibliothek zu Halle an der Saale, S. 53 (Mit freundlicher Genehmigung der Marienbibliothek Halle und des Stekovics-Verlags Halle).

Seite 139: Schützenfest-Klippe mit Porträt Kurfürst August von Sachsen (1560, Vorderseite), aus: Max Sauerlandt, Halle a. S. (= Stätten der Kultur, hg. von Georg Biermann, Bd. 30), Leipzig 1928, S. 137.

Seite 141: Feuerwerk an der Moritzburg, 1616, aus: Schardt, Das hallische Stadtbild, S. 21.

Seite 143: Bischöfe und Administratoren des Erzstifts Magdeburg und Kurfürst Friedrich Wilhelm von Brandenburg, ab 1680 auch Herzog des Herzogtums Magdeburg (Ausschnitt), aus: Pagus Neletici Et Nudzici, Erster Theil, Halle 1749.

Seite 154: Gesamtansicht der Franckesche Stiftungen von Süden (18. Jh.), Franckesche Stiftungen, BFSt: Porträtsammlung PP 143.

Seite 155: Porträt August Hermann Francke (Kupferstich von Bern[h]ardus Vogel, undatiert), Franckesche Stiftungen, AFSt/B Sb 0010.

Seite 163: J. B. Homann: Darstellung des Grundrisses und Prospectes der Königl. Preussisch-Magdeburgischen und des Saal-Crayses Haupt-Stadt Halle (ca. 1725), aus: 450 Jahre Marienbibliothek zu Halle an der Saale, S. 27 (Foto: Janos Stekovics, mit freundlicher Genehmigung der Marienbibliothek Halle und des Stekovics-Verlags Halle).

Abbildungsverzeichnis

Seite 170: Die Reste des Klosters Neuwerk um 1750, aus: Johann Christoph von Dreyhaupt: Pagus Neletici Et Nudzici.

Seite 175: Durchschnitt einer Saltz-Kothen, wie solche von innen anzusehen/ Abbildung des Saltz-Brunnens Teutsch genannt, Detail aus: Darstellung des Grundrisses und Prospectes der Königl. Preußisch-Magdeburgischen und des Saal-Crayses HauptStadt Halle, welcher daselbst auf Kosten und Verlag Iohann Baptistae Homanns Der Röm. Kays. Maj. Geographi und Mitglids der Königl. Preuss. Societät der Wissenschaften, ist ausgemessen und Geometrice verzeichnet worden von I. C. Homann der Medicin und Mathematic Studioso, zufinden in Nürnberg bey dem Authore, Karte mit Ansichten, 65 x 55 cm, Stadtarchiv Halle, Sign. C 14e.

Seite 182: „Das große Auditorium mit dem actu solemni der creation eines neuen Prorectoris academica magnifici", Detail aus: Darstellung des Grundrisses und Prospectes der Königl. Preußisch-Magdeburgischen und des Saal-Crayses HauptStadt Halle, welcher daselbst auf Kosten und Verlag Iohann Baptistae Homanns Der Röm. Kays. Maj. Geographi und Mitglids der Königl. Preuss. Societät der Wissenschaften, ist ausgemessen und Geometrice verzeichnet worden von I. C. Homann der Medicin und Mathematic Studioso, zufinden in Nürnberg bey dem Authore, Karte mit Ansichten, 65 x 55 cm, Stadtarchiv Halle, Sign. C 14e.